Journal of Association for Children's Environment　　　Vol.19, No.1（C.N.53）　June 2023

こども環境学研究

JN101795

［大会テーマ］
こども環境学会2023年大会（沖縄）

地域に生きるこども

JN101803

こども環境学会
Association for Children's Environment

公益社団法人
こども環境学会
Association for Children's Environment

2023年大会（沖縄）

【期日】2023年7月7日（金）～7月9日（日）
【会場】 アイムユニバースてだこホール（沖縄県浦添市仲間1丁目9番3号）

● **主催** 公益社団法人こども環境学会
● **運営** こども環境学会2023年大会（沖縄）大会委員会・大会実行委員会
● **共催** 浦添市
● **支援** コンベンション開催支援事業（沖縄県・沖縄観光コンベンションビューロー）

■ **後援** 沖縄県、琉球大学、沖縄県立芸術大学、沖縄大学、沖縄女子短期大学、沖縄キリスト教学院大学・沖縄キリスト教短期大学、
公益社団法人沖縄県建築士会、公益社団法人日本建築家協会 沖縄支部、社会福祉法人日本保育協会沖縄県支部、
社会福祉法人沖縄県社会福祉協議会、一般社団法人沖縄県私立保育園連盟、国土交通省、文部科学省、環境省、
日本学術会議、国立研究開発法人科学技術振興機構、公益財団法人 日本ユニセフ協会、公益社団法人日本ユネスコ協会連盟、
公益社団法人日本小児保健協会、公益社団法人日本都市計画学会、公益社団法人日本造園学会、公益社団法人日本建築家協会、
公益財団法人都市緑化機構、一般社団法人日本建築学会、一般社団法人日本体育・スポーツ・健康学会、一般社団法人日本発達心理学会、
一般社団法人日本保育学会、一般社団法人日本公園緑地協会、一般財団法人公園財団、一般社団法人日本造園建設業協会、
一般社団法人 日本公園施設業協会、一般社団法人日本環境教育学会、
一般社団法人都市計画コンサルタント協会、一般社団法人全国建設室内工事業協会、
IPA日本支部、人間・環境学会、日本安全教育学会、日本感性工学会、
日本子ども社会学会、特定非営利活動法人チャイルドライン支援センター、
公益社団法人セーブ・ザ・チルドレン・ジャパン
（予定）こども家庭庁

〈特別協力：沖縄県〉

OKINAWA
Japan
Where inspiration meets

Vol.19, No1（C.N.53）June 2023

CONTENTS

大会挨拶 3
開催にあたって こども環境学会 会長 五十嵐 隆 3
ご挨拶 浦添市長 松本 哲治 4
大会委員長挨拶 こども環境学会 代表理事 仙田 満 5
大会主旨 大会実行委員長 清水 肇 6
エクスカーション コース1 7
エクスカーション コース2 8
タイムスケジュール 9
交通案内 10
会場案内 11

大会プログラム 12
基調講演・シンポジウム主旨 13
基調講演1 14
基調講演2 15
パネリスト1 16
パネリスト2 17
パネリスト3 18
分科会 19
　Ⅰ こどもの発達と環境：地域文化からこどもの育ちと行事を再考する 19
　Ⅱ 生活の場としての居場所施設のあり方 20
　Ⅲ 地域の居場所としての遊び場づくり 21
　Ⅳ こどもと環境（自然・人・もの）をつなぐ 22
ワークショップ1 23
ワークショップ2 24

2023年度 **会員総会**・2022年度（第18回）**こども環境学会賞の発表** 25
学会賞受賞者表彰式および記念講演会 26
こども環境学会賞の受賞者紹介 27
2023年度（第19回）こども環境学会賞 公募のお知らせ 37

ポスターセッション・口頭発表 38

協賛企業広告 115
会員の現況等について 120
実行委員会・大会実行委員会リスト 121

こども環境学会会長、国立成育医療研究センター理事長

五十嵐　隆

開催にあたって

こども環境学会2023年大会（沖縄）

　こども環境学会 2023 年大会（沖縄）の開催にあたって、御挨拶申し上げます。

　わが国は 3 年以上にわたり COVID-19 感染症の影響を受けてきましたが、2023 年春になってようやく沈静化の方向に向かっています。COVID-19 感染流行に伴って実施された活動制限は、こどもの生活にも長期間にわたり大きく影響を与えました。こどもの気づきや様々な実体験の機会を奪ってしまっただけでなく、こどもの不安、うつ、自殺企図を激増させました。さらに、ロシアのウクライナ侵略も 1 年以上にわたり続いており、国民の多くに心理的不安だけでなく、経済面でも大きな被害を及ぼしています。

　この様な状況の中で、2023 年 7 月 7 日から 3 日間沖縄のアイムユニバースてだこホールにて清水 肇琉球大学工学部建築学コース教授を実行委員長、仙田 満こども環境学会代表理事を大会委員長として開催されることを誠に喜ばしく思います。大会の計画や準備にこれまであたられてこられた関係者の皆様に、こころより感謝申し上げます。

　太平洋戦争末期の沖縄戦により、沖縄の社会と自然は甚大な被害を受けました。さらに、その後 27 年間に及んだ米国統治の下で、沖縄の人々は厳しい時代を経験しました。沖縄返還から 50 年を経た現在も、こどもの貧困や厳しい家庭環境の問題に直面しています。かつては豊かであった沖縄の自然環境も大きく変化し、沖縄の人々の自然に関わる暮らしのあり方も変わりました。この様な厳しい現実の中にある沖縄においても、こどもが健全に育つ事の出来る環境を守り、より良いものに整備してゆくことが私達の使命であります。

　2023 年 4 月に「こども家庭庁」が発足しました。2011 年 4 月 28 日に日本学術会議の子どもの成育環境分科会は、我が国の成育環境の改善に向けて「成育方法の課題と提言」を発表しました。そこでは、豊かな成育環境を実現するためにこどものための教育、保育、医療、そして環境を統合する部局として「こども庁」の新設を提言しています。この提言が 12 年経って実現したことを喜ぶと共に、これを上手く機能させることを目指さなくてはなりません。

　本沖縄大会において「地域に生きるこども」をテーマにし、様々な視点から検討が行われ、貴重な提言が発出される事を期待します。7 月 7 日の学会初日には、沖縄島北部のやんばる世界自然遺産を巡るコース、沖縄島中南部の自然、文化、こどもに関わる特色ある場所、施設、近代建築を巡るコースをエクスカーションとして予定しています。多くの方が本学会に御参加されることを願っております。こどものために、取り巻く環境について皆様と議論できることを楽しみにしております。

　1953 年東京生まれ、1978 年東京大学医学部医学科卒業。2000 年より東京大学大学院医学系研究科小児医学講座小児科教授。副院長、東京大学教育研究評議員を歴任。2012 年より国立成育医療研究センター理事長。2013 年東京大学名誉教授。2014 年 American Pediatric Society 名誉会員。日本学術会議第二部会員、日本小児科学会会長、日本腎臓学会理事、日本小児腎臓病学会理事長、東京大学医師会会長、日本小児保健協会理事を歴任。現在、こども環境学会会長、日本保育協会理事、ドナルド・マクドナルド・ハウス・チャリティーズ・ジャパン理事長、ベネッセこども基金理事長、中山人間科学振興財団理事長。わが国の小児医学・小児保健の研究・診療・人材育成に寄与すると共に、わが国の医療・保健面で不十分な子ども・若年成人とその家族の身体・心理・社会的支援体制を構築する活動を展開している。令和元年に施行された「成育基本法」の成立にも貢献した。

ご挨拶

こども環境学会2023年大会（沖縄）

浦添市長　松本　哲治

昭和42年10月19日生まれ

最終学歴：平成8年5月カリフォルニア大学バークレー校修士課程修了

所属政党：無所属

主な職歴：平成8年10月・社会医療法人仁愛会、介護老人保健施設アルカディア勤務、平成14年10月・ＮＰＯ法人ライフサポートてだこ代表理事、平成25年2月11日・第13代浦添市長1期目就任（平成29年2月10日迄）、平成29年2月12日・第14代浦添市長2期目就任（令和3年2月11日迄）、令和3年2月12日・第15代浦添市長3期目就任（令和7年2月11日迄）

趣味：野球 トライアスロン

好きな言葉：百花繚乱（ひゃっかりょうらん）意味；種々の花が咲き乱れること。転じて、すぐれた人・業績などが一時にたくさん現れることをいう（広辞苑より）

こども環境学会2023年大会（沖縄）が盛大に開催されますことを、心からお喜び申し上げます。

お集まりの皆様、ようこそ「てだこのまち」浦添市へお越しくださいました。市民を代表して心から歓迎申し上げます。

「てだこ」とは、沖縄の方言で「太陽の子」という意味です。かつて、この浦添が琉球王国の王都であった頃の王「英祖王」の敬称でもあり、本市に関するイベントや施設の名称には「てだこ」を用いております。

さて、公益社団法人こども環境学会の皆様におかれましては、学問領域を超えて研究者や実践者が集い、こどもを取り巻く環境について共に研究し、提言をし、実践されることを通して、こども達のためのよりよい環境づくりにご貢献されておられることは、大変意義深いものであり、心から敬意を表します。

貴学会の設立趣旨にあるように、こどもは自分が育つ環境を選ぶことはできません。未来を担うこども達が心身ともに健やかに成長していくためには、我々大人が互いに手を携えて、こども達のことを一番に考えて行動していく必要がございます。

本市におきましては、平成27年8月に「てだこキッズファースト宣言実行委員会」の呼びかけにより、こどもの幸せを最優先にすることを一人一人の大人が自覚し、こども達の笑顔あふれるまちづくりを進めるため、『てだこキッズファースト宣言』を行いました。市民と行政がそれぞれの視点から、こどもが主役のまちづくりに取り組んでいるところです。平成30年4月には、こども政策の更なる充実を図り、きめ細やかな子ども・子育て支援を行うため、こども未来部を設置し、待機児童対策をはじめとした様々な事業を展開しているところです。

国においては、今年の4月1日にこども家庭庁を発足させ、こどもを社会全体で支え、大人が中心となっていた我が国のかたちを「こどもまんなか」へと変えるべく、活動を開始しました。

国や地方自治体が組織のあり方を見直すということは、こどもの利益を最善に考えた社会を作っていきたいというメッセージでもあります。そして、行政の各部署が互いに連携・協力し、チームワークを発揮することで最適な行政サービスの提供につながり、こども達とその家族の幸福にもつながるのだと思います。

これと同じことが、学問の分野においても言えるのではないでしょうか。各分野の研究者や実践者の皆様は、本当に素晴らしい活動をされております。その皆様が本大会において成果を報告し合い、互いの交流や親睦を深めることで、個々の研究に更なる磨きがかけられ、皆様からの提言がより実効性を持ったものになるのではないでしょうか。

そして、皆様からの提言は行政をはじめとした関係機関で共有され、今後の施策に反映されることで、こども達のためのよりよい環境づくりにつながってまいります。

今日から明後日までの3日間開催される本大会では「地域に生きるこども」をテーマに沖縄をはじめ全国各地から様々な報告があると伺っております。参加者の皆様の活発な討議が展開され、本大会が実り多き成果をあげられますことを心から期待しております。

また、限られたお時間だとは思いますが、せっかくの沖縄開催となっておりますので、是非この機会に沖縄の文化や自然にも触れ、本県の魅力を感じていただきたく存じます。

結びとなりますが、本大会のご成功と、お集まりの皆様のご健勝とご活躍を祈念申し上げまして、ご挨拶といたします。

こども環境学会2023年大会（沖縄）

東京工業大学名誉教授・環境建築家

仙田　満

大会委員長挨拶

この3年間、コロナ禍で世界中が大変困難な時期でした。ようやく沈静化してきたことは本当にうれしいことです。

こども環境学会では2020年、2022年と2回にわたり、こどものコロナ対策の影響についての声明を出しました。この3年間のマスクをつけた生活はこどもにどんな影響を与えたのか。今後注意して見守る必要があります。

今年の大会は久しぶりに対面で、沖縄で開催することになりました。沖縄は、独自の気候、歴史をもち、先の大戦では多くの犠牲を出した地であります。国内有数の観光地、東南アジアとの交流の場等、現在では多様な側面をもっております。

私は30歳代前半、本土復帰直後に、県立沖縄少年自然の家の設計をお手伝いし、40歳代には琉球大学で教鞭をとらせていただき、沖縄文化にとても共感しておりました。

来年、こども環境学会は設立20周年を迎えます。その前年に、思い出深い沖縄でこども環境学会が開かれることは大変感慨深いものがあります。

私が琉球大学で教鞭をとっていた時に、こどものあそび環境の実態調査を行いました。その結果、自然環境であそばない、泳がないこどもも多いことを知りました。特殊出生率が比較的高い県でもあります。地域コミュニティ文化がまだまだ残っているからだと言われています。今回の大会のテーマは「地域に生きるこども」です。コミュニティの重要性を沖縄という地域として、又会員の皆さんが活動しているさまざまな地域におけるこどもという視点から議論されると思われます。何よりも現代の加速する情報化社会におけるこどものさまざまな問題も話しあわれると思われます。

今年4月にこども家庭庁が創設されました。こどもの権利を守り、こどもの声を聞き、政策に反映されることが期待されます。少子化問題が大きく取り上げられていますが、問題は次の時代を担うこども達が困難を乗り越え育つ環境を私達は用意しなければならないことです。今まで我が国はこどもに対する国家投資があまりにも少なかったのです。こども家庭庁の設立とともに、こども達を代弁して、あるいはこども達を応援して、もっともっとこども環境学会の発言も大きくならなければなりません。

こども、若者の自殺率が高いのも大変気になります。私は建築家ですが、学びの場がこども達の居場所になっていないのではないか。学びの場をつくる建築家の責任も重いと考えています。もちろん学びの場は建築だけでなく、こども環境学全体の領域に関わることです。こどもが幸せに生きる状況を私たちは作らねばなりません。こども環境学会の役割はますます重大です。

沖縄でこどもをめぐるさまざまな問題を議論し、こどもが明るい未来を切り開ける方向を考えましょう。

久しぶりに対面でお会いすることは本当に楽しみです。

今大会において、対面で皆様にお会いできることは大変うれしいことです。そして新たな学会活動を決意したいと思います。

実り多い大会となることを祈っております。

1941年神奈川県生まれ。東京工業大学卒業。工学博士。1968年に環境デザイン研究所を設立。東京工業大学等で教鞭をとりながら、こどもの成育環境のデザイン、研究を中心に活動を続ける。代表作品は愛知県児童総合センター、国際教養大学中嶋記念図書館、マツダスタジアム、小田原三の丸ホール、石川県立図書館等。著書に「子どもとあそび」（岩波書店）、「こどものあそび環境」（鹿島出版会）、「人が集まる建築」（講談社）、「こどもを育む環境　蝕む環境」（朝日新聞出版）、「遊環構造デザイン」（左右社）等。

大会主旨

地域に生きるこども

大会実行委員長　清水　肇

琉球大学工学部建築学コース教授

地域に生きるとは、地域の社会・自然としての環境に支えられ、地域に主体的に関わる存在として生きることを意味します。

今、こども達は、大人は、地域に生きていると言えるでしょうか。各々の地域の固有の自然や文化に支えられ地域に主体的に関わる暮らしがあるでしょうか。格差と貧困の問題を抱える中、地域に安心できる居場所はあるのでしょうか。

世界の様々な場所の争乱のもと、こどもと大人が生きる環境の傷ついた姿が日々想像されます。沖縄は亜熱帯の自然に抱かれ、地域の豊かな文化を伝える土地です。しかし、沖縄の社会と自然は戦争による破壊を経て、米国統治下の厳しい時代を経験しました。そして、現在も、こどもが地域に育つ環境を守り育てる営み、困難な状況にあるこども・親子を支える取り組み、こどもが環境にはたらきかける創造的な活動を支える実践が重ねられています。

戦乱と社会的な困難、社会・自然環境の劇的な変化の中の沖縄のこども達の姿は、20世紀から昨今に至る世界情勢の中での普遍的な課題を私達に改めて問いかけます。

珊瑚礁の海岸を遠望し緑豊かな浦添城跡の森にいだかれた開催地は米軍基地に隣接する町でもあります。大会では沖縄の自然と文化、社会に触れていただくエクスカーションを実施するとともに、真夏の沖縄の気候と空気、地域の風景を感じていただく中で会場内外での企画を実施します。

基調講演においては、沖縄のこどもに関わる戦後の歴史を共有します。国の社会制度の外に置かれた27年間の米国統治下の児童福祉のもとでの厳しい状況、その一方でコミュニティを支える主体として地域に生きるこども達の姿を伝えていただき、議論の出発点とします。

シンポジウム、分科会、ワークショップ等の企画においては、保育、居場所、遊び場、自然体験、アート、様々な切口から地域に生きることの現在を見つめ、未来へつなぐ取り組みを取り上げます。沖縄や日本各地の実践を含めて幅広い立場からの報告と討議、そして体験するプログラムを計画しています。多くの方が対面の場で深く交わる機会となることを願っています。

琉球大学工学部建築学コース教授、工学博士

京都大学大学院を経て1992年より琉球大学。沖縄県内で地域の生活空間史と改善まちづくり、居場所と生活空間のあり方などをテーマに研究活動を重ねる。

2003年から「沖縄にプレーパークをつくる会」の活動を開始。

2008年から学童保育施設の過ごし方と施設の改善実践の研究を継続。住まいから施設・地域に広がる子ども・親子の生活空間計画の理論と実践に取り組んできた。

2022年から「沖縄プレーパークねっと」として地域における子どもの居場所・遊び場づくりの連携を進めている。

エクスカーション

コース1 沖縄島北部のやんばる世界自然遺産や施設を巡るコース

【日　　時】 2023年**7**月**7**日（金）　8：30 ～ 18：00

【集　　合】 集合時間　**8：20**　　場所　ゆいレール **てだこ浦西駅**

【解　　散】 予定時刻　**18：00**　　場所　ゆいレール **てだこ浦西駅**

【定　　員】 **30**名（申込順）

【参 加 費】 **5,000**円（保険代、施設利用料、資料代込み）

【申　　込】 **事前申込制**（事前申込み無しの当日参加はできません）
ご参加にはエクスカーション参加費のほか、**本大会の参加登録が必要**です。

【そ の 他】 ●昼食は道の駅ゆいゆい国頭にて各自お取りください。
●エクスカーション事前申込後に送られる「受付確認書」をお持ちください。
お手元に届いていない場合は、大会参加及びエクスカーションの事前申し込みをし、受付が完了していることを示す、代わりのものをご用意ください。
●交通事情により到着時刻等が前後することがあります。予めご了承ください。

【担当】
照屋 建太
沖縄キリスト教短期大学

岩崎 良亮
坂田保育所

・・・・・・・・・・・・・・・・ 見学コース ・・・・・・・・・・・・・・・・

8：30　**てだこ浦西駅**（出発）

見学

やんばる野生生物保護センターウフギー自然館　https://www.ufugi-yambaru.com/

国頭村森林公園・やんばる森のおもちゃ美術館　https://www.kunigami-forest-park.org/toy_museum/

道の駅ゆいゆい国頭　食事＆休憩（昼食は各自お取りください）

東村立山と水の生活博物館　http://yamamizu.vill.higashi.okinawa.jp/

東村ふれあいヒルギ公園　https://hirugipark.com/

瀬嵩の浜（辺野古基地建設予定地見学）

18：00　**てだこ浦西駅**（解散）※渋滞状況やタイムスケジュールにより到着時間は変動の可能性もあります。

　2021年（令和3年）7月26日に「奄美大島、徳之島、沖縄島北部及び西表島」が世界自然遺産として登録されました。その沖縄島北部を巡り，自然や文化を見学するコースです。本コースに参加し，沖縄の現状を皆さんと考え，こどもの環境として一緒に考える時間を持ちたいと思います。

コース2 沖縄島中南部の建築と歴史文化を巡るコース

【日　　時】	2023年 **7**月 **7**日（金） 9：00～17：40	

【担当】
大嶺 亮
ファイブディメンジョン
根路銘 安史
アトリエ・ネロ

【集　　合】 集合時間 **8：50** 場所 ゆいレール **てだこ浦西駅**
（改札口出てすぐ右側）

【解　　散】 予定時刻 **17：40** 場所 ゆいレール **てだこ浦西駅**

【定　　員】 **25**名（申込順）

【参 加 費】 **5,000**円（保険代、佐喜真美術館入場料、資料代込み）

【申　　込】 **事前申込制**（事前申込み無しの当日参加はできません）
ご参加にはエクスカーション参加費のほか、**本大会の参加登録が必要**です。

【その他】 ●昼食はプラザハウスで各自お取りください。
　　　　　 ●エクスカーション事前申込後に送られる「受付確認書」をお持ちください。
　　　　　　お手元に届いていない場合は、大会参加及びエクスカーションの事前申し込みをし、
　　　　　　受付が完了していることを示す、代わりのものをご用意ください。
　　　　　 ●交通事情により到着時刻等が前後することがあります。予めご了承ください。

見学コース

9：00　**てだこ浦西駅**（出発）

　　　　**コスモストーリー
　　　　保育園**

（見学）

　　　　プラザハウス

　　　　佐喜真美術館

　　　　聖クララ教会

　　　　垣花樋川

　　　　がんじゅう駅・南城

17：40　**てだこ浦西駅**（解散）

●**コスモストーリー保育園** https://www.cosmo-story.okinawa/
遊環構造により、子どもたちの主体的な生活や遊びが展開できるような環境づくりを大切にした保育園。保育事例や施設が書籍にて多数紹介されている。（設計：環境デザイン研究所）

●**プラザハウス** https://plazahouse.net/
1954年、当時のアメリカ本国で主流となっていたショッピング文化がそのまま反映された、日本初のショッピングモール。衣食住遊を叶える個性豊かな専門店が並ぶ。

●**佐喜真美術館** https://sakima.jp/
米軍普天間基地の返還地に1994年に開館した個人美術館。丸木位里・俊の「沖縄戦の図」を所蔵。屋上からは海や普天間基地の一角を望める。敷地内の亀甲墓も見学可能。

●**聖クララ教会** http://www.naha.catholic.jp/yonabaru_church.html
丘の上に立つステンドグラスの教会。太平洋戦争末期の地上戦で荒廃した沖縄が復興途上の1958年に建てられた。docomomo japan（日本における近代建築）100選。

●**垣花樋川** http://www.kankou-nanjo.okinawa/bunka/199/
海に面し、見晴らしが良い丘陵の斜面にある湧水の水場（樋川、ヒージャー）。水遊びや水汲みなど生活用水として大切に活用されてきた。環境庁の全国名水百選。

●**がんじゅう駅・南城** https://okinawa-nanjo.jp/station/
情報展示や特産品を揃え、地域の魅力を発信。近くに緑の芝生が美しい知念岬公園があり、琉球神話聖地の久高島が望める。

タイムスケジュール

7月8日（土）

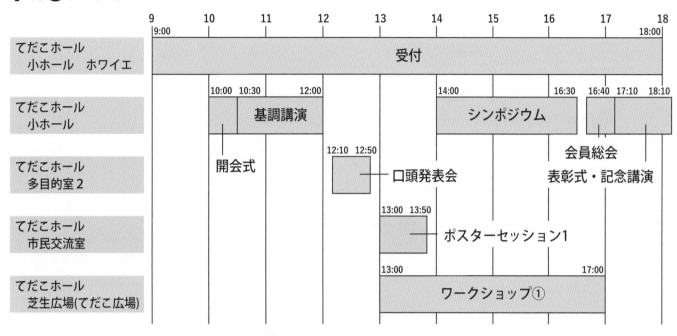

てだこホール 小ホール ホワイエ：受付（9:00〜18:00）

てだこホール 小ホール：基調講演（10:30〜12:00）／シンポジウム（14:00〜16:30）／会員総会（16:40〜17:10）／表彰式・記念講演（17:10〜18:10）

てだこホール 多目的室2：開会式（10:00〜10:30）／口頭発表会（12:10〜12:50）

てだこホール 市民交流室：ポスターセッション1（13:00〜13:50）

てだこホール 芝生広場（てだこ広場）：ワークショップ①（13:00〜17:00）

※懇親会 19：00（予定） ホテルオーシャン那覇国際通り（那覇市安里 2-4-8）

7月9日（日）

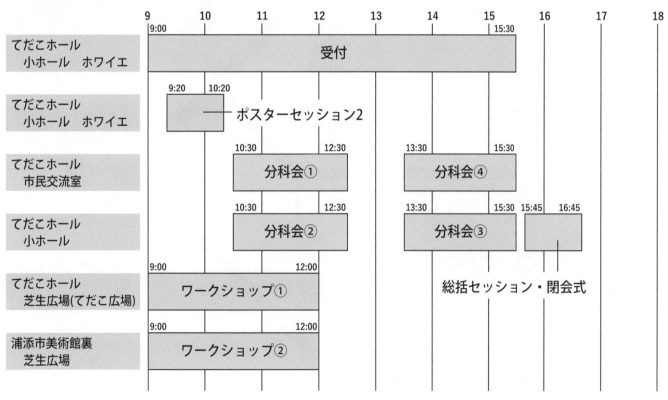

てだこホール 小ホール ホワイエ：受付（9:00〜15:30）

てだこホール 小ホール ホワイエ：ポスターセッション2（9:20〜10:20）

てだこホール 市民交流室：分科会①（10:30〜12:30）／分科会④（13:30〜15:30）

てだこホール 小ホール：分科会②（10:30〜12:30）／分科会③（13:30〜15:30）（15:45〜16:45）

てだこホール 芝生広場（てだこ広場）：ワークショップ①（9:00〜12:00）／総括セッション・閉会式

浦添市美術館裏 芝生広場：ワークショップ②（9:00〜12:00）

交 通 案 内

会場：アイムユニバース てだこホール（沖縄県浦添市仲間 1-9-3）

■那覇空港からのアクセス

○路線バス（約 45 分）：「那覇空港国内線ターミナル」→「浅野浦」→ 徒歩 5 分

　190 番（知花空港線）

○ゆいレール（約 20 分）：「那覇空港ターミナル駅」→「古島駅」

　※古島駅から会場へのアクセスは下記を参照ください。

■ゆいレール 古島駅からのアクセス

○路線バス（約 8 分）：「古島駅前」→「浅野浦」→ 徒歩 5 分

　21 番（新都心具志川線）、88 番（宜野湾線）、90 番（知花線）、98 番（琉大線）

　112 番（国体道路線）

○タクシー（約 8 分）：「古島駅」→「てだこホール」

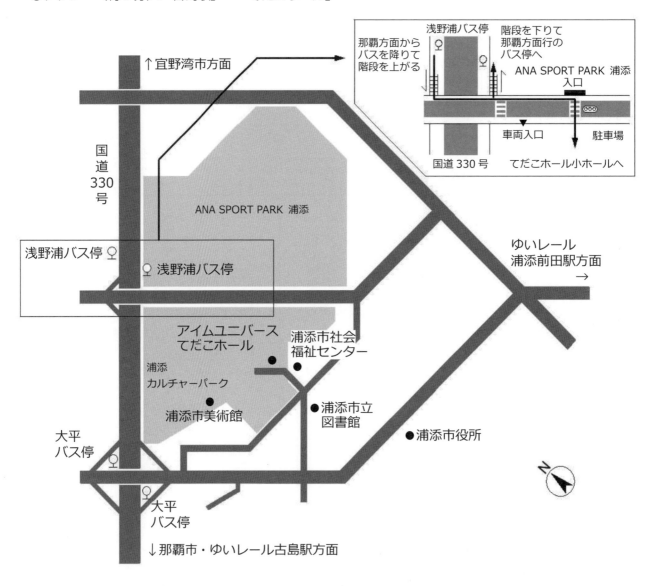

会 場 案 内

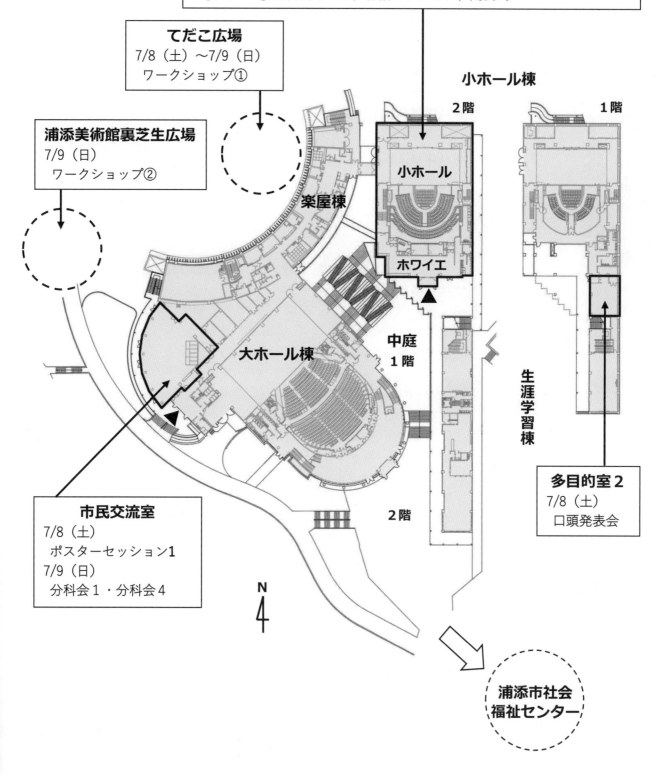

小ホール・ホワイエ

7/8（土）
[ホワイエ] 受付
[小ホール] 開会式、基調講演、シンポジウム、総会、表彰式・記念講演
7/9（日）
[ホワイエ] 受付、ポスターセッション2
[小ホール] 分科会2・3、総括セッション、閉会式

てだこ広場
7/8（土）～7/9（日）
ワークショップ①

浦添美術館裏芝生広場
7/9（日）
ワークショップ②

市民交流室
7/8（土）
ポスターセッション1
7/9（日）
分科会1・分科会4

小ホール棟

2階

1階

小ホール

ホワイエ

楽屋棟

中庭
1階

大ホール棟

生涯学習棟

2階

多目的室2
7/8（土）
口頭発表会

N

浦添市社会
福祉センター

こども環境学会2023年大会（沖縄）

大会プログラム

大会テーマ

地域に生きるこども

主要プログラム―――――――――――――――――――

- **基調講演・シンポジウム主旨**
  コーディネーター：清水 肇
- **基調講演1**
  山内 優子
- **基調講演2**
  大城 和喜
- **パネリスト1**
  汐見 稔幸
- **パネリスト2**
  山城 康代
- **パネリスト3**
  盛口 満
- **分科会**
  Ⅰ こどもの発達と環境：地域文化からこどもの育ちと
  　行事を再考する
  　パネリスト：亀島 敦子、長嶺 久美子、天願 順優
  　コーディネーター：川田 学、岡花 祈一郎
  Ⅱ 生活の場としての居場所施設のあり方
  　パネリスト：塚田 由佳里、垣野 義典、安里 恵美
  　コーディネーター：垣花 道朗
  　趣旨説明：清水 肇
  Ⅲ 地域の居場所としての遊び場づくり
  　パネリスト：梶木 典子、村野 裕子、由利 玲子
  　趣旨説明・コーディネーター：清水 肇
  Ⅳ こどもと環境（自然・人・もの）をつなぐ
  　パネリスト：小倉 宏樹、佐々木 健志、仲 綾子、吉田 悦治
  　趣旨説明・コーディネーター：照屋 建太
- **ワークショップ1**
  創造性を育む造形遊び・場づくり〜竹＆輪ゴムチャレンジ
  　スプリー　ティトゥス
- **ワークショップ2**
  自然体験活動に絵本の読み聞かせと
  創造的活動を取り入れたワークショップ
  　國吉 真哉、本村 佳奈子

（敬称・所属先略）

清水　肇 Hajime SHIMIZU

琉球大学工学部建築学コース教授、工学博士
京都大学大学院を経て1992年より琉球大学。沖縄県内で地域の生活空間史と改善まちづくり、居場所と生活空間のあり方などをテーマに研究活動を重ねる。2003年から「沖縄にプレーパークをつくる会」の活動を開始。2008年から学童保育施設の過ごし方と施設の改善実践の研究を継続。住まいから施設・地域に広がる子ども・親子の生活空間計画の理論と実践に取り組んできた。2022年から「沖縄プレーパークねっと」として地域における子どもの居場所・遊び場づくりの連携を進めている。

地域に生きるこども

基調講演・シンポジウム趣旨説明

　今回の基調講演とシンポジウムは、一連のストーリーに沿って大会テーマ「地域に生きるこども」を深めていきます。

　基調講演をいただく山内優子さん、大城和喜さんの子ども時代、沖縄は戦争の傷跡が残る1950年代、米国統治下にありました。27年の米国統治を経て1972年の施政権返還、それから51年、戦後の沖縄の社会の激動の中でご自身が生きてこられた現場を語っていただきます。子どもが生きる地域の姿の変遷を具体的な姿として想起することから大会が始まります。

　山内優子さんは、戦後に多くの戦争孤児が生きた孤児院や収容所の生活と住環境、青空教室で始まった学校、厳しい社会環境と国家が児童福祉を放棄した状況から始まる沖縄の子どもの生活の実態をお話されます。沖縄以外の日本において知られてこなかった社会史であり、貧困問題に向き合う現在の沖縄においても改めて語り継がれなければならないものです。

　大城和喜さんは、南風原町喜屋武という地域に根差して、地域に子どもが生きる姿の力強さ、多彩で豊かな遊びとその環境、子ども社会、子どもは地域社会を支える存在であるということの誇らしさを語られます。地域社会が本来持っていた力、大人と子どもが引き継いでいた生活の中の文化を、大会テーマの原点として確認したいと思います。

　シンポジウムは、貴重講演のお二人からテーマを引き継ぎ、現代における問題を認識した上で、「地域に生きるこども」の未来を考えます。

　汐見稔幸さんは、地域に生きる人間の基盤として、自然に関わる経験の欠落、自然に対して体験として関わる方法と姿勢が失われていくことの問題を問い掛けます。地域の自然に生きる体験を持たない世代は、仮に豊かな環境が与えられても自然から離れたままでいるでしょう。乳幼児教育の役割における自然体験、保護者支援、さらには教員養成までを視野に入れたお話をいただきます。

　山城康代さんは、児童館、学童保育、子ども食堂、「第三の居場所」を含めた多様なこどもの居場所を支える実践を支えておられます。山内優子さんの基調講演で語られた戦後、「復帰」前後から社会状況と制度は大きく変わりましたが、未だに子ども達が厳しい現実の中で生きています。どのような居場所を地域に築いていくべきかの問題提起をいただきます。

　盛口満さんは、長年の生き物研究、自然と人の関わりに関わる研究と実践の経験を通じて、沖縄における自然への関わり、生活体験が世代間で大きく異なることを指摘されます。大城和喜さんの基調講演と合わせて、地域の身近な自然を気にしなくても生きていける現代の沖縄の生活において、暮らしと環境をどうつないでいくかという課題を示してくださるでしょう。

　コメンテーターの木下勇さんに、基調講演からシンポジウムまでの皆さんが提示されたことを踏まえた論点の提示をいただきます。さらに、ディスカッションにおいて、歴史と現在をとらえる姿勢、未来への展望の議論を深めていきたいと思います。

　さらに、基調講演、シンポジウムのテーマは、第1〜第4分科会に引き継がれていきます。

基調講演
　山内 優子
　（一般社団法人おきなわ子ども未来ネットワーク）
　大城 和喜（元南風原文化センター館長）

シンポジウム
・コーディネーター
　清水 肇（琉球大学）
・パネリスト
　汐見 稔幸（東京大学名誉教授）
　山城 康代（みどり町児童センター館長）
　盛口 満（沖縄大学教授）
・コメンテーター
　木下 勇（大妻女子大学教授）

木下　勇 Isamu KINOSHITA

大妻女子大学社会情報学部教授
千葉大学名誉教授、工学博士
　東京工業大学で建築を学び、1984年に博士号学位取得。世田谷区にて冒険遊び場づくりの支援とともに三世代遊び場マップづくりや子ども参画のまちづくりを進める。（社）農村生活総合研究所研究員を経て1992年より千葉大学園芸学部で教鞭をとり、2020年3月に定年退職、4月より現在にいたる。日本ユニセフ協会子どもにやさしいまちづくり事業委員会会長、こども環境学会副会長など歴任。2020年9月まで日本学術会議連携会員として子どもの成育環境分科会長を務め提言をまとめた。著書に『ワークショップ〜住民主体のまちづくりへの方法論』、『遊びと街のエコロジー』、『三世代が遊び場図鑑』、『アイデンティティと持続可能性』など。

山内 優子 Yuko YAMAUCHI

社団法人おきなわ子ども未来ネットワーク代表理事

1970年琉球大学教育学部心理学科卒業。翌年、琉球政府に採用され、福祉の現場に22年間勤務。1993年から沖縄県本庁勤務、児童家庭課長、中央児童相談所長、福祉事務所長等を経て2008年3月定年退職。2008年から沖縄大学で非常勤講師をする傍ら、沖縄の子どもの貧困問題に取り組み、同年9月子どもに関わる13団体で「沖縄の子どもを貧困から守る連絡協議会」を立ち上げ、内閣府や厚生労働省に沖縄の子どもの貧困解消計画の策定を要請。2010年九州地方更生保護委員会第三部委員（非常勤）、2014年沖縄少年院の少年非行の実態を調査、8つの提言を発表。2018年県内で生後間もない新生児が遺棄された事件に衝撃を受け、若年にんしんSOS事業と民間の特別養子縁組斡旋機関を立ち上げた。

子どもの視点から本土復帰後50年を振り返る

昨年、沖縄は本土復帰50年を迎え、様々な行事が行われていた。子どもの視点から改めて復帰後の50年を振り返ってみたい。

1972年5月15日、終戦後アメリカに統治されていた沖縄は、戦後27年目にやっと日本の47番目の県になることができた。それまで、県民は本土復帰することを熱望し、基地のない平和で豊かな本土並みの生活ができるものと確信していた。しかし、復帰しても基地は依然として残り、子どもの生活はどう変わっていったのか振り返ってみたい。

復帰後の沖縄社会を考えるときに、復帰前の27年間の沖縄社会と切り離して考えることはできない。特に子どもの問題は、終戦直後の戦災孤児や貧困の子どもたちが戦後どのような環境に置かれながら成長してきたのかということを抜きにしては語れない。

子どもにとって子どもが子どもらしく生きていく上で必要な環境は、まずは住環境（家庭）であり、学校であり、そして遊び場ではないかと思われる。その三点を中心に考えていきたい。

沖縄には戦前孤児院はなく、その為先の大戦で発生した多くの戦争孤児を収容するために、米軍が孤児院を設置した。劣悪な環境の中で、多くの孤児たちが死んでいったが、孤児ばかりでなく、仮収容者で親と共に過ごしていた子どもたちの状況も大差なかったものと思われる。まさに、住環境は劣悪で、焼け野原となった沖縄で住環境が整うのは、まだまだ先のことである。

そのような子どもたちにとって、唯一の希望は学校であるが、学校も全て焼き払われ、生き残った教師たちが子どもたちの為に開いたのが、青空教室である。若い女教師が米兵監視の下で話をしているが、机も筆記用具もなく、それでも戦火を生き延びてきた子どもたちにとって、学ぶことは必要であると考え、勇気を出して行っていたと思われる。

一方、米軍が設置した孤児院では、子どもたちの世話はひめゆり部隊の生き残った女学生たちが行っていた。その中の貴重な写真に、子どもたちと鬼ごっこや綱引きをしている写真がある。戦火を潜り抜け、親を失い、孤児となった子どもたちと共に遊び、笑い、楽しんでいる様子は、子どもたちにとって最高のプレゼントではなかったかと思われる。まさに、遊びの効用、遊びがいかに子どもにとって大事かということを、当時の教師の卵であるひめゆり学徒隊の皆さんは知っていたものと思われる。

しかし、それも長くは続かなかった。ひめゆり学徒の皆さんは文教学校に戻り、そして孤児院の子どもたちは、それぞれ知らない大人たちの下へと引き取られていった。そのことが戦後の孤児たちの生活に与えた影響は、計り知れないものがある。

戦後の子どもたちにとって、最も大事な学校は、米軍に統治されていた沖縄では復興の兆しもなく、県民が板切れを持ち寄って作ったというみすぼらしい校舎で、馬小屋にも劣るという記述がある。

米軍は、沖縄の子どもたちの学校を建設するよりも、米軍基地を建設することが先であった。その為、いつまでたっても校舎建設の兆しもなく、その為教職員の皆さんが本土に渡り、沖縄の子どもたちの為に校舎建設を訴えたという記録がある。そのことが功を奏し、米軍が学校建設に乗り出したということであるが、校舎の建設は遅れ、学校給食等も貧弱であった。そして、沖縄の学校にプールができたのは復帰後であるため、海に囲まれた沖縄で泳げない県民は大勢いる。

子どもにとって、最も子どもが自由にできる環境は、子どもたちの遊び場ではないかと思われる。復帰前、沖縄には子どもたちが無料で安全に遊べる児童館という施設は、無かった。しかし、子どもたちは地域の空き地や野原、海辺で自由に遊ぶことは可能であった。

その子どもたちの遊び場が復帰後どう変化していったのか、そして住環境、沖縄の地域社会の変化、復帰前の27年間の空白等が与えた影響等も考えていきたい。

大城 和喜 Kazuki OSHIRO

1949年南風原町字喜屋武生まれ。知念高校、琉球大学法文学部法政学科卒。

元中央公民館主事、南風原文化センター館長、南風原町役場児童福祉課長・児童館館長。

著書「夏の出来事」「父の約束」「寝んたい・起きたい・這うたい」「村の散歩道」「南方見聞録」

地域と子ども

1．南風原町字喜屋武の概要

＊人口と世帯数

＊絣の産地（チャン・ムトゥブー） 伝統行事（綱引き・十五夜・組踊）

＊ムスマイの村（喜屋武カニ・半クージ）

2．子どもの遊び（1950年代〜60年代）〈73種の遊び〉

（1）男の遊び・女の遊び

（2）季節の遊び

（3）場所の遊び

（4）あそび場

（5）遊びの相手・範囲

3．子どもの役割・仕事・手伝い

（1）家庭での役割

（2）祝いや行事での役割

（3）地域での役割（綱引き・十五夜）

4．地域の崩壊と再生《子どもの環境を創り直す》
喜屋武ふるさと再生区民の会

（1）結成の切っ掛け（あるふたつの事件）

（2）組織と予算（区民全員が会員・常勤職員の配置）

（3）主な活動（チルミー会・屋号札・屋号電話帳・屋号地図・講演会・昔遊び・チルミーの家や家族を知る）

（4）「ふるさと再生区民の会」の成果

5．まとめ

（ア）伝統的遊びの必要性・重要性

（イ）地域での子ども（子どもの誇り・「ちゃんと言え！」「屋号が言える」）

（ウ）地域や大人の役割

（エ）その他

パネリスト1

汐見 稔幸 Toshiyuki SHIOMI

1947年大阪生まれ　東京大学教育学部卒、同大学院博士課程満期退学、東京大学教育学部教授を経て白梅学園大学教授、学長を経験。専門は教育人間学、保育学。日本保育学会前会長、保育士養成協議会会長など。現在は、保育の領域で活動することが多いが、教育を新しいコミュニティづくりと考えていて、その立場から街づくりの諸実践に関心をもつ。保育が看護や社会福祉等と同等のレベルの専門職として認知されるようになることを願って活動中。最近の著書は『汐見稔幸　こども・保育・人間』2018年（学研）、『教えから学びへ；教育にとって一番大切なこと』2021年（河出新書）、『こどものじんけん、まるわかり』（共著）ぎょうせい2021年など。

地域に生きる人間の、その人間的基盤をめぐって

　よく、今の子どもたちにはサンマがない、つまり三つの間がないと言われます。時間、空間、仲間の三つの間です。しかし、この指摘には大事なことが欠けています。今の子どもたちに三間を与えたら、自由に、身体と頭と心を使って、子どもらしく遊ぶでしょうか？そうです。たいてい無理です。「ねえ、ゲーム器ないの？」となる子がいっぱいのはずです。

　ぐうたら村でこれから保育者になる予定の学生のゼミ授業を担当している小西貴士氏が体験したことです。学生10名ほどを森の中に連れて行ったら、あるところの水たまりに蛙が卵を産んでいました。蛙の卵を見たのははじめて！という学生もいましたが、みな興味深そうに見ていました。そこで小西氏がその寒天状の卵を少し掴んで、こんな風になっているんだよ、と示しました。そして「ちょっと持ってみない？」と学生たちに蛙の卵を持つように誘いました。そうするとどうだったでしょうか？ほとんどの学生が、いやぁ！やめて！等と持てず、実際に持ったのは一人のみでした。

　ぐうたら村には畑もあります。自然農を教えてもらいながら、何人かがていねいにあれこれの野菜を育てています。そこにできた野菜は、その場でとって食べるととても甘くておいしいものです。私は試しにと、ほとんどの野菜をその場で採って食べてみたことがありますが、あのナスでさえこんなにアクがなくて甘い野菜なんだと知りました。ネギだって甘いのです。小西氏は、また学生にこれ採って食べてみて、おいしいよ、と誘いました。しかし実際に葉っぱをちぎってその場で食べたのはやはり一人だけでした。

　これらは今の若者が、現代文明社会で育った結果、生の自然と触れる機会が激減し、生の自然と実際に触れてみる、そこであれこれ体験してみる、ということがあまりできなくなっている様を表しています。自然は遠くから観賞するものになっているのです。

　そうなると、当然自然についての知識を得る機会が減りますが、それ以上に自然と触れて、自分の中にある自然、たとえば五感が活性化して、体中の神経系統の動きが活発化し、総体として自分の中の自然が活性化する、という機会がうんと減るということを表しています。たとえば土いじりをしている人は、身体にたまったプラスイオンを土に放流し、体中のマイナスイオンの割合が増えるという体験をするといいます。マイナスイオンの割合が増えると体がストレス状態から解放されるようになるといいます。畑仕事を毎日している人は、それだけで身体にストレス要因を抱え込むことが少なくなるわけです。

　ともかく、現代文明は自然から離れて人工世界を拡大する方向で動いてきました。このままAI化がどんどん進んでいくと、人間はどうなるのでしょう？

　私は、自然と、そして他者と交わって、あらゆる素材で臨機応変に遊べる、それが非認知的能力の基礎だと思っていますが、その育成がこれから深刻な課題となっていくことが予想されます。当然、教育の中でも乳幼児期からの教育の大事さがますます鮮明になっていくと思われますが、その乳幼児教育も、自然という観点が大事になっていくと思います。

　同時に、保護者の世代、そして保育者、教員がすでに自然離れ世代ですので、保護者支援、保育者教育、そして教員養成の内容の検討がこれから大きな課題となっていくと思われます。遊びの多様なスキルを身につける、自然の中で何時間でも遊ぶことができる練習をする、自然体験を語り合う会をもつ、等がこれから教員、保育者の専門性として位置づけられていく時代が始まるのだと思っています。

山城 康代 Yasuyo YAMASHIRO
一般社団法人りあん　代表理事　みどり町児童センター館長
児童健全育成指導士　公認心理師

平成14年に子育て支援サークルりんく・いしかわを立ち上げ子ども達の居場所つくりをしながら当時、児童館のなかった地域に児童館建設のための市民フォーラムを開催し、子育て支援アドバイザーとして石川市（現うるま市）で勤務後、いしかわ児童館勤務を経て現在みどり町児童センター勤務。うるま市内児童館と併設学童クラブ3カ所・子どもの第3の居場所（日本財団を経て現在はうるま市の貧困対策事業）を運営。

子どもの身近に遊び・仲間と出会える居場所を

　私は児童館で勤務をしています、児童館は0歳〜18歳までのすべての子どもを受け入れる児童厚生施設ですが、その中で子ども食堂や中高生の居場所つくりなどを開催しています。

　子どもたちは自主的に児童館に遊びにきます、その大きな理由は「遊び」があるからです。仲間がいて一緒に遊べる場所を選んで子ども達はやってきます。その他の理由として利用料が無料で自分が歩いていける場所にあること、そこに話を聴いてくれたり、自分が心地よいと思える場になっていること・行きたい時にいける場所が通い続ける理由ではないかと思います。乳幼児期に親子で利用し、小学校になってからは自分で歩いて遊びに来て高校卒業まで過ごす子ども達もいます。子どもの発達を途切れることなく見ていける事が児童館のよいところだと思います。すべての子どもを受け入れる場所だからこそ、その中で気になる子ども達が見えるようになってきました、発達障がいがありうまく関わりの持てない子やごはんを食べることが出来ない子ども、虐待やネグレクトなど様々な課題に出くわすことがありますが、そうではない子どもの課題も多くあります。4月に子ども家庭庁が「すべてのこどもや若者が将来にわたって 幸せな生活ができる社会を実現する」との目的で発足しました。「すべての子ども」の居場所で子どもの課題を発見し個別にケアをしてくれる居場所へとつないでいく事で、少しでも多くの子ども達の課題を発見することにつながるのではないかと思います。

　子どもの育ちを支えるのは大人だけではありません、子ども同士の関わりもとても大切です。遊びを楽しめる仲間がいて、自分に寄り添ってくれる大人がいる、そして子どもが歩いて行ける居場所が地域の中に多くあって欲しいと思います。

中高生の居場所

こども食堂

パネリスト3

盛口 満 Mitsuru MORIGUCHI
沖縄大学人文学部こども文化学科教授
1962 千葉県生まれ。1985 年千葉大学生物学科卒。私立自由
の森学園中・高等学校の教員を経て、2000 年に沖縄移住。NPO
珊瑚舎スコーレの活動に関わる。2007 年より沖縄大学の教員に着
任。2019 ～ 22 年は同大学学長。主な著書に『めんそーれ！ 化学』
（岩波ジュニア新書）、『ものが語る教室』（岩波書店）など。

学校から見える現代の子ども・若者の自然認識

夜間中学の授業から

　私は大学卒業後、埼玉の私立中・高等学校で 15 年間、理科教員として勤めたのち、沖縄に移住し、フリースクールの非常勤講師を経て、現在、那覇市内の私立大学で小学校教員養成課程の理科教育を担当しています。そうした経歴の中で見えてきた、現代の子ども・若者の自然認識についてお話をできたらと思います。

　私がかつて講師をしていた NPO 珊瑚舎スコーレ・夜間中学における理科の授業の話を紹介したいと思います。激烈な地上戦の行われた沖縄には、戦中・戦後、満足に義務教育を送れなかった方々が少なからずいました。珊瑚舎スコーレは 2001 年に代表・星野人史によって開設されたフリースクールです（現在は南城市に移転、また高等部は専修学校として認可）。一方、県内には夜間中学は設立されておらず、このような事情に気づいた星野人史は 2004 年に夜間中学を開設しました。この夜間中学における理科の授業の中で、生徒たちの授業中の反応が、私がそれまで接してきた中高生や大学生とは異なっていることに気づかされました。夜間中学の生徒たちは、それこそ小学校にも全く通ったことのない人もいたのですが、生活体験は豊富で、授業の内容を、たえずその生活体験に結び付けて考える学びの姿がありました。私にとって、夜間中学の授業での気づきは、現代の子ども・若者が、いかに自然や生活体験から切り離されているのかを照らす鏡となったのです。

身近な自然とは？

　那覇市内の中学生に授業をする機会があり、日常、出会う生き物についての質問をしたことがあるのですが、そのときの返答も、中学生たちが自然と切り離された暮らしをしていることを、浮彫にしてくれるものでした。このやりとりから、那覇は都会なので、田舎に比べると生き物に出会わないということは明らかなのですが、それだけでなく、現代社会は自然や生き物を「気にしなくても生きていける」ということが現状としてあるのだということを認識するようになりました。

　このような気づきから、私が現在居住している沖縄の人々にとって、「身近な自然」とは何か？という大きな問を持つようになりました。以後、私は沖縄や奄美などの島々を訪ね、かつての自然利用について聞き、記録に残す仕事を続けています。ただし、この聞き取りの内容を、そのまま子ども・若者に伝えても、うまく伝わらないということも体験をしました。例えば、「昔は野山がコンビニだったんだよ」というような表現をしたときに、ようやく少し納得してくれたような反応がみられたしだいです。かつての自然利用を掘り起こし、記録し、継承するとともに、現代社会に生きる子ども・若者にとって、どのような形で自然とのかかわりあいをつなぎなおすことができるのか。私にとって、そのような模索が続いています。

自然との関わりをつなぎなおす

　珊瑚舎スコーレは、この点においても独自の活動を継続しています。南城市の山林を借り受け、「がんまり（いたずら…といった意味）」と名付けた活動の場を、10 年以上にわたって、生徒たちと作り続けているのです。私自身は現在、珊瑚舎スコーレの活動とは、ほとんど関わりがもてていませんが、大学のゼミ生と、がんまりを活動の場とした、地域の子ども達向けのワークショップなどに関わらせてもらっています。私の所属学科の学生は、将来、沖縄で小学校教員を目指す学生なので、少しでも地域の自然との関わりの体験を積んでほしいと思っています。

分科会 I

こどもの発達と環境：
地域文化からこどもの育ちと行事を再考する

全国の保育現場は、コロナ禍によって園内行事の見直しが求められることになりました。感染症対策のため密を避けるということが、行事の意義や在り方の再考を迫ったのです。

従来、地域のなかには祭をはじめ行事があり、園の文化として行事がありました。運動会、生活発表会といった非日常を感じさせる行事や、入園式、卒園式など節目を彩る行事などが挙げられるでしょう。

例えば運動会を考えたとき、屋外で行う運動会と屋内で行う運動会では、こどもたちにとっての経験の意味は大きく異なるでしょう。コロナ禍により、年齢ごとに分ける、保護者の参観を見送るなど、こどもをとりまく環境を調整することで行事を行ってきました。その一方で、エイサーを踊る年長クラスの姿に憧れを感じて遊ぶ年中児や年少児の姿をみると、遊びや文化の継承としての行事の意味を改めて考えさせられます。

今回、考えたいのは、園内行事の見直しといったときの保育者同士のコミュニケーションや地域文化とのつながりといった論点です。これまで行事は例年通りやってきたことを繰り返す側面が強かった園も多かったのではないでしょうか。「そもそも、この行事をやる意味は？」といった議論は、若手保育者からはなかなか声が挙げにくい側面もあるように思います。ひとつの行事には園の伝統や文化、地域性が内包されており、一人の保育者の声では変えにくいものです。その意味でも、行事をめぐる保育者同士の議論や地域文化の継承という観点から行事を問い直したいと考えています。

以上のような問題意識から、今改めて、保育の行事からこどもの発達と環境を考えてみたいと思います。本分科会では、いずれも沖縄の保育を担ってこられた3名にパネリストをお願いしています。当日はフロアの皆さんと行事をめぐるこどもの育ちと文化について議論したいと思います。

運動会でのエイサー

小学校での運動会

地域の方との交流

コーディネーター 1
川田 学（Manabu KAWATA）

北海道大学大学院教育学研究院准教授
東京都立大学大学院博士課程単位取得退学。香川大学教育学部講師、准教授を経て現職。博士（心理学）。専門は発達心理学、保育学。主著に『保育的発達論のはじまり：個人を尊重しつつ、「つながり」を育む営みへ』ひとなる書房、『共有する子育て：沖縄多良間島のアロマザリングに学ぶ』金子書房などがある。近年は、沖縄地方や瀬戸内地方など各地の保育現場をまわり、保育と地域の関係史を学んでいる。

コーディネーター 2
岡花 祈一郎（Kiichiro OKAHANA）

琉球大学教育学部准教授
広島大学大学院教育学研究科博士課程中途退学。広島大学大学院教育学研究科幼年教育研究施設助手、福岡女学院大学講師を経て現職。専門は幼児教育学、保育学。主著に編著『遊びをつくる、生活をつくる：学童保育にできること』かもがわ出版、編著『子ども家庭支援論：子どもを中心とした家庭支援』教育情報出版など。近年は、沖縄の保幼小接続や子どもの視点から保育を捉え直すことに関心がある。

パネリスト 1
亀島 敦子（Atsuko KAMESHIMA）

読谷村立読谷幼稚園副園長
同一敷地内に隣設した小学校との連携教育の中で行う行事や地域との関わり等幼児が心を動かす為の見直しと構成の工夫を模索中です。

パネリスト 2
長嶺 久美子（Kumiko NAGAMINE）

あらしろこども園園長
保育園園長から令和5年度より公私連携幼保連携型認定こども園の園長になりました。公立幼稚園時代に大切に育てられた、たくさんの植物に囲まれて、保育園との環境の作り方のギャップを楽しんでいます。

パネリスト 3
天願 順優（Junyu TENGAN）

コスモストーリー保育園園長、沖縄キリスト教短期大学保育科非常勤講師
琉球大学大学院教育学研究科修士課程修了。地域に根差し、地域に愛される園づくりを模索しています。

分科会Ⅱ　生活の場としての居場所施設のあり方

居場所は「自分が安心していられる場」であると同時に、社会の中での「自分の位置を確かめられる場」であることも意味します。近年、こどもの居場所づくりが注目されていますが、その背景には、こどもが家庭を拠り所として地域に生きることが困難な社会となっている現状があります。

居場所は「そこにいる人」、「関わる人」の関係のもとで成立しますが、その社会的条件を築くための環境、場所、建築のあり方はどのような意味を持つのでしょうか。安心できる環境や人と交われる空間の条件について、こども環境学として共通認識を持つことができているのでしょうか。

学童保育は放課後の「家庭に替わる生活の場」と言われます。フリースクール・フリースペースは学校を居場所とすることが困難な子どもの社会的な居場所として築かれました。さらに、子ども食堂、児童館など、様々な居場所が整備されたプロセスの中に手掛りがあるはずです。

本分科会では、実践と研究の中から居場所施設のあり方、つくり方を論じていきます。拠点としての施設自体にとどまらず、地域に広がる生活の場までを視野に入れた議論を展開したいと考えています。

地域に広がる学童保育の生活（大阪）

フリースクールの空間と「居方」

【趣旨説明】子ども一人一人の居場所としての施設と地域のあり方 … 清水 肇
【話題提供1】こどもが地域で育つ学童保育　………………………… 塚田 由佳里
【話題提供2】こどもの生活様態と居方にみるフリースクールの空間計画
　　　　　　　　　　　　　　　　　　　　　　　　………………… 垣野 義典
【話題提供3】「ただいま」が声になるまで。みんなが「仲間」になるまで。
　　　　　　　－北中城村しまぶく学童クラブの実践記録－ ……… 安里 恵美
【コーディネーター】…………………………………………………… 垣花 道朗

フィンランドの児童館

コーディネーター
垣花 道朗（Michiaki KAKINOHANA）

NPO法人沖縄県学童・保育支援センター事務局長。沖縄女子短期大学非常勤講師
全国とは異なる特徴をもつ沖縄県の学童保育において、子どもの最善の利益を保障し、保護者の子育て支援を実現するために、世帯所得に関わらず希望するすべての子どもが利用することができる学童保育を目指し、日々奮闘中。

趣旨説明
清水 肇（Hajime SHIMIZU）

琉球大学工学部建築学コース教授
地域の生活空間のあり方の研究と実践に取り組む。2008年から沖縄県内の学童保育施設の過ごし方研究、改善の実践研究を継続している。近年は学童保育施設、様々な居場所施設、こども食堂など幅広い子どもの居場所のあり方に関わる。

学童保育の中の自分の「拠点」

パネリスト1
塚田 由佳里（Yukari TSUKADA）

同志社女子大学 生活科学部人間生活学科 准教授
大阪・京都をフィールドにこどもが地域の人やものと関わりながら放課後を過ごす学童保育のあり方や地域づくりを研究。近年は北欧、オーストラリア等の海外の学童保育調査を展開。

パネリスト2
垣野 義典（Yoshinori KAKINO）

東京理科大学創域理工学部建築学科教授
1975年京都生まれ。日本およびオランダやオーストリア、北欧などの学校建築や学びの空間と教育システムについて比較研究を行っている。

パネリスト3
安里 恵美（Megumi ASATO）

一般社団法人千和　しまぶく学童クラブ　放課後支援員
「子どもたちの"子ども時代"を保障し、共に育む心の根」を保育理念に、学童期の子どもの過ごし方を琉球大学清水研究室と共同研究を実施。又、2022年から琉球大学大学院地域共創科に在学し、主体性と創造性を育む学びの環境づくりについて研究を行っている。

分科会 Ⅲ　地域の居場所としての遊び場づくり

冒険遊び場やプレーパークなどの遊び場づくりの活動は、自由で豊かな遊びができる場所をつくるために取り組まれてきました。改めて、遊びとは何か、を考えてみると、自分を楽しませる営みであるとともに人と楽しさを共有する営みであると言うこともできます。遊びが制限される社会とは、人との関わり方の自由が抑圧されている社会と言えないでしょうか。かつての地域の遊び場は、そこへ行けば誰かがいる場所でした。大人と関わり、あるいは大人に隠れて、地域でこどもが生きていく場所でした。

遊び場づくりの取り組みは地域のまちづくり活動であり、子育てを支える場づくりであり、子どもと大人の居場所でもあることが知られています。それは遊び場づくりに付随する成果ではなく、そもそも、遊びの本質の中に人との楽しさの共有があるからではないかと考えます。

本分科会では、遊び場づくりが実質的に地域の居場所づくりであるという側面に注目します。実践と研究報告から、地域における遊び場づくりのプロセス、遊び場を地域に広げていくプレーカーなどの取り組み、遊び場と地域の居場所の関係などの意味を掘り下げていき、これからの実践につなげる手掛りを得たいと考えています。

プレーカーによる遊び場づくり
（IPA くまもと）

プレーカーの搭載物
（一般社団法人プレーワーカーズ）

【趣 旨 説 明】遊び場をつくること、居場所をつくること ………… 清水 肇
【話題提供1】冒険遊び場づくりとプレーカーの可能性 ………… 梶木 典子
【話題提供2】子育て支援から繋がる遊び場・居場所づくり ……… 村野 裕子
【話題提供3】公民館に子どもたちの遊び場・居場所をつくるということ
　　　　　　　　　　　　　　……………………… 由利 玲子

ミミズをつかまえた
（冒険遊び場、いるパーク）

趣旨説明・コーディネーター1
清水 肇（Hajime SHIMIZU）

琉球大学工学部建築学コース教授
地域の生活空間のあり方の研究と実践に取り組む。2003 年から「沖縄にプレーパークをつくる会」の活動を始める。現在、はんたがわプレーパークや、子ども食堂が関わるプレーパークなど、地域での遊び場づくり、居場所づくりの展開を模索している。

パネリスト1・コーディネーター2
梶木 典子（Noriko KAJIKI）

神戸女子大学家政学部教授
IPA（子どもの遊ぶ権利のための国際協会）日本支部代表、日本冒険遊び場づくり協会理事。子どもの遊び環境に関して継続的に研究。近年、日本とドイツにおけるプレーカー活動に関する研究を進めている。

パネリスト2
村野 裕子（Yuko MURANO）

埼玉県入間市内にて常設型3ヵ所・出張型6ヵ所の子育て支援センターを運営するNPO法人 AIKURU 理事
こどもも大人もその人なりに楽しい毎日を過ごす事を目指し、プレーパーク・若者居場所・こども食堂等、こどもと子育てに関係する数々の活動を行っている。

パネリスト3
由利 玲子（Ryoko YURI）

NPO 法人1万人井戸端会議
那覇市繁多川公民館スタッフ
「地域の子は地域で育む」の実践を目指し、学校・保育施設・自治会等が連携して子どもと家庭を支える事業（地域計画教育部）を担当。地域の中の子どもの居場所として、はんたがわプレーパークを 2019 年より開始。

親子の居場所
（はんたがわ川プレーパーク）

分科会 Ⅳ こどもと環境（自然・人・もの）をつなぐ

本大会趣旨は、「地域に生きるこども」である。「地域」というキーワードを考えると、こどもの身近な環境は、人的環境や物的環境、自然的環境など様々ある。特に亜熱帯の自然に恵まれた地域にある沖縄は、自然豊かな地域と言われている。また、離島も多く、地域の独自の文化がある。「生きる」のキーワードからは、地域にある資源の活用方法について考えられる。しかし、そのような自然・人・ものなど地域資源となる環境が活用されている例は、少ないと考えられる。

本分科会では、自然や創造的活動の視点から活動を行っている方々から、活用例に関する話題提供を行う。また、本大会で実施される基調講演、シンポジウム、エクスカーションやワークショップも本分科会に関連付ける。自然での活動を通して、こどもたちの体験や経験を保育・教育の中でどのように扱うかを検討する。また、創造的な視点でこどもの主体性を大切にした活動のあり方や活用方法についても検討する。これらの意見交換を通して新たな視点について見出し、「地域に生きるこども」の自然と創造的活動のあり方について考える。

イノーで遊ぶこどもたち

ビオトープでの自然体験

藁を使ったワークショップ

座間味島でのワークショップ

【趣旨説明】こどもの環境を自然と創造的活動から考える……照屋 建太
【話題提供1】自然豊かな環境における遊びと学び ……………… 小倉 宏樹
【話題提供2】自然体験が育むハンディキャップを持つ子供たちの感性
　　　　　　　　　　　　　　　　　　　　　……………………… 佐々木 健志
【話題提供3】探究心を育むワークショップ「けんちくひろば」 …仲 綾子
【話題提供4】「場」の声に耳を澄まし、アートの力で「場」をひらく
　　　　　　　　　　　　　　　　　　　　　……………………… 吉田 悦治

趣旨説明・コーディネーター
照屋 建太（Kenta TERUYA）

沖縄キリスト教学院沖縄キリスト教短期大学保育科　教授
　領域（環境）に関する授業を主に担当し、地域の自然を活用した授業展開を心がけている。また、理科支援プロジェクト委員として、西原町の小学校にて理科支援（生物分野）も行っている。

パネリスト1
小倉 宏樹（Hiroki OGURA）

認定NPO法人よみたん自然学校　代表理事
　大学時代のキャンプカウンセラー経験をきっかけに野外教育＆環境教育に関心を持つ。フリースクール、ようちえん等の日常型の自然体験活動で、子どもの主体性育成に取り組む。

パネリスト2
佐々木 健志（Takeshi SASAKI）

琉球大学博物館（風樹館）助教・学芸員
　大学博物館の地域貢献活動として、市民や教員などを対象に環境教育活動を行う。特に、特別支援学校などのハンディキャップを持つ子供たちへの当館のビオトープでの自然体験学習や実物標本を用いた理科等の学習支援にも取り組む。

パネリスト3
仲 綾子（Ayako NAKA）

東洋大学ライフデザイン学部人間環境デザイン学科　教授
　環境デザイン研究所にて保育園やこども病院の設計を担当し、その頃からこどもとともに建築を学ぶワークショップを行い、25年以上続けている。

パネリスト4
吉田 悦治（Etsuji YOSHIDA）

国立大学法人琉球大学教育学部　教授
　アートと教育のあいだを漂流しながら、「サイト・スペシフィック（場所性）」「タイム・スペシフィック（時間性）」の視点から立ち現れる美術教育を実践している。

パネリストへの質問等は、QRコードからお願いします。（分科会開催中のみ）

創造性を育む造形遊び・場づくり
～竹 & 輪ゴムチャレンジ

竹＆輪ゴム　ワークショップ（ドイツ）

　輪ゴムで竹を結びつけると、驚くほどスケールの大きな立体造形物を制作することができる。シンプルな材料を活かして参加者の自由な発想で、多様な形づくり・場づくり・空間づくりを体験できるワークショップ。

　「環境」とは非常に抽象的な表現であるが、本大会で行うワークショップでは環境の広い意味を体験できる仕組みづくりが目標である。こどもたちが環境づくりに根本的に関わり、スケールの大きな制作によって普段は体験できないことで、公共空間のイメージを変える場面を経験する。

　竹や輪ゴムを使って構造物を作ることで、こどもたちは創造性や想像力を刺激される。自分たちで考えたアイデアを形にしていくことによって、表現力や発想力を養うことができる。主体的に環境を作ることは、こどもたちが自己表現や創造性を発揮し、自信や自己肯定感を高め、協力やチームワークを学んで、環境に対する関心や責任感を持つことになる。

　自由参加のこどもから大人まで2日間でどのような場を創造できるか実験的な創作を試みる。その体験活動に参加したこどもたちを指導者の視点で観察し、大会3日目の分科会4でその成果と課題についてディスカッションを深めていく。

◆ 開催日時　7月8日（土）13：00 ～ 17：00
　　　　　　　7月9日（日）　9：00 ～ 12：00

◆ 場　　所　てだこホール　芝生広場（てだこ広場）

◆ 対 象 者　幼稚園生から大人まで（自由参加）
　　　　　　※10歳以下のこどもは大人同伴での参加をお願いします。

◆ 定　　員　30名／日 程度
　　　　　　（事前申し込み・一部当日受付あり）

◆ 参 加 費　無料

◆ 備　　考　サポーターとして琉球大学の学生も参加予定。

スプリー　ティトゥス（Titus Spree）

　琉球大学教育学部 准教授。
　ベルリン芸術大学において建築の修士課程を修了。1996年から東京大学に留学し、墨田区向島エリアの研究とまち再生活動を行う。2001年から琉球大学に在職し、沖縄を拠点に、建築・デザイン・アート・教育を横断的に結びつける国際的な活動を展開している。

ワークショップ 2 — 自然体験活動に絵本の読み聞かせと創造的活動を取り入れたワークショップ

しぜんのだいすきだいじさがし

木のシルエット

森の機織り

　自然体験活動のひとつであるネイチャーゲームは、身近な地域の自然とふれあう体験を通して、こどもや大人が一緒に楽しみながら自然の不思議を発見し、自然の仕組みを学び、自然とのつながりに気付くことのできるプログラムで構成されており、現在約180種類のアクティビティがあります。また、ネイチャーゲームは、さまざまな感覚をとぎすますことで、自然に対する感性を豊かにし、自ら学び、自ら考える力を育成することが期待される環境教育プログラムでもあります。

　今回のワークショップでは、ネイチャーゲームのアクティビティ体験活動の内容にあわせた絵本を選び、その絵本の読み聞かせを行うとともに、自然の落とし物（宝物）を活用した創造的活動も取り入れた盛りだくさんの内容でワークショップを試みる予定です。

　五感を育む多様な体験を相互に取り入れた活動を実施することで、こども達にどのような効果が期待されるのか、日頃、こどもたちと接する機会の多い保育士や幼稚園教諭に体験していただき、その期待される効果と実践上の課題について分かち合いができることを期待しています。

　尚、アクティビティ体験にあわせた絵本の選定については、一般財団法人絵本未来創造機構 代表理事の仲宗根敦子氏にも協力いただく予定です。

　皆さまのご参加をお待ちしています。

◆開催日時　7月9日（日）9：00〜12：00
　　　　　　受付、ワークショップ、分かち合い（意見交換会）

◆場　　所　浦添市美術館裏の芝生広場

◆対 象 者　主に5歳児クラスを担当する
　　　　　　幼稚園教諭・保育士向け

◆定・　　員　20名程度（事前申し込み）

◆参 加 費　無料

國吉 真哉 (Sanechika KUNIYOSHI)

　琉球大学教育学部 教授
　専門は住生活学。ネイチャーゲームのインストラクターとして、大学講義「子どもと自然体験活動」でのリーダー養成講座、こどもや保育士等を対象とした体験活動、入門講座等も開催。

本村 佳奈子 (Kanako MOTOMURA)

　沖縄県立芸術大学美術工芸学部絵画専攻 助教
　中学・高校美術非常勤講師、未就学児親子を対象にしたアートワークショップの開催など幅広い年齢に創作することの楽しさや喜びを伝えている。また、木版画家として創作活動も行っている。

会員総会・こども環境学会賞の発表

2022年度（第18回）

会員総会

7月8日（土）16：40～17：10

学会賞受賞者表彰式および記念講演会

7月8日（土）17：10～18：10

こども環境学会賞の発表

各賞の対象と審査委員

総評・講評

会場：てだこホール・小ホール

学会賞受賞者表彰式および記念講演会

2022年度(第18回)こども環境学会賞

1. 顕彰委員会委員長挨拶：高木 真人

2. 論文・著作賞

(1) 論文・著作賞選考委員会委員長挨拶：住田 正樹
(2) 論文・著作賞①表彰

根橋 杏美（千葉大学教育学部附属幼稚園・幼稚園教諭）

園庭の登はん型遊具における幼児の利用実態とリスクテイキングの過程との関連

(3) 論文・著作賞②表彰

藤後 悦子（東京未来大学教授）、柳瀬 洋美（東京家政学院大学准教授）、
野田 敦史（高崎健康福祉大学准教授）、及川 留美（東海大学准教授）

社会的子育ての実現
─人とつながり社会をつなぐ、保育カウンセリングと保育ソーシャルワーク─

3. デザイン賞

(1) デザイン賞選考委員会委員長挨拶：竹原 義二
(2) デザイン賞表彰

清水 義文（SOU 建築設計室・主宰）、木田 まゆみ（カリタス幼稚園園長）、
古賀 誉章（宇都宮大学准教授）、長澤 悟（東洋大学名誉教授）、毛利 さやか（SOU 建築設計室）、
徐 静雨（SOU 建築設計室）、山本 花歩（SOU 建築設計室）

カリタス幼稚園

(3) デザイン奨励賞表彰

伊藤 潤一、宇田川 奈緒子（千葉大学 / 伊藤潤一建築都市設計事務所）

児童養護施設 房総双葉学園グループホーム

4. 活動賞

(1) 活動賞選考委員会委員長挨拶：神谷 明宏
(2) 活動賞表彰

上原 幸子（特定非営利活動法人 砧・多摩川あそび村）

多摩川河川敷の自然体験遊び場「きぬたまあそび村」

(3) 活動奨励賞①表彰

秋葉 祐三子（特定非営利活動法人あそびとまなび研究所）、小寺 江理、井上 志乃、島野 厚子

楽しみは、いつもの暮らしの中にある（住みたいまち、北九州）

(4) 活動奨励賞②表彰

堀部 篤樹（愛知産業大学）、鈴木 賢一（名古屋市立大学）、豊田市立足助小学校、
豊田市 生涯活躍部 文化財課 足助分室 / 博物館準備課

豊田市足助「重伝建の町並み」を活用した郷土学習の継続的な取り組み

5. 自治体施策賞

(1) 自治体施策賞選考委員会委員長挨拶：田川 正毅
(2) 自治体施策賞表彰

山形県東根市

山形県東根市における子どもの遊び、子育てを基軸にした健康まちづくり

(3) 自治体施策奨励賞表彰

石川県かほく市

かほく市幼児造形事業

こども環境学会

2022年度（第18回）
こども環境学会賞の受賞者紹介
Association for Children's Environment

顕彰委員会委員長　高木 真人、論文・著作賞選考委員長　住田 正樹、
デザイン賞選考委員長　竹原 義二、活動賞選考委員長　神谷 明宏、自治体施策賞選考委員長　田川 正毅

　2022年6月より公募致しましたこども環境学会の学会賞につきましては、2022年10月末までに論文・著作賞11件、デザイン賞7件、活動賞6件、自治体施策賞2件、合計26件のご応募をいただきました。

　選考委員による厳正な審査の結果、論文・著作賞2件、論文・著作奨励賞0件、デザイン賞1件、デザイン奨励賞1件、活動賞1件、活動奨励賞2件、自治体施策賞1件、自治体施策奨励賞1件、以上合計9件が選定されました。

　受賞者および総評・講評は以下の通りです。（順不同、敬称略）

●各賞受賞者

こども環境学会賞　論文・著作賞

《論文・著作賞》

◆根橋 杏美（千葉大学教育学部附属幼稚園・幼稚園教諭）

**園庭の登はん型遊具における幼児の利用実態と
リスクテイキングの過程との関連**

（『こども環境学研究』Vol.17, No.3. 2021）

◆藤後 悦子（東京未来大学教授）
柳瀬 洋美（東京家政学院大学准教授）
野田 敦史（高崎健康福祉大学准教授）
及川 留美（東海大学准教授）

**社会的子育ての実現−人とつながり社会をつなぐ、
保育カウンセリングと保育ソーシャルワーク−**

（ナカニシヤ出版）

こども環境学会賞　デザイン賞

《デザイン賞》

◆清水 義文（SOU建築設計室・主宰）
木田 まゆみ（カリタス幼稚園園長）
古賀 誉章（宇都宮大学准教授）
長澤 悟（東洋大学名誉教授）
毛利 さやか（SOU建築設計室）
徐 静雨（SOU建築設計室）
山本 花歩（SOU建築設計室）

カリタス幼稚園

《デザイン奨励賞》

◆伊藤 潤一、宇田川 奈緒子
（千葉大学/伊藤潤一建築都市設計事務所）

児童養護施設 房総双葉学園グループホーム

こども環境学会賞　活動賞

《活動賞》

◆上原 幸子（特定非営利活動法人 砧・多摩川あそび村）

多摩川河川敷の自然体験遊び場「きぬたまあそび村」

《活動奨励賞》

◆秋葉祐三子（特定非営利活動法人あそびとまなび研究所）、
小寺 江理、井上 志乃、島野 厚子

**楽しみは、いつもの暮らしの中にある
（住みたいまち、北九州）**

◆堀部 篤樹（愛知産業大学）、鈴木 賢一（名古屋市立大学）
豊田市立足助小学校
豊田市 生涯活躍部 文化財課 足助分室 / 博物館準備課

**豊田市足助「重伝建の町並み」を活用した
郷土学習の継続的な取り組み**

こども環境学会賞　自治体施策賞

《自治体施策賞》

◆山形県東根市

**山形県東根市における子どもの遊び、子育てを
基軸にした健康まちづくり**

《自治体施策奨励賞》

◆石川県かほく市

かほく市幼児造形事業

　以上が受賞されたものですが、選考に漏れた方々におかれましても受賞者に劣らないすぐれた学術活動や実践活動であることを申し添えますとともに、さらに一層の活躍を祈念いたします。また更に多くの会員の皆様が次回の学会賞に応募されますことを期待いたします。

各賞の対象と選考委員

（1）論文・著作賞

近年中に完成し発表された研究論文および著作出版物であって、こども環境学の進歩に寄与する優れたもの。

選考委員

委員長	住田　正樹	（九州大学／放送大学名誉教授・発達社会学）
委　　員	福岡　孝純	（日本女子体育大学招聘教授・スポーツ環境）
	仙田　　満	（東京工業大学名誉教授・建築学）
	矢田　　努	（愛知産業大学・建築学）
	高橋　　勝	（東京福祉大学・教育哲学）
	大豆生田啓友	（玉川大学・保育）
	五十嵐　隆	（国立成育医療研究センター理事長・医学）
外部委員	望月　重信	（明治学院大学名誉教授・子ども社会学）

（2）デザイン賞

近年中にデザインされた環境作品（建築・ランドスケープ・インテリア・遊具・家具・グラフィックその他）であり、こども環境学の見地からも高い水準が認められる独創的なもので、子どもの成育に資することが認められるすぐれた環境デザイン。

選考委員

委員長	竹原　義二	（神戸芸術工科大学客員教授・無有建築工房・建築家）
委　　員	佐久間　治	（九州女子大学教授・建築学）
	小池　孝子	（東京家政学院大学教授・住居計画学）
	千代章一郎	（島根大学学術研究院教授、建築学）
	鮫島　良一	（鶴見大学短期大学部准教授、同附属幼稚園園長・彫刻家）
	福岡　孝純	（日本女子体育大学招聘教授・スポーツ環境）
	松本　直司	（名古屋工業大学名誉教授・建築学）
	仙田　　考	（田園調布学園大学准教授・ランドスケープ）
外部委員	手塚　由比	（手塚建築研究所・建築デザイン）

（3）活動賞

こども環境に寄与する、上記以外の活動（施設運営・行政施策・社会活動・その他）であって、近年中に完成した業績および継続的な活動によってその成果が認められた活動。

選考委員

委員長	神谷　明宏	（聖徳大学児童学科准教授、NPO法人コミュニティーワーク研究実践センター理事）
委　　員	小澤紀美子	（東京学芸大学名誉教授、住環境教育・まちづくり教育）
	北方　美穂	（日本フィンランド協会事業推進委員）
	新田新一郎	（プランニング開代表、NPO法人みやぎ・せんだい子どもの丘副理事長）
	齊藤　ゆか	（神奈川大学人間科学部人間科学科教授、生涯教育・ボランティア・NPO）
	西野　博之	（NPO法人たまりば理事長、川崎市子ども夢パーク所長、フリースペースえん代表）
外部委員	柳下　史織	（公益財団法人東京YWCA・青少年育成事業部統括責任者）

（4）自治体施策賞

こども環境に寄与する行政施策であって、近年に完成、完了した施策、若しくは継続中の施策でその成果が認められるもの、又は近年に着手された施策で、顕著な成果が生じ始めていると認められるもの。

選考委員

委員長	田川　正毅	（東海大学教授・建築学）
委　　員	高木　真人	（京都工芸繊維大学准教授・建築学）
	請川　滋大	（日本女子大学教授・児童学）
	三輪　律江	（横浜市立大学学術院教授・建築学）
	松本　直司	（名古屋工業大学名誉教授・建築学）
	河原　啓二	（福島県県南保健福祉事務所元所長・公衆衛生）
	梶木　典子	（神戸女子大学教授・地域居住学）
外部委員	奥山千鶴子	（NPO法人子育てひろば全国連絡協議会理事長）

こども環境 論文・著作賞

総評

論文・著作賞　選考委員長

住田　正樹

今年度の選考委員会は、引き続き委員をお願いした5人の先生方と新たに委員をお願いした4人の先生方（外部委員1名を含む）の9名で構成することになりました。

今年度の応募件数は論文9件、著作2件で、いずれも昨年度より2件増えました（昨年度の著作はナシ）。一昨年の委員会で論文と著作は審査の観点が異なるところがあるので別々に分けて審査することに決めましたが、今回はそれに従って審査いたしました。

応募作品はこれまでと同様に、大方が保育、親子関係、地域社会をテーマにしたものでしたが、分析方法は事例研究から統計的手法を使っての分析まで多様でした。まず各委員からそれぞれの論文、著作についての評価・意見を述べて貰い、その後、全体的な討議を行いましたが、その結果、論文1件、著作1件の学会賞を選定いたしました。

論文の部は、根橋杏美氏の「園庭の登はん型遊具における幼児の利用実態とリスクテイキングの過程との関連」と題する本学会の紀要論文です。登はん型遊具を対象に幼児の利用実態とリスクテイキングに関わる諸要因を統計的手法を用いて克明に分析したものですが、緻密に論を展開し、説得力に満ちているとして高く評価されました。

著作の部は、藤後悦子・柳瀬洋美・野田敦史・及川留美の4氏の編による『社会的子育ての実現』（ナカニシヤ出版）です。保育に社会的子育ての視点を導入し、保育現場にカウンセリングとソーシャルワーカーの視点を取り入れた実践的対応を具体的に論じ、今日の社会において極めて有用性の高い著作として評価されました。

しかし、応募された他の論文も厳密な査読を通過した本学会の紀要論文だけに優れたものが多く、選考委員会にとっては嬉しいことでした。今後も奮って応募していただければと思います。

論文著作賞

根橋 杏美（千葉大学教育学部附属幼稚園・幼稚園教諭）

園庭の登はん型遊具における幼児の利用実態とリスクテイキングの過程との関連（『こども環境学研究』Vol.17, No.3. 2021）

遊具、特に登はん型遊具は運動器具としての機能が強いために子どもの運動能力を育む効果があることは言うまでもありません。しかし、反面において遊び方のルールを徹底させて安全性を確保することも必要です。そのためには保育者の安全上の配慮や指導もさりながら何よりも子ども自身が遊びに内在する「リスクを知覚し、安全な行動を選択しようとする力」、すなわち「リスクテイキング能力」を獲得することが必要であり、これこそが遊びを通しての子どもの発達と言えるでしょう。

本研究は、登はん型遊具の幼児の利用実態と怪我の実態、リスクテイキングの過程に関わる影響要因、そして幼児期の危険や安全に関する発達的特徴を明らかにしようとしています。そのために幼稚園児（3〜5歳児）を対象にチェックリスト形式の直接観察とビデオを用いての間接観察を実施し、詳細なデータを収集して統計的手法を用いて克明に分析しています。その結果、登はん版型遊具におけるリスクテイキングの過程において遊具の構造や難易度、学年（年齢）、性別、身体特性等の影響要因を明らかにしていますが、そうした要因が3〜5歳児のそれぞれの段階においてそれぞれに作用しながらリスクの知覚・評価・意志決定がそれぞれの年齢等に異なっていることを巧みに明らかにしています。

得てしてこの年齢層の遊び経験や遊びによる発達は「幼児期の遊び」と一括りにして捉えがちですが、3歳児であってもリスクの知覚・評価・意志決定を行っていること、そしてわずか1歳違いであってもそうしたリスクテイキング経験の積み重ねによる変化（＝発達）が極めて顕著に見られることを分析的に、シャープに捉えています。

　　統計的手法による影響要因の分析と遊具の利用の検定には説得力があるとして高く評価されました。

（住田正樹）

藤後 悦子（東京未来大学教授）、柳瀬 洋美（東京家政学院大学准教授）
野田 敦史（高崎健康福祉大学准教授）、及川 留美（東海大学准教授）

『社会的子育ての実現―人とつながり社会をつなぐ、保育カウンセリングと保育ソーシャルワーク―』（ナカニシヤ出版）

　　子育てに喜びや楽しさを感じている保護者は多いことでしょう。実際、喜びや楽しさを感じているからこそ、子育てに不安や困難を感じ、ストレスを感じてもそれを何とか克服していくことができるわけです。しかし、現状はどうかと言うと、父親の育児参加が声高に叫ばれているにもかかわらず、依然として母親に大きな負担がかかっています。

　　そこで本書では社会的子育ての視点を導入して社会全体で子育てに取り組むようなシステムを整えたい、そのためには保育士が在園児の保護者のみならず地域の保護者に対しても積極的に支援を行うことが求められているとして、保護者全員の養育力の向上に寄与すべきだとしています。保育施設に地域における家庭支援の核としての機能を持たせようというわけです。しかし、そうとすれば保育施設、また保育士は保護者からの多様なニーズに応えられなければなりません。それも保護者自身の子育ての問題から子どもの発達上の問題や生活上の問題まで実に多様です。そうした多様なニーズに応えるためには保育現場にカウンセリングとソーシャルワーカーの機能を持たせ、この二つの視点を活用していくことが必要になります。こうした保育現場を通して地域での子育ての輪を徐々に広げていくことが社会的子育ての実現に繋がっていくと著者たちは述べています。そしてそうした過程で生じるさまざまな問題、すなわち保育者の問題、子どもの問題、家族の問題、保育現場の問題、災害の問題、社会制度や法律の問題を各章で論じています。そして最後に社会的子育ての実現に向けて、保育カウンセリングと保育ソーシャルワーカーが融合し、保育機能をより強化していくための両者の融合モデルを提示し、そのモデルに基づく具体的な活動を例示しています。

　　本書は、保育士の方々、カウンセラーやソーシャルワーカーの方々、また保育行政に携わる方々のみならず、保護者の方々、保育を専攻する学生にとって理論的かつ実践的な、極めて有用性の高い書として評価されると思います。

（住田正樹）

総評

こども環境 デザイン賞

デザイン賞 選考委員長

竹原 義二

こども環境学会デザイン賞はこどもの視点に立つ建築、造園、遊具、プロダクト、絵本、グラフィック等さまざまなデザイン領域の総合的な評価により優秀なデザイン作品を表彰するものである。

今年度から新しい審査員に仙田考氏を迎え、建築だけでなくランドスケープの視点からも、こどもがおかれている環境を総合的に捉えるデザインの評価基準をより明確に充実させた。

18回目となる今年度は応募作品が7点あり9名の選考委員の書類審査により現地審査を行う4作品を選出した。新型コロナウィルス感染症の収束が見えない中、昨年同様2名以上の審査員で現地審査を行った。今年も関係各位の協力により何とか期限までに実施することができた。

リモート開催となった最終審査会では全員出席の中、現地審査を担当した各委員から作品の講評があり、リモートではあるが活発な質疑応答を経て充実した討議を重ねることができた。その結果、全員一致でデザイン賞に「カリタス幼稚園」、デザイン奨励賞に「房総双葉学園グループホーム」が選考された。

今回現地審査をした中で惜しくも入選に至らなかった2作品について記しておく。

「育成会ひまわり保育園」は住宅のスケールで構成された小さなボリュームでつくられている点は評価されたが、もう少し保育室とホール、内部と半外部・外部の連続性や、こどもの目線でのもう一歩踏み込んだ工夫や仕掛けがあれば、よりこどもたちの学びと遊びが誘発されたのではないか。

「上郡町立認定こども園」は地方都市の幼稚園統合から生まれた認定こども園である。中庭を囲む4棟の木造園舎が風車型に配置されている。半屋外空間の中庭に置かれた遊具や使い方などが、設計者の意図とは違った使われ方をされていた印象が強く、外部空間の使い方など総合的なデザインが統一されている事が重要なのではないか。

上記の意見の中で今回は入賞には至らなかったが、いずれも優れた作品であった。

新型コロナウィルス感染症が収束する気配が少し見えてきたが、これからもこどもの生育に必要な本質を見極めながら新たなデザインの挑戦を続けていただきたい。

最後に、デザイン賞、奨励賞を獲得なさった作者に敬意を表するとともに、本デザイン賞に応募、推薦をしてくださった皆様に深く感謝する。

清水 義文（SOU建築設計室・主宰）、木田 まゆみ（カリタス幼稚園園長）
古賀 誉章（宇都宮大学准教授）、長澤 悟（東洋大学名誉教授）
毛利 さやか（SOU建築設計室）、徐 静雨（SOU建築設計室）
山本 花歩（SOU建築設計室）

カリタス幼稚園

川崎市内の平地の住宅地に立地する、キリスト教系一貫校（幼小中高）の幼稚園の建替え計画である。敷地は幼小が一体、東側の並木通りの向こうに中高が位置している。園環境の構成は、分棟園舎が敷地奥に、棟中央に園庭広場、入口にかけバスロータリーと森が配されている。

園全体を通し、カトリックの精神性、モンテッソーリ教育、多様な体験のための環境が本デザインにおいて実現されている。

分棟2棟をつなぐように十字架の屋外階段広場が位置し、後ろ側の屋外廊下と相まってシンボル性が見られ、園舎内でも宗教室、中庭、屋上の十字架等宗教性が感じられる。

オープン型の保育室や造作家具の教具棚等、本園のモンテッソーリ教育に幅広く対応できるよう教育環境構成に工夫が見られた。ほかにも廊下のロフトや小窓、図書室の読み聞かせコーナー、保育室やアトリエと一体使用が可能な広い廊下・テラス、回遊動線等、子どもたちの多様な活動に対応しやすい環境が作られている。

本園の最大の魅力のひとつに、新たに創生された「カリタスの森」がある。入口から園舎へのアプローチ沿いにあり、校庭と園庭をつなぐこの森の存在は、日々の園生活の中で、四季の自然の変化や生命が感じられ、幼稚園と小学校をつなぐ場所ともなっている。

子どものサイズ感、興味関心・好奇心を促す仕掛け、居場所・安心感、回遊性構造、造作のディテール、工事時の園児説明・かかわりのプロセス等を含め、幼児施設として丁寧な計画が高く評価された。

（仙田考）

デザイン
奨励賞

伊藤 潤一、宇田川 奈緒子（千葉大学 / 伊藤潤一建築都市設計事務所）
児童養護施設 房総双葉学園グループホーム

本建築は、支援を必要とする子どもたち（6名）と職員が児童養護施設の本園と離れ地域の中で共同生活するための住居施設である。一見するとリビングと個室を備えたモダンな住宅のようであるが、様々な理由で施設での生活を余儀なくされた子どもたちと入れ替わり同居する職員双方に過度の精神的ストレスがかからないよう様々な工夫が散りばめられている。1階の中心部の吹き抜けに階段があり、右側は外光を取り入れた心地の良いリビングとつながるダイニングがあり、キッチンはアイランド型で回遊性と同時にトラブルの際の安全面も考慮されている。階段を上がった先の踊り場はセカンドリビングとなっていて、みんなで一緒に居たくない子どもが過ごしやすい場所になっている。手前は天井の低い隠れ家的なスペースになっているが同時に街にも面していて、守られつつ開かれた安心感を与えられるこの建物の象徴的な空間になっている。左側階段踊り場下に事務室や相談室があり、あくまで住居として違和感なく目立たないように配慮されている。2・3階には7つの居室がありプライバシーが守られているが、吹き抜けや階段があることで下の階からでも気配を感じることができるような設計になっている。施設として子ども達を見守りつつも過度に監視するようにならないで、むしろ互いの気配を感じながらも必要に応じて距離を取ることができるよう、非常によく考え抜かれた空間設計であった。

本建築は、審査会においてその独自性からデザイン賞に推す声も多かったが、外部の空間がまだ未完成でこれからさらに改善される余地があるであろうということから奨励賞に推挙することとなった。

（鮫島良一）

総評

こども環境 活動賞

神谷 明宏
活動賞 選考委員長

本部門はこどものための実践や活動を広く対象としています。今年度は団体・個人からの6件の応募がありました。審査については、応募資料を事前に7名の審査員に回覧し、各審査委員から全活動に対する評価コメントと評点を審査表に記述していただき、委員長が一覧表に整理の上、審査員全員で1件1件について確認しながら公正かつ慎重に審査をいたしました。

応募された方々は大学教員や教育委員会をはじめNPOや保護者や個人とさまざまで、その活動内容も防犯活動から環境活動からまちづくり、遊び場づくりとバラエティーに富んでいました。審査員は選考にあたり「こどもの主体的な取り組み」「こども参画」「こどもを取り巻く組織との協働」「継続性・先駆性」「波及効果」などを総合的に議論し、評価しました。応募された方の中には以前より継続しておられる方もおられましたが結果として今回は、活動賞1団体、活動奨励賞2団体を選考しました。

惜しくも今回選考に漏れた団体、個人は次回以降にも受賞の機会がありますので、活動を継続して応募していただきたいと思います。受賞された団体、活動の選定理由に関しては、各団体への講評を参照してください。

上原 幸子（特定非営利活動法人 砧・多摩川あそび村）

多摩川河川敷の自然体験遊び場「きぬたまあそび村」

自然豊かな水辺での川遊び。でも近年ケガや事故のリスクなどから、河川敷での遊び環境づくりは敬遠されがちだ。だが、行政・地域・学校と連携して、20年以上にわたって継続してこども参加・住民参加のもとでつくってきた先駆的な遊び場の実践は、とても評価できる。河川行政と自治体との協働もすばらしい。2019年の台風で壊滅的な被害にあいながらも、みんなで話し合い、多摩川の源流まで行って間伐も行ない、自分たちの力でツリーハウスを再建した実践は見事だ。コロナ禍で楽しいことが奪われてしまったこどもたちが、地域のおとなと共に自分たちの居場所をつくってきたプロセスは、対岸の川崎市で市民が行政と連携してつくった「高津せせらぎプレーパーク」など全国で活動する仲間に勇気を与え、その波及効果はとても大きいと思われる。また、初代ツリーハウスづくり関わったこどもたちが大学生となり、ボランティアでハウス再建に取り組むなど、世代を超えて地域の遊び場・居場所づくりのつながりが実現していることも注目に値する。

（西野博之）

活動
奨励賞

秋葉 祐三子（特定非営利活動法人あそびとまなび研究所）、
小寺 江理、井上 志乃、島野 厚子

楽しみは、いつもの暮らしの中にある（住みたいまち、北九州）

　2015年から北九州のこどもたちの「くらし」にスポットを当て活動を開始したNPO法人です。活動の一つ一つについてはすでに全国のいろいろな団体が実践している内容が大半ではあるものの、定期的な居場所を中心に親子活動を拡げていき、フードパントリーまで運営するというこどもを取り巻く幅広い環境に次々にチャレンジしている姿勢が評価できます。さまざまな組織や行政との連携協働をうかがわせる内容もあって、北九州という地域に根差した課題解決型の継続的取り組みが評価できます。特にコロナ禍にあって二度と帰ってこない「こども時代」の重要性に着目し、自然にこどもたちが親しみながらまちの暮らしの中にある楽しみを描く『きたきゅうしゅうみちくさおえかき』のカレンダー作成は心を打つものがあります。惜しむらくはこの活動へのこどもの主体的な取り組みの過程が詳しく述べられていないことです。このことと同様な指摘ともなりますが、『東アジア文化都市』事業についても個々のプロジェクトが単なる体験活動ではなく、「こどもの参画」をどのように図っているのかについての記述が抜け落ちていました。また、個々の活動がどのように展開されるとこどもたちの日常的な暮らしと結びついて地域発展につながっていくのか、どのような価値があるのかについての検討が乏しいという厳しい意見もありましたが、今後の活動がこどもの主体的な学びをとおした地域発展への貢献につながることを期待して奨励賞となりました。

（神谷明宏）

活動
奨励賞

堀部篤樹（愛知産業大学）、鈴木賢一（名古屋市立大学）、豊田市立足助小学校
豊田市 生涯活躍部 文化財課 足助分室／博物館準備課

豊田市足助「重伝建の町並み」を活用した郷土学習の継続的な取り組み

　2011年に国の重要伝統的建造物群保存地区に選定されたことをきっかけに教育委員会が主導し、小学校・中学校の学校教育の一環として展開している町並み保存・まちづくりの活動です。構想段階→試行錯誤の3年間→足助小学校の学習プログラムへの定着→10年の蓄積、とプロセスを記述いただいていて、継続性や専門家によるアドバイスを活かしながらの協働の仕組みに対して評価を得ています。さらに学校の年間学習プログラムに位置づけられていることは大きく、苦労してカリキュラムを完成していった経緯は、素晴らしいと思いますが、教育者側の働きかけが主導しているようにもみえて、「学び手」としてのこどもたちの歴史的な建造物を活かしての主体的なまちづくりや、こどもたちの自由な発想を活かしていく「こどもの参画」がどのようにまちづくりに活かされているか読み取ることができませんでした。一方、地域で学ぶことはとても大事ですが、学年ごとに発展していき、もう少し地域の大人を巻き込んだプロセスを導入することにより、家でも学校でも出会えない大人との出会いができ、こどもが将来を考える時のキャリア形成にも役立っていくのではないかという評価意見もありました。こどもの主体的な学びや活動に発展させていただくことを期待して奨励賞となりました。

（小澤　紀美子）

総評 こども環境 自治体施策賞

自治体施策賞　選考委員長
田川　正毅

「こども環境自治体施策賞」は、行政による優良なこども環境改善施策を顕彰することにより、その施策のさらなる発展と、他の自治体における施策の活発化も期するものです。会員から推薦された施策と、本学会の「こども環境自治体委員会」から推薦された施策を候補とし、本審査委員会が選考する仕組みとなっています。本年度は会員推薦による二施策について審査を行い、二度の審査委員会での検討と討議、応募自治体への文書による質疑回答を経て、こども環境自治体施策賞1件、同奨励賞1件の顕彰を決定致しました。

こども環境自治体施策賞

『山形県東根市における子どもの遊び、子育てを基軸にした健康まちづくり』は、こどものための環境形成、遊びを根幹に据えたまちづくりにより、多世代の健康を育む一連の施策である。思い切り遊び込む体験は、現代では都市部だけでなく地方でも難しく、そこに何らかの環境を整える必要性を早くから捉えて施策が展開されてきた。計画づくりや運営における市民との協働も高く評価できる。子育て支援機能を有し屋内遊び場けやきホールがある「タントクルセンター」と、泥んこ遊びや里山も活かしたプレーパークがある「あそびあランド」との連動、さらに中高生や生涯学習に資する「まなびあテラス」等も連係し、子育て・福祉・教育の場がハード・ソフトの両面で調和した健やかなまちづくりが推進されている。こども環境自治体施策賞にふさわしい極めて優れた継続的施策として高く評価された。

こども環境自治体施策奨励賞

『かほく市幼児造形事業』は、石川県かほく市において幼児の造形活動を、若い保育者の意向や大学の協力もふまえて公立私立含めた市全園で実施し、好奇心や感性を大切にした表現に0歳から全年齢で取り組む施策である。行政と園の間に立つ指導保育士を入れて進めることにより、柔軟できめ細やかな活動を生み出している。素材や感触・さまざまな場所・試行錯誤などを尊重し、共同制作もあったり、園児それぞれの個性を認めながら進められる造形表現本来の素晴らしさがある。この事業を通して、園どうしの連携や関係者の意識の変化にもつながっている。こどもの感性を尊重し市の保育や幼児教育の質の向上を図る優れた施策として、こども環境自治体施策奨励賞にふさわしい施策として評価された。

山形県東根市

山形県東根市における子どもの遊び、子育てを基軸にした健康まちづくり

東根市は、1998年に就任した現市長が就任時から「子育てするなら東根市」を掲げ、7期という長期にわたり「遊び」を通じた包括的な施策を進めている。

全国的に少子化が進むなか、多くの自治体が医療費無料や保育の無償化などを子育て支援施策の目玉とするなか、東根市はいち早く子どもの遊びを重視した取り組みに着手し、継続してきている点が高く評価された。具体的には、屋内（タントクルセンター）・屋外（あそびあランド）遊び場のいわゆる箱物整備だけではなく、ソフトとして「遊育」の考え方を取り入れた「プレリーダー研修」などの人材育成をNPO・市民と市が協働して取り組んでいる点、市民参画に子どもも含めており、遊び場の運営においても子どもの意見を聞くことが「あたりまえ」のこととして行われている点は、子どもを中心にした自治体施策が持続可能なまちづくりにつながることを示していると評価された。東根市の長年の取り組みがくらしやすいまちへとつながり、企業誘致、関係人口増加にも寄与し、山形県内だけではなく、県外へも波及し始めていることも他に類を見ない効果であるといえる。

以上の点から、東根市の施策は審査員一同から高く評価され、本学会の自治体施策賞としたい。今後、東根市のような施策が、日本各地にますます波及していくことを期待したい。

(梶木典子)

石川県かほく市

かほく市幼児造形事業

自治体が取り組む幼児の造形事業だが、それが0歳から全年齢を対象としているところに新規性を感じた。造形活動という場合、何らかの作品を完成させるところにその目的が置かれがちだが、そうではなくプロセスを大切にする活動だからこそ0歳児からの実践が可能となっている。「アートとは成果物のことではなくプロセスである」と述べたのはヴィゴツキーだが、ヴィゴツキーのその言葉や、ヴィゴツキーの理論に示唆を受けたレッジョ・エミリアの実践を、かほく市の事業から想起させられた。自治体として何かに取り組む際、ついハード面に多くの予算を用いてしまうところ、このようなソフト面への資金活用は今後、小・中規模の他の自治体にも大変参考となることだろう。取り組みを始めてから5年ほどということで、今後のさらなる発展が期待される。造形事業に参加し成長を遂げた乳幼児や保育者が、そこで得たものをどう次世代につないでいくかということも大変楽しみである。公私の保育者が共に参加し、そのことで保育観が変わったということはたいへん大きな成果であり、造形事業に留まらない保育の充実につながるのではないか。今後もかほく市の取り組みに注目していきたい。(請川滋大)

2023年度（第19回）こども環境学会賞
公募のお知らせ

　こども環境学会では、こども環境に関する優れた研究、デザイン、活動業績、自治体施策などを顕彰し、それを広く公表することによって、こども環境の改善に資することを目的として、「こども環境学会賞」を2005年に創設いたしました。賞は、論文、デザイン、活動、自治体施策の4部門とし、部門ごとに3件以内の表彰を予定しています。表彰式は翌年度の総会の席上で行い、賞状等を授与いたします。また学会誌等に紹介するなど広く社会に公表することといたします。

　今年度の公募期間は、**2023年10月31日（火）締切（消印有効）** といたします。多くの会員の皆様のご応募をお待ちしております。　　　　　　　　　　　　　　　　　　　　　　　2023年6月　こども環境学会会長　五十嵐隆

こども環境学会賞・応募要項

1．目的
　こども環境に関する優れた研究、デザイン、活動、施策などを顕彰し、それを広く公表することによって、こども環境の改善に資することを目的とする。

2．名称および賞の対象
（1）こども環境論文・著作賞：近年中に完成し雑誌などに公表された研究論文および出版公表された著書・著作であって、こども環境学の進歩に寄与する優れたもの。

（2）こども環境デザイン賞：近年中にデザインされた環境作品（建築・ランドスケープ・インテリア・遊具・家具・グラフィックその他）であり、こども環境学的見地からも高い水準が認められる独創的なもので、こどもの成育に資することが認められるすぐれた環境デザイン。

（3）こども環境活動賞：こども環境に寄与する、上記以外の活動（施設運営・行政施策・社会活動・その他）であって、近年中に完成した業績および継続的な活動によってその成果が認められた活動。

（4）こども環境自治体施策賞：こども環境に寄与する行政施策であって、近年に完成、完了した施策、若しくは継続中の施策でその成果が認められるもの、又は近年に着手された施策で、顕著な成果が生じ始めていると認められるもの。
　　※各賞について必要に応じて、奨励賞を設ける。

3．審査の対象
（1）会員の応募又は推薦※による。
　　※自治体施策賞は推薦のみ。他の3賞は応募＋推薦。
　　※推薦規定：1名の会員の推薦を求める。
　　※応募時に入会も可能とする。

4．審査の資料
（1）応募および推薦書（下記のサイトより当該年度様式をダウンロードしてください）
https://www.children-env.org/certification_celebration/Society_Award

（2）候補論文：3部提出。（論文・著作賞のみ）

（3）概要説明資料（A3サイズ）3枚以内、3部提出。（デザイン賞のみ）

（4）活動業績報告書：3部提出。A4版を基本とする。（活動賞のみ）

（5）施策根拠資料、実施状況資料：3部提出。A4版を基本とする。（自治体施策賞のみ）

（6）その他関連資料：応募者・推薦者が賞の選考に必要と判断したもの。

（7）審査の必要上さらに詳細な資料の提出を求めることがある。

（8）審査の資料の作成費は応募者の負担とする。

5．選考とその時期
　選考は、本会に設置する「こども環境学会賞選考委員会」が行い、理事会がこれを決定する。委員長および委員は本学会会長が委嘱し、その任期は2年とする。
　デザイン賞、活動賞の選考に当たっては、1次審査、2次審査を行い、現地審査を行うこともある。
　10月末までに応募・推薦を締め切り、11～翌年2月に選考を行い、翌年2～3月の理事会で決定し、3月末に発表し、翌年度4～5月の総会で表彰する。

6．表彰と公表
　表彰式は来年度総会の席上で行い、賞状等を授与する。また学会誌等に掲載するほか広く社会に公表する。

7．表彰件数
　表彰件数：各賞ごとに厳選を旨とし、3件以内とする。

8．その他の共通事項
① 過去3年以内に同一部門の業績で受賞した者は応募できない。ただし奨励賞についてはこの限りではない。
② 各賞について必要に応じて、奨励賞を設ける。
③ 賞を受けるものは個人が原則であるが、個人を特定しがたい場合は、組織等を表彰する場合がある。
④ 表彰する業績の表題や応募者などについて、「応募および推薦書」からの変更を求める場合がある。
⑤ 受賞者には大会時などに紹介用のA1展示ポスター等を作成していただく（作成費は受賞者負担とする）。

　※詳細は、事務局へお問い合わせ下さい。

●こども環境学会 事務局
〒106-0044 東京都港区東麻布 3-4-7 麻布第1コーポ 601
TEL: 03-6441-0564　FAX:03-6441-0563
https://www.children-env.org/　Eメール info@children-env.org

ポスターセッション・口頭発表

2023年度 こども環境学会（沖縄）大会

ポスターセッション・口頭発表の参加要領

ポスターセッション1
7月8日（土曜日）13：00〜13：50（市民交流室）

ポスターセッション 2
7月9日（日曜日）9：20〜10：20（小ホール　ホワイエ）

口頭発表
7月8日（土曜日）12：10〜12：50（多目的室2）

ポスターセッション

①7月8日（土）13:00～13:50　**②7月9日**（日）9:20～10:20
【会場】**市民交流室**　　　　　　　　　　　　【会場】**小ホール　ホワイエ**

口頭発表　**7月8日**（土）12:10～12:50
【会場】**多目的室2**

2023年度　こども環境学会（沖縄）大会
ポスターセッション・口頭発表の参加要領

2023年度沖縄大会でのポスターセッションは、会場での掲示発表となります。
ポスター発表抄録の提出は合計71件でした。

会場でのポスター出展・掲示方法

● 発表用のポスターの掲示は、下記の時間に指定場所〈パネルの右上の番号に従い〉にご自身で、搬入・掲示および撤去・搬出願います。

　　　　搬入・掲示　　7月8日（土）12:00～12:40
　　　　撤去・搬出　　7月9日（金）15:30～16:30
　　　　　　　　　　　（この時間の撤去・搬出が難しい場合は12:30～13:30）

※13:30～15:30まで市民交流室では分科会が開催されていますので撤去・搬出はお控えください。

※掲示が遅れた場合は、優秀ポスター発表賞の審査対象外となる場合があります。指定時間外に撤去される方は、受付・担当者に申し出てください。大会終了時に撤去されていないポスターは学会側で処分いたします。

ポスター発表日時・要領

● 日時・会場：ポスターセッション1：2023年7月8日（土）13:00～13:50（てだこホール・市民交流室）
　　　　　　　　ポスターセッション2：2023年7月9日（日）9:20～10:20（同上・小ホールホワイエ）

　　ポスター発表者は、セッション1-12:50まで、セッション2-9:15までに、発表場所にお集まりください。

　　ポスター発表は、1演題あたり質疑を含めて5分（発表3分強＋残り2分弱）で、最後に座長のコメント（討議の場合もあり）もあります。セッションによって多少異なる場合がありますので、座長の指示に従い、時間を厳守ください。発表時間などの管理は時間係が行います。

　　展示ポスターは、指定時間まで掲示しておいてください。

　　ポスター1の発表は3～5カテゴリーグループ、ポスター2の発表は2～3グループが同時に発表を開始します。

　　※抄録集は発表順で無くカテゴリー順になっています。

口頭発表・発表要領

● 日時・会場：2023年7月8日（土）12:10～12:50（てだこホール・多目的室2）

・発表者は、当該セッションの開始5分前（12:05）に、発表場所にお集まりください。

・発表時間は、1演題あたり6分程度 で4人の方の発表後、15分程度、発表者と討議を行います。

・司会者及び進行係の指示に従って時間厳守でお願いします。

　　　　　　　テーマ：「地域に生きるこども」
　　　　　　　司会者：藤後 悦子（東京未来大学・教授）
　　　　　　　進　行：谷本 都栄（帝京大学・准教授）
　　　　　　　発表者　①宮崎 仁（日本文理大学）
　　　　　　　　　　　②及川 留美（東海大学）
　　　　　　　　　　　③櫻木 耕史（岐阜工業高等専門学校）
　　　　　　　　　　　④佐藤 歩美（横浜市立大学）

優秀ポスター発表賞に関して

　　今年度は、各セッション・各カテゴリーの座長ならびに大会実行委員長の推薦により、優れたポスター発表者に『優秀ポスター発表賞』を授与します。

　　受賞者の発表は、7月9日（日）のホワイエで行い、総括セッションで表彰式を行います。

　　賞状は、大会終了後に受賞された会員にお送りします。

ポスターセッション1：7月8日（土曜日）13：00 ～ 13：50（市民交流室）

演題分類・司会・発表時間	演題番号	演　題	発　表　者
遊び環境Ⅰ 塚田由佳里・松本直司 13：00 ～ 13：25	A-01	幼児期の STEAM 教育環境開発へ向けた「科学絵本」の活用可能性 ～保育者の絵本選択とこどもの反応～	千田隆弘、濱田知美、井上徳之
	A-02	緑道におけるこどもの遊び利用に関する研究 －東京都小平市「小平グリーンロード」を対象として－	林　萌絵、山田あすか
	A-03	東日本大震災後の福島県の子どもの遊びの変遷	長野康平、菊池信太郎
	A-04	コロナ禍による小学生の生活と遊び状況の変化 －新型コロナウィルス感染拡大前後の比較から－	粟原知子
	A-05	集合住宅内保育施設の園外環境について －子どもの姿と保育環境の関係性の視点から－	市川智之、薮田弘美
保育Ⅰ 川北典子・天願順優 13：00 ～ 13：25	B-01	大学生世代となった「森のようちえん」卒園児の非認知的特質の傾向 －K 幼稚園（長野県）卒園児の追跡調査を通して－	下村一彦、宮崎　温、渡邉尭宏、請川滋大、滝澤真毅
	B-02	お散歩活動を通して地域との関わりを育む －2 歳児クラスの実践より－	岩崎良亮、照屋建太
	B-03	K 保育園の午睡時における子どもの活動分析 ― 午睡を楽しむ子どもたち ―	岡花祈一郎、天願順優、岩瀬桃子、金城貴史
	B-04	地域への親しみを育む保育実践の構造 －沖縄の認定こども園の実践に焦点をあてて	及川留美
	B-05	ICT を活用した幼児とシニアの世代間交流事業の効果と可能性	森谷路子
保育Ⅱ 本江理子・河原啓二 13：00 ～ 13：30	B-06	保育での自然との関わりにおける子どもの様子：保育者への質問紙調査から	辻谷真知子、秋田喜代美、石田佳織、宮田まり子、宮本雄太
	B-07	ITERS-3 において求められる 3 歳未満児の保育環境とその背景 ― SCAT を用いた質的分析から ―	渡邉真帆
	B-08	都市部の保育施設における野草（雑草）活用の現状	齊藤花奈
	B-09	遠隔での保育研修環境の効果	副島里美
	B-10	卒園した保育園とつながりを持ち続ける学童の発達面での効果 －日高どろんこ保育園と併設する学童保育室の学童と園児の園庭交流を事例として－	三國隆子、佐藤将之
	B-11	保育環境のリフレクション①子どもにとっての場所と大人にとっての場所	村井尚子、坂田哲人
子育て・子育ち支援Ⅰ 大平泰子・神谷明宏 13：00 ～ 13：30	C-01	大学内子育て支援施設の研究（1） －地域にある大学の特性を生かして－	内藤知美、安村清美、斉木美紀子、番匠一雅、仙田　考、舟生直美
	C-02	中国 0-3 歳保育施設の需要現状と展望 －湖南省の調査結果をめぐって	沈　瑶、林　小靖、周　華君
	C-03	自閉症児とその家族を支援する感覚特性サポートアプリ「YOUSAY」の開発	宮﨑　仁、三上史哲、岩藤百香、大始良義将、小田桐早苗、難波知子、武井祐子、森戸雅子
	C-04	子育て支援を起点とした地域づくりの拠点ネットワークの研究 －A 地区におけるケーススタディ	米ケ田里奈、山田あすか
	C-05	ノルウェーのオープン保育施設に関する一考察 －日本の子育て支援施設との比較の観点から－	松田こずえ
	C-06	親の育児能力を培う伝承的育児体験プログラムの提案と実践	伊藤雅子、島田朋子、韓　仁愛、青柳秀雄

演題分類・司会・発表時間	演題番号	演 題	発 表 者
学び・教育Ⅰ 川田　学・三宅美千代 13：00〜13：30	E-01	大学病院における子ども達への医科学リテラシーの涵養活動	松原宗明、加藤秀之、平松祐司
	E-02	環境美化教育優良校表彰事業のAIテキストマイニングを活用した時代変化分析	佐藤克彦
	E-03	人物骨格の機械識別術に基づく平衡運動分析から予測する前庭・運動系	岡本拓海、花　朱迪、綿谷孝司、堀野　元、三　由野、小柴満美子
	E-04	授業における「学び」の本質	木谷晋平
	E-05	景観学習の普及に向けた支援体制の課題	馬場たまき
	E-06	地域資源を活用した子どもの学びの場の構築に関する研究	櫻木耕史、武政里奈
健康Ⅰ 加藤直子・菊池信太郎 13：20〜13：45	D-01	小学5・6年生が「自由時間にやりたいこと」と心身の状況との関連	石濱加奈子、鹿野晶子、野井真吾
	D-02	コロナ禍の夏季における保育施設の空気環境及び保育者の換気行為の変化	種市慎也、胡　怡賢、大西達也、田中稲子
	D-03	ベビーカー乗車乳児の熱環境に関する一考察	近藤恵美
	D-04	親子間におけるメラトニン分泌パタンの関連の検討	笠井茜、鹿野晶子、吉永真理、大西宏治、野井真吾
	D-05	重症心身障害児の室内療育環境に関する研究 －全国の重症心身障害児施設を対象としたアンケート調査－	青木　哲、今田太一郎
関係性デザイン 本村佳奈子・高木真人 13：20〜13：50	G-01	公共空間のアート・プロジェクト構想における保育環境デザインとアートの関連 〜グループ・トークでの語りの視座に関する検討〜	宮本雄太
	G-02	しいのみハウスの現状と多世代交流の場としての可能性の検討	小笠原瞳子、堀越まい、佐藤将之
	G-03	こども環境学研究掲載論文の特徴 -2005〜2021年の傾向	大西宏治
	G-04	ひかりの夜獣（やじゅう）スリッパノサウルス 〜「見立て遊び」を課題とした造形表現教材〜	諫見泰彦、諫見公与
	G-05	保育園を拠点に里山を元気にする木育プロジェクト 『木こりになろうワークショップ』	一般社団法人園 Power（担当野上恵子、村上和子、吉田香代子）
	G-06	子ども中心の地域づくりに求められるリエゾンとは （教材の活用に向けて）	照山龍治、木村典之、幸野洋子、山﨑朱実、塩月孝子、秋田喜代美
まちづくり 梶木典子・玉田雅己 13：20〜13：50	F-01	第三の大人から見る学童期の子どもと地域との関わりに関する研究 ― 放課後児童クラブ支援員への調査から読み解く ―	佐藤歩美、　三輪律江
	F-02	欧州の実践的研究から学ぶ、「こどもにやさしい都市デザイン」	佐久間　治
	F-03	産前産後における子育て支援活用の現状と活用に至る要素に関する研究 〜横浜市金沢区並木ラボ利用者への調査より〜	岩田直人、三輪律江
	F-04	地域貢献活動による保育系学生のこども環境に対する意識の変化 ― 利根川観光活用プロジェクトを事例にして ―	久米　隼
	F-05	こどもの主体的な参画を掲げた公園を通じたマネジメントと参画の様態	嶌谷菜月、堀越まい、佐藤将之
	F-06	子育ちまちづくりパタンランゲージの編纂 ― 社会関係資本を育む、うち・みち・まちのあり方―	寺田光成、木下　勇、松本暢子、吉永真理、三輪律江

ポスターセッション2：7月9日（日曜日）9：20〜10：20（小ホール　ホワイエ）

演題分類・司会・発表時間	演題番号	演　題	発表者
遊び環境Ⅱ 乙部はるひ・藤田大輔 9：20〜9：45	A-06	子どもの遊びの定量化のための加速度センサを用いた行動計測	高橋宏輔、張山昌論、小柴満美子
	A-07	福島原発事故から約10年にわたる幼児の屋外遊び環境の変化と回復に向けた課題	佐藤海帆
	A-08	幼児期のSTEAM教育環境開発へ向けた「科学絵本」の活用可能性 〜こどもの興味を深める絵本の特徴の統計的分析〜	濱田知美、千田隆弘、井上徳之
	A-09	東京都の保育所の屋外遊戯場とその代わりとなる公園の状況	鈴木邦明
	A-10	絵本に含まれる基本的な動きの種類と運動遊び	堀内亮輔、篠原俊明、長野康平
保育Ⅲ 前田豊稔・仲　綾子 9：20〜9：50	B-12	就学前施設における「大人の働く場」の環境・運用や保育者の働き方についての事例調査	三輪　愛、佐藤　泰、安藤武司
	B-13	保育者が観察する保育中の幼児の基本的な動き	篠原俊明、長野康平、堀内亮輔
	B-14	就学前保育施設における園庭整備のプロセスに関する研究 －職員が参画する整備を事例として－	石垣　文、下村一彦、佐藤将之
	B-15	保育環境に関する学習方法の提案（2） －子どもと保育者の思いの重なりの分析－	倉盛美穂子、上山瑠津子、光本弥生、渡邉真帆、弘田陽介
	B-16	沖縄の保育施設にみるシーサー観・地域観・実践観の関連性	境愛一郎、天願順優
	B-17	多国籍ルーツを持つ子どもと保護者支援についてスウェーデンのプロジェクト調査から	浅野由子、和田上貴昭
子育て・子育ち支援Ⅱ 鈴木佐代・渡邉英則 9：20〜9：45	C-07	発達障害学生の教育や生活における支援の充実に向けて －A大学の研修会報告－	三木祐子、谷本都栄、梶原祥子
	C-08	園庭改善による保育の質の向上とオンラインによるアドバイスの実践の可能性とその効果 ― 福島県プロジェクトによる実践事例を通しての考察	小堀武信、小澤紀美子、當本ふさ子、谷本都栄、薮田弘美、祐乗坊進、槇　重善、甲野　毅、田邊龍太、村井寿夫、福島県こども未来局
	C-09	子どものIT創成班活動における機械学習を用いた行動推定システムの構築	岩城好佑、陶　婷、岡本拓海、歌野暉竜、仙波伸也、小柴満美子
	C-10	シニアスタッフが地域子育ち支援の場に関わる要件からの一考察 －乳幼児生活圏から互助生活圏という発想の転換に向けて－	三輪律江
	C-11	地域の子どもへの支援行動および社会的子育てへの意識を規定する要因	藤後悦子、及川留美、柳瀬洋美、野田敦史
健康Ⅱ 田中　良・高橋秀俊 9：50〜10：15	D-06	ワンルーム型保育施設の室内空気環境と家具配置に関する気流解析	大西達也、種市慎也、胡　怡賢、田中稲子、松橋圭子
	D-07	複合型保育施設における換気量改善のための開口部改修工事に関わる課題整理と効果検証	小西　恵、種市慎也、田中稲子
	D-08	ズボンが子どもの身体に与える影響 －保護者の意識調査－	宮沢優紀、神谷武志
	D-09	乳幼児を持つ保護者を対象とした身体活動を促すためのリーフレットの作成	峰　友紗、川島昌泰、篠崎優奈、橋本琴音、村田愛華
	D-10	こどもの害虫対策としての「おにやんま君」の視覚要素に関する研究　－蚊の行動分析をもとに－	小松原治弥、石松丈佳
学び・教育Ⅱ 塩川寿平・薮田弘美 9：50〜10：15	E-07	感性を励起する360度動画の能動的視聴体験におけるマウス操作行動特性	歌野暉竜、小柴満美子、岩城好佑
	E-08	保育園から地域へと広がる学び空間の創出 －イスラーム信頼学シビルダイアログの試み	佐藤　将、太田（塚田）絵里奈、本田直美
	E-09	多数の子どもの同時計測を可能とする無線位置計測システム	斉藤涼太、張山昌論、小柴満美子、小林康浩
	E-10	自然教育と体験型WSの共同実施による子どもの自発的行動への影響について東松島市野蒜地区における地域協働WSの実践を通して	嵐　陽向、大石耕太朗、栗林陽光、栗林陽光、宮嶋春風、古谷誠章
	E-11	位置情報とAIを活用した子どもの遊び行動の解析	金井康二、張山昌論、小柴満美子

こども環境学会 2023 年大会（沖縄）
ポスターセッション抄録集

カテゴリー順

幼児期の STEAM 教育環境開発へ向けた「科学絵本」の活用可能性
～保育者の絵本選択とこどもの反応～

千田　隆弘（中部大学　現代教育学部）
濱田　知美（中部大学　経営情報学部）
井上　徳之（中部大学　超伝導・持続可能エネルギー研究センター）

1．研究目的

　幼児期の STEAM 教育が重視されるなかで[1][2]、我々は科学教育環境としての「科学絵本」[3][4]に着目した（図）。科学絵本とは題材の選択・描き方に科学性がある絵本[5]で、物語絵本ほど読まれずその理由が大人にある[6]。本報では科学絵本の活用可能性を見出すため、「保育現場での絵本活用」の把握が重要と考え、保育者による絵本選択と、こどもの反応を調査した。この研究結果より調査方法を確立し、本格調査を実施する計画である。

2．調査方法

　調査は、絵本を読む度に保育者が質問紙へ記入する方法で、2021 年 11 月に協力園 H にて実施した。こどもの内訳は、年少 17、年中 8、年長 9、混合 3、その他 10 件である。質問項目は、選択した「人、絵本タイトル、理由」とともに、「こどもの反応」（5 項目）を 5 点尺度で尋ねた（有効回答数 50 件）。

3．結果と考察

3.1 絵本の選択者と選択理由

　まず、読み聞かせ絵本をこどもが選んだのか、保育者が選んだのかを調べた（表 1（ⅰ））。74.0%を保育者が選んでおり、選択理由（複数回答）は、「季節に合わせて」が最も多く、続いて「こどもの姿・興味・関心」を重視していた（表 1（ⅱ））。

3.2 保育者の考える子どもの反応

　保育者が、絵本の読み聞かせ時のこどもの反応をどのように捉えているかを尺度法で調べた（表 2）。「こどもが集中して聞いていた」と感じた保育者が多かった（回答 a）。「こどもの興味関心」については、「高める」35 件（5・4 の合計）に対し、「そうでない」15 件（3・2・1 の合計）であった（回答 c）。

3.3 「科学の絵本」に見られる特徴

　選択した絵本のうち、「科学の絵本[注1]」に分類されるものは 7 冊だった。「科学の絵本」か否かで t 検定を行った結果、回答 c（t=2.47, p=.017）と回答 e（t=2.85, p=.006）となり、「科学の絵本」の方が他の絵本より有意に平均値が高かった。保育者は、科学絵本がこどもには難しいと思いながらも、物事に対す

図　「科学絵本」の一部（分野は多岐にわたる）

る興味を深める効果を感じていた。その他の項目（集中、言葉の習得、再読）は、他の絵本と平均値の違いは見られなかった。

3.4 絵本の「難しさ」の影響

　こどもにとっての絵本の難しさ（回答 e）については、理解水準に合ったもの（尺度 3 が 21 件）と優しい内容（尺度 1 と 2 の合計が 24 件）が多く選ばれており、難易度の高いものが避けられる傾向が見られた（尺度 4 が 5 件、尺度 5 なし）。STEAM 教育では、こどもが新たな理解に挑戦したり、科学と出会ったりする機会を重視するが、現状では易しい絵本を選ぶ傾向が見られた。

3.5 絵本で選ばれる科学分野

　「科学の絵本」7 冊と共に「科学要素のある絵本[注2]」21 冊を加えた合計 28 冊について、ハーレン＆リプキンの 13 分類[7]にて関連強い科学分野を調べた。絵本ごとに最大 3 分野を付与した結果、動物 6 件（8.6%）と植物 4 件（5.8%）が最も多く、続いて光 3 件（4.3%）、ヒトの体 2 件（2.9%）、簡単な機械 1 件（1.4%）、音 1 件（1.4%）、その他 13 件（18.8%）であった。絵本に表現しやすく、こどもに親しみある科学分野が選ばれる傾向が見られた。この分類作業においてハーレン＆リプキンの 13 分類に該当しない内容が多く見られ「分類方法の工夫」が課題となった。

4．まとめ

　科学絵本の活用可能性の検討として、保育現場での読み聞かせ絵本の状況を調査した。絵本選択では保育者の影響が大きく、科学絵本の活用促進でも保育者がキーパーソンと考えられる。本報とともに統計的解析を実施しており、これらをもとに調査手法を確立し、データ数を増やした本格調査を計画している。

謝辞　調査にご協力いただいた関係者の皆様に感謝します。本研究の一部は、JSPS 科研費（22K02391）及び中部大学特別研究費 A（21L05A1）の助成を受けて遂行されました。

注 1「科学の絵本」とは、各出版社の公式 WEB サイトの分類に基づいた科学絵本である。例えば、福音館書店は「かがく絵本・図鑑」、Gakken は「絵本」かつ「科学」、フレーベル館は「はじめてのかがくえほん」が該当する（2023.2.19 閲覧）。

注 2「科学要素のある絵本」とは、注 1 の「科学の絵本」の分類に加えて、内容的に科学概念の獲得に資する要素が認められた絵本である。

参考文献　[1]NGSS Lead States（2013）Next Generation Science Standards: For States, by States. Washington DC: The National Academies Press.　[2] 文部科学省（2022）STEAM 教育等の教科等横断的な学習の推進について　[3]北野ら（2012）幼児対象の科学絵本の実態と活用の可能性, 日本科学教育学会年会論文集 36, 95-96　[4]出口ら（2015）幼児教育における科学絵本の活用可能性-幼稚園を対象とした調査を通して. 宇都宮大学教育学部紀要第 2 部, (65), 21-28　[5]塚原（2018）子どものための科学絵本：その定義, 科学絵本を書く観点, 種類について, 実践女子大学文学部紀要, 60, 19-30　[6]中村（2009）絵本の本, 147-173, 福音館書店　[7]ハーレン＆リプキン（2007）8 歳までに経験しておきたい科学, 北大路書房

表1　絵本選択者と理由（選択式項目の度数分布。n＝50）

設問	回答項目（要約）	度数（%）
（ⅰ）絵本の選択者	A　保育者（記入者）	37（74.0）
	B　幼児	13（26.0）
（ⅱ）保育者の 選択理由 （複数回答）	C　こどもの姿・興味・関心	9（24.3）
	D　季節に合わせて	12（32.4）
	E　行事との接続	2（5.4）
	F　前後の活動との接続	5（13.5）
	G　その他	17（45.9）

表2　こどもの反応（5点尺度項目の基礎統計量）

回答項目（要約）	平均値	最頻	分散値	最小値	最大値
a．こどもたちは集中して参加していた	4.340	5.0	.515	2.0	5.0
b．こどもの言葉の習得をうながす	3.380	3.0	.853	1.0	5.0
c．こどものものごとに対する興味や関心を高める	3.900	4.0	.663	2.0	5.0
d．この絵本を、またこどもたちに読みたい	4.102	4.0	.594	3.0	5.0
e．こどもにとっての絵本の難しさ	2.420	3.0	.861	1.0	4.0

緑道におけるこどもの遊び利用に関する研究
—東京都小平市「小平グリーンロード」を対象として—

林 萌絵（東京電機大学大学院 未来科学研究科 建築学専攻 修士課程）
山田 あすか（東京電機大学 未来科学部 建築学科 教授・博士（工学））

1．研究の目的

本稿では，地域住民の日常生活の中で機能し，地域での生活ネットワークの軸である緑道（小平グリーンロード）の一部とその周辺を対象に，保育や子育ての環境として緑道や地域を活用していく観点からまち空間の利用実態と評価を調べる。

2．調査方法

調査は，緑道の行動観察，緑道を利用する保育者へのインタビュー，緑道を利用する園外保育活動の観察調査による。

3．調査結果

移動と滞留が混ざる緑道では，園児と地域住民との積極的な関わりが観察された（図1，図2-【D】）。さらに，緑道にある自然物をこどもや保育者が遊びや学びの素材として見出す様子が見られた（図2-【A】【B】【C】）。

4．まとめと考察

変化や発見など進む先に「気づき」の要素が連続する緑道は，その移動を伴う連続的な空間の繋がりが活動のエリアを拡げ，まち全体を保育の環境にすることに寄与している。地域の人々と時間と空間を共にするという緩やかな交流や遊び環境要素となる資源があることで，緑道がこのまちの保育環境としてのポテンシャルを高めていることが示された。

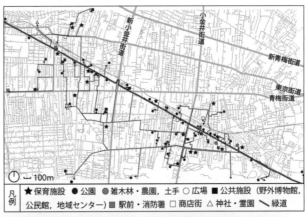

図1　園外保育活動の滞留／移動場面に見る活動の拡がり

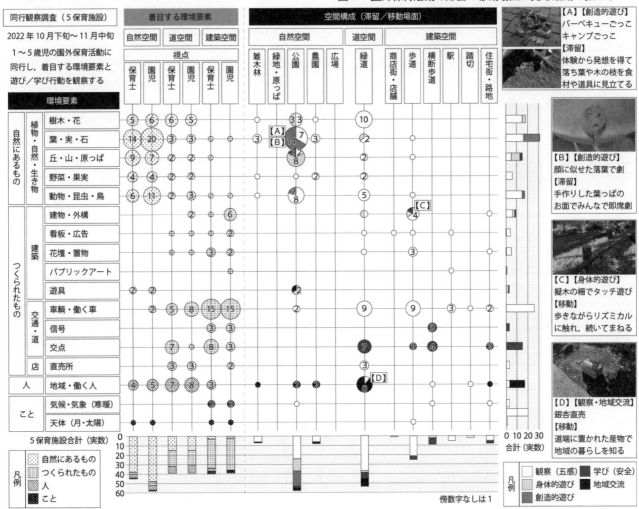

図2　保育士による声かけと園児の発話に見られる着目する環境要素と滞留／移動場面での行動様態

東日本大震災後の福島県の子どもの遊びの変遷

長野康平（比治山大学短期大学部）
菊池信太郎（医療法人仁寿会菊池医院）

【目的】

2011年3月11日に発生した東日本大震災に伴う福島第一原発事故により、福島県の子ども達は長期的な屋外活動の制約を余儀なくされた。被ばくする放射線量の低減化に向けた取組として、福島県郡山市では2011年5月から、小学生は体育の時間を含めて1日3時間以内に、また幼児は1日30分以内に、屋外での活動を制限した。その後、小学生は2012年3月、幼児は2013年10月に屋外活動制限が解除された。しかし、屋外活動制限が解除された後も、保護者の多くは、幼児・児童が屋外で遊ぶこと、運動することに対して強い懸念を抱いており、屋外において十分に活動しにくい状況が続いた。そして、東日本大震災以降の被災3県では、身体活動の不足等による肥満傾向児の増加、体力・運動能力の低下が深刻な問題として報告されるようになった。

一方で、このような急激な生活環境の変化によって、従来のような遊びができなくなった子どもたちの遊びの量・質に関する報告は限られており（例えば、佐藤, 2016；齋藤, 2017）、その長期的な変遷をとらえた報告はなされていない。

震災によって失われた子どもたちの遊びが復興したかを検討していくためには、屋外活動制限が解除された後に、子どもたちの遊びの量・質がどのように変遷したかを捉える必要がある。そこで本研究では、東日本大震災後の福島県の子どもの遊びの量と質の変遷を明らかにすることを目的とする。

【方法】

1. 対象

2013年度から2022年度までに、福島県郡山市の4歳から15歳の全幼児・児童・生徒を対象に実施した「運動や食事に関する調査」に協力した幼児・児童・生徒延べ277,824名のうち、幼児40,937名と小学校1〜3年生75,648名を解析対象とした。

2. 方法

調査は質問紙調査によって、毎年5〜7月に実施され、対象が幼児のものは、保護者が回答するように依頼した。

3. 項目

遊びに関する先行研究を参考に設定した以下の項目

1）遊びの量

帰宅後の外遊び時間・帰宅後の室内遊び時間（選択式）

2）遊びの質

帰宅後の遊びに関して、遊びの種類（自由記述）／人数（選択式）／相手（選択式）／場所（選択式）について、よくする遊びを多い順に3つまで記入させた。

【結果】

1. 遊びの量の変遷（帰宅後の外遊び時間）

幼児では、帰宅後の外遊び時間が男女ともに「ほとんど遊ばない」の割合が2013年度から2014年度にかけて増加するが、その後2020年度まで減少する。また、外遊び時間が「1時間以上」の割合は、男児は2014年度から2020年度、女児は2014年度から2017年度をピークまで増加する傾向にある。小学校1〜3年生では、男女ともに「ほとんど遊ばない」の割合が2013年度から2016年度にかけて増加するが、2017年度に減少し、その後増加する。また、外遊び時間が「1時間以上」の割合は、男女ともに2014年度から2017年度まで増加し、その後減少する傾向にある。

2. 遊びの質の変遷（帰宅後の遊びの種類・人数・場所）

遊びの種類については、幼児では男児は2013年度以降、「おにごっこ・かくれんぼ」の順位が年々上昇し、「ゲーム」の順位は低下しているが、女児では時系列で大きな変化はみられない。小学校1〜3年生では、男子は「ゲーム」が多くの年で1位となっており、女子では「おにごっこ・かくれんぼ」が9年連続1位となっている。なお女子では「ゲーム」の順位が一時低下傾向にあったが、最近では再び上昇している。

遊ぶ人数については、幼児では、時系列で大きな変化はみられず、男女ともに「ひとり」で遊ぶ割合が約3割、「2人」が約半分を占める。一方、小学校1〜3年生では、2013年度時点では「ひとり」で遊ぶ児童は2割程度で、「2人」「3〜4人」で遊ぶ児童の割合の方が多かったが、直近の調査では男女ともに「ひとり」で遊ぶ割合が約3割にまで増加している。

遊ぶ場所は、幼児における最も多い遊び場所は「家の中」で、その割合は2014年度から2020年度にかけて年々減少傾向にあったが、2021年度には男女いずれも微増傾向となり、男女いずれも7割以上が「家の中」で1番よく遊んでいる。小学校1〜3年生では、2013年度に比べて2020年度・2021年度では「家の中」で1番よく遊ぶ児童の割合が男女ともに増加し5割を超えており、逆に「公園」で遊ぶ児童の割合は年々減少傾向にある。

【考察】

震災から時間の経過とともに、従来の生活に戻り、組織的な活動（習い事等）に移行する子どもも多いが、そのような組織に属さない子どもの活動は保障されにくい状況にあり、震災から時間が経つに連れて、その傾向は強まり、子どもの活動は屋内・個人的なもの（スマホやゲーム等）へと移行している。震災から顕著に子どもの屋外活動環境が改善されたのは、幼児と小学生で若干の差異があるものの震災から5年前後であり、その後は悪化していく様子が示されることからも、大規模災害後は早期に子どもの遊びを充足させる取組と、その取組を継続させることが重要である。

【結論】

東日本大震災以降の福島県の子どもの遊びを量と質の双方の変遷から検討すると、幼児では遊び環境の改善がみられるが、小学校1〜3年生ではむしろ悪化している可能性が示唆された。

コロナ禍による小学生の生活と遊び状況の変化
-新型コロナウィルス感染拡大前後の比較から-

粟原　知子（福井大学国際地域学部）

1．はじめに

　新型コロナウィルスの感染拡大は、世界中の人々の生活を一変させた。日本では 2020 年 1 月に最初の感染者が確認され、同年 2 月には安倍元首相によって全国の小中学校をはじめとする教育機関への一斉休校が要請された。突然の休校措置によって特に、子どもの日常生活への影響は大きなものとなった。都道府県による外出自粛要請や緊急事態宣言の発出に伴い、人と人との交流が遮断され、これらは子どもの日常生活の中でも特に遊び環境への悪影響は大きいものだったと考えられる。

　国立成育医療研究センターは休校措置直後の 2020 年 4～5 月に子どもと保護者を対象とした全国オンライン調査[1]を実施し、子どものスクリーンタイムが増加したことや体を動かして遊ぶ時間が減少したことを報告している。このように、コロナ禍による子どもの生活や遊び状況の変化が確認されてはいるが、同一地域における詳細な変化は明らかとなっていない。よって本研究では、同一校区において、新型コロナウィルス感染拡大前後、特にコロナ禍を経て小学生の生活と遊び状況がどのように変化したのか、その変化を明らかにすることを目的とする。

2．調査概要

　筆者は、2017 年 6～7 月に福井県福井市の小学校 9 校の 2、4、6 年生を対象に生活と遊びに関するアンケート調査を実施している。本研究では、コロナ禍の影響を純粋に把握するため地域性や年齢に配慮し、2017 年に調査対象とした小学校 9 校を対象として同様の内容のアンケート調査を実施することとした。調査期間は、気候にも配慮し、2017 年の調査時期に合わせ 2022 年 6～7 月にかけて実施した。アンケート調査は、どちらの年もクラス担任立会いのもと授業時間内に実施た。回収率は 97.3%、有効回答者数は 611 名である。2017 年調査の有効回答者数は 643 名と大きな差異はない。

3．調査結果

　図 1 は、平日放課後の遊び時間の変化を表している。2017 年に比べ 2022 年では遊び時間が増加していることが分かる。一方、1 週間当たりの塾・習い事の日数は、2022 年には減少していることが分かる。テレビ・DVD の視聴時間（図 3）は、減少傾向にあり、反対にインターネット動画視聴時間（図 4）は大きく増加した。遊びの中でも、インターネットを利用したゲームについて、その頻度と人数を示しているのが、図 5 である。2022 年では、「ほぼ毎日」が大きく増加していることが分かる。遊ぶ仲間の人数は「ひとり」が減少し、大人数で遊ぶ子どもが増加している。

4．まとめ

　コロナ禍を経て、小学生の遊び時間は増加していることが分かった。その背景には、塾や習い事の日数減少が影響している

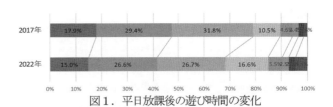

図1．平日放課後の遊び時間の変化

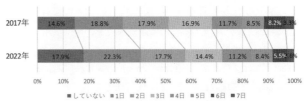

図2．1週間当たりの塾・習い事日数の変化

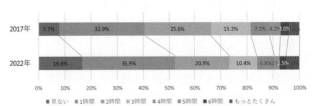

図3．テレビ・DVD 視聴時間の変化

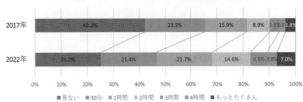

図4．インターネット動画視聴時間の変化

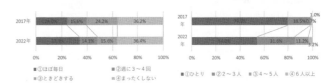

図5．オンラインゲームの遊び状況の変化

と考えられる。しかし、遊び時間が増えたことが必ずしも子どもに良い遊び環境を与えたとは限らない。オンラインゲームの状況を見ると、頻度が増えたことに加え、一緒に遊ぶ仲間の人数が増加している。これらのことから、コロナ禍を経て子どもの生活と遊びが仮想空間へと急激に移行したと推察される。

参考文献
1）国立研究開発法人国立成育医療研究センター、「コロナ×子どもアンケート第 1 回調査報告書」、2020 年 6 月（https://www.ncchd.go.jp/center/activity/covid19_kodomo/report/CxC1_finalrepo_20210306revised.pdf 2023 年 3 月 8 日閲覧）

※本研究は、JSPS 科研費 19K02581 の助成を受けたものです。

集合住宅内保育施設の園外環境について
－子どもの姿と保育環境の関係性の視点から－

市川智之（美作大学）
薮田弘美（美作大学）

1. 背景と目的

　保育ニーズの高まりの中、制度面でも立地面でも多様な施設が存在し、園外環境も様々であることが想定される。園外環境について三輪ら（2008）は、施設の認可・認可外を問わず高い頻度で出かける実態を報告している。また松橋ら（2010）は、地域資源の活用について「公園」と「道」が重要な活動拠点かつ地域住民との交流の場になり得る点を示唆している。様々な保育施設が存在する現在、園内環境のみならず園外環境をいかに活用するのかという視点が求められる。

　本研究では、都市部（施行時特例市）の集合住宅内に位置する小規模保育事業施設に着目する。先行研究で示された「公園」や「道」にアクセスしやすい環境と想定されるからである。子どもの姿、及びそこに影響する物的環境、人的環境について、その要素＝概念を取り出し、各概念間の関係を考察することを試みる。

2. 方法

研究期間：20XX 年 10～11 月の 4 日間、各 10 時～12 時の 2 時間

研究対象：小規模保育事業の A 園、2 歳児クラスの園児（6 名）及び保育者

観察方法：主として園外（「公園」「道」での）活動で、参与観察を行い、メモ及びビデオ撮影で記録を行う。

分析方法：エピソード記述法（鯨岡ら，2007）により、事例を作成する。事例より M-GTA（木下，2007）に従い、ワークシートを用いて概念及びカテゴリーを生成し、関係を表すモデルを作成する。

倫理的配慮：所属大学の研究倫理委員会の承諾を得て実施した。

3. 結果及び考察

　計 4 日間で、全 45 事例となった（内、施設内事例が 8 例）。

　分析の結果、コアカテゴリーが 2 個、カテゴリーが 6 個、概念が 23 個、という結果になった。各カテゴリーの構成、各カテゴリー・概念間の関係性を示したモデルが図 1 である。コアカテゴリーを≪≫、カテゴリーを＜＞、概念を【】で示している。

　モデルは二段構造、上段の≪子どもの文脈≫を下段の≪環境の文脈≫が土台となり支えつつ、相互に影響を与え合う構造となる。≪環境の文脈≫について、＜人的環境＞は「集団に関わる保育者的立ち位置」から「個人としての立ち位置」まで働きかけが分類される。子どもが何らかの環境に気づく際には【保育者から気づきを促す】【共感的・応答的な関わり】等が契機となっている場面が多く見られる。つまり＜物的環境＞や＜地域環境＞の存在だけでは不十分で、保育者の働きかけ＜人的環境＞の役割が大きいことが示唆される。また保育者自身の個人性が発揮される【子どもとの対等性】【個人としての語り】は、開放感やアクセスのしやすさである【集合住宅固有の環境】【物理的な距離の近さ】、地域住民との【交流など直接的な関わり】【日常的な関わり・見守り】との関連が想定された。＜人的環境＞である保育者は、子どもの環境への気づきを喚起する上で、意図的に＜物的環境＞＜

地域環境＞を活用する一方で、保育者自身もまた無意識の内に＜物的環境＞＜地域環境＞の影響を受けていることが示唆された。

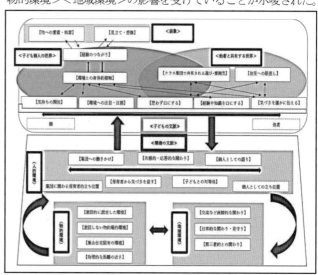

図1　子どもと環境の相互関係モデル

　≪子どもの文脈≫内、子どもが環境に気づく際の、他者の介在性を「個」から「他者」の横軸で表している。一番左端の【気持ちの開放】はそれ自体が環境との接触の姿であり、他の姿における土台になり得ると想定される。個人的に【環境への注目・注視】する姿から、言葉として表出する【思わず口にする】、これまでの体験から【経験や知識を口にする】【気づきを誰かに伝える】と、他者の存在が大きくなっていく。これらの概念は＜子ども個人の世界＞及び＜他者と共有する世界＞を構成するが、これらは明確に分けられるものではなく重なり合う。加えて、興味・関心をもった＜子ども個人の世界＞を深める方向性、一方で発見への共感を含めた＜他者と共有する世界＞へと進む方向性も示唆された。繰り返し【環境との身体接触】を重ね、【経験のつながり】をもつことが、【物への愛着・執着】【見立て・想像】という＜表象＞の世界を楽しむ姿につながると想定される。他方、本研究では迫れていないが＜他者と共有する世界＞の先にも、＜表象＞に相当する概念が存在することが想定される。

4. まとめと今後の課題

　本研究では、当該施設の園外活動で子どもが環境に気づく姿、関係する保育環境を概念として取り出し、各概念間の関係性を考察し、モデルを作成した。また子どもが環境に気づき、継続的に関わる中で＜表象＞という一定の高まりが想定された。しかし、各概念間の詳細な関係性までは迫れておらず、＜表象＞に至るプロセス及び、その要因を明らかにはできなかった。今後は、各概念間の関係性について TEM（安田・サトウ，2012）を用いて分析を行い、＜表象＞に至るまでのプロセスを明らかにしたいと考える。その上で概念同士の関係性を再検討し、一般化を試みる。

子どもの遊びの定量化のための加速度センサを用いた行動計測

高橋宏輔（東北大学大学院情報科学研究科）
張山昌論（東北大学大学院情報科学研究科）
小柴満美子（山口大学大学院創成科学研究科，東北大学大学院情報科学研究科）

1. はじめに

子どもが集団生活を体験する保育園や幼稚園では、遊戯の時間や読み聞かせの時間などを通じて多くの時間を他の子どもたちと共に過ごす。この集団生活で形成される交友関係やどのような遊びを好むかという情報は、社会性の発達や成長を評価する指標になり得る。しかし、それらの情報は幼稚園教諭や保育士の経験や観察による主観的な報告が主なものとなっている上、一人が見ることができる子どもの人数は限られている。そのため子どもの行動を定量的かつ自動的に解析する方法は、子どもの成長や社会性の発達についての知見を深める上で有用である。その一環として本研究では加速度センサを用いて子どもの遊びの様子を定量的に評価することを目指す。

2. 研究の概要

ワイヤレスで加速度を測定するデバイスである MONOSTHICK と TWELITE CUE を使用する（図1）。TWELITE CUE は子どもに携帯させる小型無線タグで、3軸の加速度センサを内蔵している。各タグには固有の ID が割り振られており、特定の子どもの加速度データを MONOSTHICK に無線で送信し集計することができる。TWELITE CUE は子どもの活動を阻害しない小型かつ軽量なものであり、背中に取り付けて測定を行う。

測定された加速度データは、遊びの強度の推定や、歩行の様子の分析などさまざまな活用が考えられる。本稿では加速度データから歩数や進行方向の推定を行い、移動の様子を推定する手がかりにならないかを検証した。

3. 加速度データを用いた歩行分析

加速度データを用いた歩行の分析において、センサの軸のキャリブレーション、歩行ステップの検出、ステップごとの進行方向推定の順に実施した。TWELITE CUE は3つの軸、x、y、z 軸方向の加速度を検出する。サンプリングレートを 25Hz に設定して実験を行なった。まず、背中に装着したセンサの軸の向きと測定対象の進行方向の軸を合わせる。軸のキャリブレーションを行うことで進行方向とする軸以外の軸に加速度が分散してしまう問題を改善し、歩行の際に生じる加速度変化を正確に測定できる。歩行ステップの検出にはキャリブレーション後の加速度データの垂直成分を用いる。一般的な歩行サイクルにおいて、加速度の垂直方向成分には周期的な変化が見られる。この周期的変化におけるピーク値の検出と動的閾値によるアルゴリズムによって歩行を検出する。図2に歩行ステップの検出結果を示す。次に加速度の水平成分をもとに進行方向を推定する。歩行ステップごとに切り出した連続した加速度の水平成分を図3に示す。x,y,軸の加速度成分は進行方向に対して 1 歩ごとに加速と減速を繰り返すことを利用して進行方向の推定を行う。

4. むすびに

本研究では子どもの遊びの定量化の一環として、加速度センサを用いた歩行分析の手法について論じた。現在は使用するアルゴリズムのロバスト性の検証や、抽出した歩行情報から移動の様子を推定する方法を検討している。今後の展望として、例えばブランコで遊んでいるときの加速度データからブランコの振れ幅を推定するなど、加速度データを遊びの強度や固有の動きの検出にも活用していくことが挙げられる。

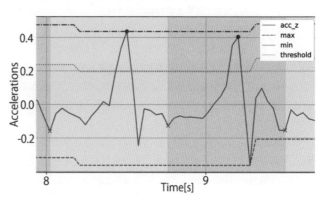

図2 歩行ステップの検出

図1 MONOSTHICK
と TWELITE CUE

表1　TWELITE CUE の諸元

W/D/H(mm)	25/25/10
軸数	3 軸 (x,y,z)
計測範囲	-16~16g
分解能	12bit
サンプリング周波数	25~190Hz
送信サンプル数	16~4096

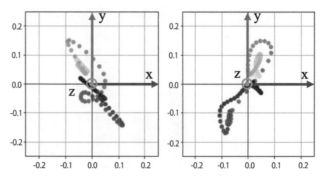

図3 歩行ステップごとの加速度水平成分

福島原発事故から約10年にわたる幼児の屋外遊び環境の変化と回復に向けた課題

佐藤海帆（日本女子大学）

【目的】

　福島原発事故により、子どもを取り巻く生活環境は大きく変化し、特に屋外遊びの機会が奪われたことは大きな問題である。

　本報告では、①原発事故後（2012年、2015年、2020年）の子どもの屋外での遊び環境やニーズにどのような変化があるのかを把握し、②子どもの屋外での遊び環境やニーズの変化から遊び環境の回復に向けた課題を探ることを目的とする。

【方法】

　福島県いわき市の幼稚園等に通う子どもの保護者を対象とした、震災後の遊び環境についての2020年度調査（配布3,785、回収率60.5%）の結果をもとに、2012・2015年度調査結果との比較を行い、放射線への心配や屋外遊び環境の状況、遊び環境へのニーズなどの変化を把握し、問題と課題を導く。

【結果】

　放射線についてみると、心配と回答している保護者の割合は、2012年は約9割であったが、2015年は4割、2020年は2割弱と徐々に減少している。しかし、震災から9年半経過しても放射線への懸念は続いている。

　放射線に関して「心配」と回答した人は、遊びの制限が生じた割合が有意に高い。さらに、原発事故から約10年が経過しても、保護者の約1割は、放射線の心配により、子どもの遊びは制限されており、特に屋外遊び時間および海や山など自然の中での遊びを増加させたいと回答している。

　全体として遊びの制限は緩和されてきている傾向にはあるが、遊びの制限を続けることによる身体や心の調子への影響、子育てへの負担は、原発事故から約10年が経過し増しているため、特に影響や負担が大きい子育て家庭への対応を継続的に行うことが必要である。

　今後の遊びについては、2012年は公園の「除染69%」など放射能の影響を受けずに遊べる環境が求められていたが、2015年は屋外遊び環境の「除染42%」、2020年は「除染24%」と減少している。一方で、自然の中での遊びが求められているが、行政による除染計画には海や山などの場所は含まれていない。さらに、2020年は、遊び場の広さ・立地、大人数で遊べることが求められている。

【考察】

　以上の結果から、遊び環境の回復に向けた課題としては、以下があげられる。

　1つは、放射線に関して心配している子育て家庭に対しての不安の軽減に向けた継続的支援が必要である。具体的には、放射線に関する心配を軽減するような明確な情報提供・相談会、保護者同士が不安や心配をお互いに分かち合える機会の提供などである。

　2つは、「自然を満喫したい」というニーズは依然として高く、それを実現されるためには、継続的に除染を実施し、保護者が子どもを安心して遊ばせられるようにする必要がある。

　3つは、2020年の遊び環境へのニーズを実現するためには、遊び場の広さや大人数で遊べること、立地など、身近な遊び場として利用しやすさを重視する必要がある。

　4つは、遊びが制限され続けている子育て家庭の生活への影響を軽減する支援が必要である。たとえば、特に負担や不安が増している保護者を見つけだし、遊び場を通した相談などにより適切な支援につなげることが考えられる。

　5つは、市町村が実施する除染計画に、もともと子どもが遊んでいた場所を含めるといった保護者の意見反映が必要である。

　6つは、遊び経験の保障として、放射線を避けて屋外遊びができるように「除染の実施」の継続はもちろんのこと、その代替としての「屋内遊び場の整備」により、友だちや地域の人とのかかわりをもてることや、「保養の機会の提供」により、汚染されていない自然とふれあえることなど、遊び経験の保障をすることが必要である。

【謝辞】

　本研究にご協力いただいたいわき市の保護者のみなさま、いわき市私立幼稚園・保育所のみなさまに、心より感謝申し上げます。

　本研究はJSPS科研費　（若手研究）23K12692の助成を受けたものです。

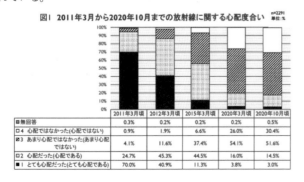

図1　2011年3月から2020年10月までの放射線に関する心配度合い
n=2291 単位：%

	2011年3月頃	2012年3月頃	2015年3月頃	2020年3月頃	2020年10月頃
無回答	0.3%	0.2%	0.2%	0.2%	0.5%
4 心配ではなかった（心配ではない）	0.9%	1.9%	6.6%	26.0%	30.4%
3 あまり心配ではなかった（あまり心配ではない）	4.1%	11.6%	37.4%	54.1%	51.6%
2 心配だった（心配である）	24.7%	45.3%	44.5%	16.0%	14.5%
1 とても心配だった（とても心配である）	70.0%	40.9%	11.3%	3.8%	3.0%

図2　震災前・2012年時点・2015年時点・2020年時点・理想別　屋外遊びの時間
単位：分

震災前時点(n=1085)　121.4
2012年10月時点(n=1041)　62.5
2015年10月時点(n=1173)　91.4
2020年10月現在(n=2042)　90.9
理想(n=1395)　125.0

幼児期の STEAM 教育環境開発へ向けた「科学絵本」の活用可能性
〜こどもの興味を深める絵本の特徴の統計的分析〜

濱田　知美（中部大学　経営情報学部）
千田　隆弘（中部大学　現代教育学部）
井上　徳之（中部大学　超伝導・持続可能エネルギー研究センター）

1．研究目的

　幼児期の STEAM 教育環境について、我々は科学絵本の活用可能性に注目し、前報で保育現場における絵本活用状況を調査し、絵本選択者とこどもの反応について報告した[1]。本報では、この時に取得した詳細データを統計的に解析し、こどもの興味を深める「絵本の特徴」を見出すことを目的とした。この結果をもとに、幼児期の科学絵本の活用可能性について検討する。

2．分析方法

　データは保育現場における科学絵本の選択要因の調査[1]と同時に詳細調査項目を取得した。有効回答数は 50 件である。相関分析では、質問項目から得られた変数同士を調査し、回帰分析では「こどもが興味を深めると思う」（ク）を従属変数において影響しうる諸変数を独立変数として解析した。

3．結果と考察

3.1 絵本を選ぶ理由（相関分析）

　表1は、質問項目から得られた変数同士の相関分析の結果を示す。項目アとイ[注1]との間に統計的に有意な負の相関が見られ、保育者は、こどもの興味・関心以外の理由で絵本を選ぶ傾向があった。こどもの反応に関する項目として、こどもの集中（カ）、言葉の習得（キ）、興味（ク）、再読（ケ）の項目間に相互に有意な正の相関が見られた。絵本から影響を受け、こどもの肯定的な態度が感じられるとその絵本を再び選びたいと感じる傾向がある。

　項目サ（科学絵本）では、興味（ク）と難しさ（コ）との間に統計的に有意な相関があった。保育者は、科学絵本はこどもに難しいと感じる一方で、物事に対する気付を引き出し興味を深めることも感じている。その他、項目ウ・ケ・キの間に正の相関があり、保育者は、季節に合うものや、言葉の習得をうながすものを、また読みたいと感じていた。

3.2 保育者に興味を深めたと感じるもの（回帰分析）

　表2は、項目ク（こどもの興味を深める）を従属変数におき、それに影響しうる諸変数を独立変数に選んで回帰分析を行った結果である。

　こどもの集中（カ）および難しさ（コ）が従属変数に正に影響していた。こどもが集中して聞くと、保育者は絵本に興味を

表2　回帰分析の結果

回答項目（要約）	β (S.D.)	β (S.D.)
ア（絵本を選んだ人）保育者	-.236 (.239)	-.209 (.231)
カ（こどもの反応）こどもたちは集中して参加していた	.381 (.150)**	.320 (.148)*
キ（こどもの反応）こどもの言葉の習得をうながす	.244 (.119)	.293 (.116)*
コ（こどもの反応）こどもにとっての絵本の難しさ	.305 (.117)**	.172 (.125)
エ（その絵本を選んだ理由）行事との接続	.086 (.287)	-.002 (.290)
サ（絵本の種類）科学絵本		.295 (.320)*
調整済み R^2	.251	.308
F 値	4.292	4.633

深めたと感じている。また、難しい絵本ほど、興味を深めていた。その他の独立変数については、従属変数に対する影響は見られなかった。

3.3 科学絵本の特徴（回帰分析）

　2 回目の回帰分析で、独立変数に「科学絵本であるか」を追加したところ、比較的大きな影響力が確認され、「絵本の難しさ」の変数の統計的な有意性が消失した。このことより、絵本の難易度が高いほど幼児の物事への興味・関心が高まるという変数間の関係性は、科学絵本であるという変数による疑似相関と解釈できる。前報で、保育現場での読み聞かせ絵本は 74.0%を保育者が選択していたので、保育者の意識が科学絵本活用促進の鍵と言える。科学絵本をこどもに難しいものと捉えると、科学絵本との出会いを阻害する要因となるが、興味を深める効果は活用促進の工夫に活用できるだろう。

4．まとめ

　絵本の統計的解析により、保育者が科学絵本は「こどもには難しい」と考えながら、「興味を深める効果」を実感していることがわかった。幼児期の STEAM 教育環境として、保育現場での科学絵本の活用効果が期待できるが、そのためには保育者の意識への工夫が求められる。今後、サンプル数を増やした本格調査で統計的な精度を高めるとともに、国公私立や幼保などの園の特性を比較し、科学絵本の効果を評価する計画である。

注1　絵本の選択者が保育者のサンプルの値を 1、その他を 0 としたダミー変数と、絵本選択理由を項目イと回答したサンプルのダミー変数とで検証している。

参考文献　[1]千田ら(2023)幼児期の STEAM 教育環境開発へ向けた「科学絵本」の活用可能性 〜保育者の絵本選択とこどもの反応〜, こども環境学会 2023 年大会ポスターセッション

表1　各変数の相関行列

回答項目（要約）	A	B	C	D	E	F	G	H	I	J	K
ア（絵本の選択者）保育者	1										
イ（選択理由）こどもの姿・興味・関心	-.388**	1									
ウ（選択理由）季節に合わせて	.164	-.193	1								
エ（選択理由）行事との接続	.115	-.147	-.134	1							
オ（選択理由）前後の活動との接続	.063	.125	.027	-.075	1						
カ（こどもの反応）こどもたちは集中して参加していた	.071	.073	.055	-.098	-.003	1					
キ（こどもの反応）こどもの言葉の習得をうながす	-.125	.164	.301*	-.197	.250	.294*	1				
ク（こどもの反応）こどものものごとに対する興味や関心を高める	-.244	.141	.027	.025	-.031	.374**	.323*	1			
ケ（こどもの反応）この絵本を、またこどもたちに読みたい	-.111	.240	.330*	-.163	.195	.533**	.582**	.444**	1		
コ（こどもの反応）こどもにとっての絵本の難しさ	-.049	-.098	.176	-.093	-.236	-.188	-.238	.165	-.178	1	
サ（絵本の種類）科学絵本	-.043	-.168	-.013	-.082	.206	.050	-.168	.336**	.022	.380**	1

東京都の保育所の屋外遊戯場とその代わりとなる公園の状況

鈴木　邦明（帝京平成大学）

1　問題の背景と研究目的

本研究においては、子どもの健やかな育ちを進めていくため、運動遊びに着目し、保育所の屋外遊戯場の状況および公園利用のあり方について調査し、今後の保育所利用という観点から見た公園利用のあり方について考察することを目的とした。

2　研究方法

幼児期の子どもの育ちにおける園庭（幼稚園の運動場、保育所の屋外遊戯場）、公園、運動遊びのあり方を探るために関係法令の関連箇所を探すことに取り組んだ。また、東京都の保育所の屋外遊戯場の保有率、各自治体の公園の面積などを調べた。それをもとに幼児期の子どもの育ちにおける屋外遊戯場、公園、運動遊びのあり方について考察した。

3　結果

(1) 関係法令に関する調査

屋外遊戯場に関する法律（児童福祉施設最低基準第32条）

2歳児以上

・保育室又は遊戯室・・・1.98 ㎡/人
・屋外遊戯場・・・3.3 ㎡/人
（保育所以外の公園などでも代替可）

(2) 保育所における屋外遊戯場の設置状況、自治体の公園の整備状況に関する調査

表1に結果の一部を示した

4　考察

(1) 保育所の屋外遊戯場の有無と自治体の公園の状況

表1にあるように屋外遊戯場の設置は東京都の自治体によって大きな差がある。約20%の保育所しか屋外遊戯場が無い自治体（千代田区、港区など）がある。これは都市部であり、オフィスビルやマンションの一部を保育所としている保育所が多いことなどが影響していると思われる。逆に23区内でも、足立区（67.3）や世田谷区（60.7）のように60%を超える保育所で屋外遊戯場がある自治体もある。

豊島区は、一般の人も使用する公園の約5%が保育所の子ども達が使用するスペースということになる。子どもが使用する頻度が高まる程、何らかのトラブルが発生する可能性も高まることが予想される。

(2) 公園を屋外遊戯場代わりとして活用する功罪

良い点に関しては、多様な遊びを展開することができる可能性である。公園は、幼稚園の運動場、保育所の屋外遊戯場と比べ、スペースも広く、設置遊具も豊富であることが多い。

悪い点に関しては、アクセスについてである。保育所から公園までの距離が遠い場合、行き帰りだけでも時間や手間が掛かってしまう。アクセスが悪い場合は、保育所から公園へ行くことの頻度も減ってしまう可能性もある。

(3) 今後の課題

今回、保育所における屋外遊戯場の設置、公園での運動遊びなどについて検討した結果、課題として次のことが挙げられる。

公園でのトラブルについてである。豊島区などの自治体では、保育所の子どもが公園を利用する割合が高くなっている。色々な面で地域住民との関係で懸念が出てくる。「公園における屋外遊戯場代わり」の割合の高さと、公園におけるトラブル発生率の高さが相関しているかどうか、という検討が必要であろう。

5　まとめ

今回、子どもの健やかな育ちを進めていくため、運動遊びに着目し、保育所の屋外遊戯場および公園の関連について調査し、今後の可能性について考察した。保育所の屋外遊戯場の設置率では千代田区、港区が低かった。ただ各自治体の公園総面積における屋外遊戯場代わりの面積の割合は豊島区が最も高かった。豊島区などの自治体は一般の公園利用者と保育園児が同時に公園を利用する可能性が高いことになり、それに伴いトラブル発生のリスクも高くなる。今後、状況の改善に向けて対応してくことが望まれる。

引用文献

保育園を考える親の会（2022）：保育の整備状況. 100都市保育力充実度チェック 2022年度版, 11-13.

表1　東京都23区にある保育所の屋外遊戯場及び公園について

	屋外遊戯場保有率（%）	保育所に通う子どもの数（人）	屋外遊戯場の無い保育所に通う子どもの数（人）	不足となる屋外遊戯場の面積（人数×3.3 ㎡）	公園総面積（㎡）	公園総面積における屋外遊戯場代わりの公園の面積（%）
足立区	67.3	12,109	3,960	13,067	3,281,241	0.40
江戸川区	57.1	13,136	5,635	18,597	7,826,550	0.24
世田谷区	60.7	17,705	6,958	22,962	2,895,327	0.79
豊島区	40.2	6,044	3,614	11,927	233,106	5.12
目黒区	29.3	6,053	4,279	14,122	490,114	2.88

絵本に含まれる基本的な動きの種類と運動遊び

堀内亮輔（東京女子体育短期大学）
篠原俊明（共栄大学・日本体育大学大学院）
長野康平（比治山大学短期大学部）

Ⅰ．研究の背景と目的

幼児の運動は遊びを中心に多様な動きを経験することが重要といわれている（文部科学省，2012）。幼児は1日の大半を保育施設で過ごす（ベネッセ，2016）ことを踏まえると、保育施設において、幼児の基本的な動きの経験を、遊びを中心に保障していくことが重要である。

保育所保育指針（厚生労働省，2017）において、幼児の運動に関する内容は主に領域「健康」で示されているが、保育において5領域の内容を総合的に展開していく必要があることから、その他の領域でも運動の視点を持つことが重要と思われる。領域「言葉」に「子どもは絵本や物語を見たり、聞いたりした内容を自分の経験と結び付けながら、想像したり、表現したりすることを楽しむ」と記されているように、絵本は保育実践を支える教材や幼児の遊びの一つであり、この絵本と運動を関連させて保育実践を展開していく可能性が考えられる。

絵本と保育実践に関する研究では、絵本の読み聞かせから、生活発表会に繋がっていく実践の過程を報告した研究（川崎，2019）や、絵本の世界を運動会へとつなげる幼児の主体的な活動について報告した研究（齊藤，2019）がある。また、幼児が絵本の世界を再現して遊びを展開していく実践が多数報告されている（樋口・仲本，2017）。これらを踏まえると、幼児の基本的な動きを引き出すことを目的とした絵本が開発できれば、絵本を基に保育実践が展開されたり、幼児が絵本の世界を再現して遊ぶなかで、幼児の多様な動きを経験することに寄与する可能性が考えられる。これまで春日（2012）が幼児に戸外遊びや運動遊びの大切さを伝えることを目的とした絵本を開発し、幼児の身体活動量に与える効果について明らかにしているが、基本的な動きとの関連について検討した研究はみられない。

幼児の多様な動きを引き出すことを目的とした絵本を開発するためには、その基礎資料として、絵本に含まれている基本的な動きの種類や運動遊びを整理する必要がある。そこで本研究は、絵本に含まれる基本的な動きの種類と運動遊びを整理することを目的とする。

Ⅱ．方法

1．対象および期間

対象とする絵本は、中川素子著の「スポーツをするえほん（中川，2019）」で紹介されている絵本60冊を選定した。なお調査期間は、2022年11月〜2023年1月に行った。

2．基本的な動きの種類の設定

基本的な動きの種類は、中村（2011）に倣い36種類を設定し、基本的な動きの系統別の分類は小澤ほか（2021）を参考に、体のバランスをとる動き9種類、体を移動する動き9種類、用具を操作する動き12種類、力試しの動き6種類とした。

3．絵本に含まれる基本的な動きの種類の分類

絵本に含まれる基本的な動きの種類の分類は、小澤ほか（2021）、堀内ほか（2022）を参考に、筆者と基本的な動きの種類の分類方法について十分な説明を受けた大学生6名で行った。

なお、絵本に含まれている基本的な動きの種類を分類する際、絵と文章から情報を得て判断した。動きが断定できない場合や動物、忍者の絵で人間には不可能と判断した動きが含まれていた場合には、筆者と大学生の協議により、基本的な動きとしてカウントしなかった。

4．絵本に含まれる運動遊びの分類

運動遊びは、小学校学習指導要領解説体育編（2017）の運動領域を基に①体を移動する運動遊び、②用具を操作する運動遊び、③力試しの運動遊び、④走・跳の運動遊び、⑤器械・器具を使った運動遊び、⑥表現・リズム遊び、⑦水遊び、⑧ゲーム遊びに分類した。なお、運動領域に分類されない運動遊びは、⑨その他の運動遊びとして分類した。

Ⅲ．結果及び考察

絵本に含まれていた基本的な動きを系統別にみると、体のバランスをとる動きは、9種類中、9種類含まれている絵本が最も多く、次いで6種類、5種類と続いた。これらの絵本は、体を移動する運動遊び以外の運動遊びが含まれていた。体を移動する動きは9種類中、9種類含まれている絵本が最も多く、次いで6種類、5種類と続いた。これらの絵本は、全ての運動遊びが含まれていたが、なかでも、走・跳の運動遊びが多く含まれていた。用具を操作する動きは、12種類中、8種類含まれている絵本が最も多く、次いで7種類、6種類と続いた。これらの絵本にはゲーム遊びが多く含まれていた。力試しの動きは、6種類中、6種類含まれている絵本が最も多く、次いで4種類、3種類と続いた。これらの絵本には、力試しの運動遊び（なかでも相撲）が多く含まれていた。これらを踏まえると、系統ごとに基本的な動きの種類が多く含まれている運動遊びを選定し、絵本に描いていくことで、幼児にとって偏りのない基本的な動きの経験が保障できる可能性がある。

保育中の幼児の基本的な動きの経験に関する研究では、自由遊び場面で出現しない基本的な動きがあると報告されている（長野ほか，2022）。本研究において、絵本に含まれていた基本的な動きは36種類中35種類であり、含まれていなかった動きは「つむ」のみであった。このことを踏まえると、日常の保育場面で出現しにくい基本的な動きは、絵本を用いた保育実践によって補完していける可能性がある。

以上のことから、今後は「各系統の基本的な動きが含まれている運動遊び」や「日常の保育場面で出現しにくい基本的な動き」に着目した絵本の内容を検討していく必要性が考えられる。

大学生世代となった「森のようちえん」卒園児の非認知的特質の傾向
－K幼稚園（長野県）卒園児の追跡調査を通して－

下村一彦（東北文教大学）
宮崎温（こどもの森幼稚園）
渡邉充宏（北海道文教大学）
請川滋大（日本女子大学）
滝澤真毅（帯広大谷短期大学）

【目的】

本発表は、成人を迎えた「森のようちえん」卒園児の傾向を示すことが目的である。自然体験を基軸にする保育という共通項はあるものの、設置主体や運営形態が多様な「森のようちえん」の我が国における現状を正確に把握することは難しい。ただし、NPO法人「森のようちえん全国ネットワーク連盟」には283団体が加盟（2022年1月時点）し、独自の振興策を策定する自治体もある等、着実に普及が進んでいる。この動きを支えたものに、多様な実践の紹介（今村2011・2013、国土緑化推進機構2018等）や、エピソード記録等を通して実践の豊かさを明らかにしてきた研究（下村他2014、中能2021等）がある。加えて、近年では卒園児の追跡調査を通して、義務教育年齢での成果や傾向を明らかにする研究（落合他2012、小鴨他2014・2017、酒井他2021、山口他2021）も蓄積されてきており、子どもの体力低下や小1プロブレムへの貴重な視座を提供している。本研究も追跡調査を通して「森のようちえん」の卒園児の傾向を示すが、調査対象を、大学生世代（19～22歳になる年度）とするところに新規性がある。

ただし、把握を試みた非認知的特質の形成には、乳幼児期の影響が大きいとされるものの、当然、家庭環境や小学校以降の学校生活等の影響もある。また、当該世代の卒園児がおり、かつその連絡先を把握している園は限られる。これらの点から、本発表は、特定の調査対象園の卒園児の傾向を整理する段階にあり、「森のようちえん」一般の成果や傾向を示すものではない。

【方法】

研究に協力頂いたK幼稚園は、「森のようちえん全国ネットワーク連盟」の理事長も務める創設者が40年前に開設した、我が国で最も歴史ある「森のようちえん」の1つである。1学年の定員は20名であり、本研究が対象とする卒園児は、途中退園の1名を除く82名（19歳学年21名、20歳18名、21歳19名、22歳24名）である。連絡先が把握できた81名に趣旨説明を送信した後、協力意思表示者に、乱数の個人コードとアンケートのURLを送信し、オンライン実施による二重回答を回避する形で実施した。2022年12月上旬に送信を開始し、2023年1月上旬までの無記名（追加調査承諾者のみ記名）での回答を求め、最終的には同月末までの回答を有効扱いとした。

【結果と考察】

39名（48.1％）から回答を得た。回答時、32名は学生（28名が4年制大学）である。対象年齢が13～29歳ではあるが若者の傾向を示している内閣府（2020）『子供・若者の意識に関する調査 （令和元年度）』や日本財団（2019）「18歳意識調査」第20回テーマ：「国や社会に対する意識」（9カ国調査）との対比から、注目される傾向が3点ある。以下、（カッコ）内の数値は、対比した上記調査の結果であり、単位は％である。

1つ目は、卒園児同士の心理的つながりの深さである。対象とする友人の学校段階を限定していない先行調査に対して、本調査では幼稚園の友人に限定する中で＜会話やメール等をよくしている＞は35.9（63.7）に留まる。しかし、＜強いつながりを感じている＞は51.3（60.8）いる。先行調査では＜つながり＞に関して世代別では25～29歳で52.6と最も低くなっているように、学校卒業からの月日と共に友達とのつながりは希薄になりがちだが、K園卒園児は、大学生世代になって日々のコミュニケーション機会が多くはなくなっても、幼稚園時代の友人とのつながりを感じており、在園時の関係性の深さが伺われる。

2つ目は、自己肯定感の高さである。＜今の自分が好きだ＞が74.4（46.5）と高いのだが、＜自分には自分らしさというものがあると思う＞が94.9（70.6）であることも合わせて捉えておきたい。ただし、＜自分の親（保護者）から愛されていると思う＞が97.4（73.7）であり、私立のK園を選択する家庭環境の恩恵を踏まえて自己肯定感の数値を認識する必要がある。

3つ目は、リーダーシップを含む参画意識の高さである。上記の自己肯定感に基づく資質ともいえるが、＜うまくいくかわからないことにも意欲的に取り組む＞が71.8（51.9）、＜自分の考えをはっきり相手に伝えることができる＞も79.5（49.0）と高い中で、36名（対比データ無し）が部活動や委員会活動の中で責任ある立場を卒園後に担った経験がある。その上で、先行調査の9か国比較において、我が国の若者が突出して低い数値となり我が国の教育・政治への警鐘の1つとして挙げられることもある＜自分で国や社会を変えられると思う＞が38.5（18.3）と、同世代に比して高くなっている。

【補足：ポスター発表において】

本研究は、「森のようちえん」のK幼稚園を卒園した大学生世代を対象に、非認知的特質等の傾向を把握することを目的としている。本抄録では単純集計での注目点を簡易に挙げているが、4件法で行った質問を上記では2件に集約しており、4件法での詳細な分析や、それに基づくクロス集計、また自由記述等の内容も合わせて整理したものを発表する。

付記

本研究はJSPS科研費JP21K02176の他、発表者の所属機関の研究費から助成を受けている。また、追跡アンケート実施時にも卒園児に明示しているが、発表者の中には、調査対象園の関係者がいる。それらも含め、本研究は、東北文教大学研究倫理審査委員会の承認を受けて実施した。

参考文献　紙幅の制約があるため、ポスター発表時に明示する。

お散歩活動を通して地域との関わりを育む
—2歳児クラスの実践より—

岩崎　良亮（岐阜女子大学大学院）
照屋　建太（沖縄キリスト教短期大学）

1．はじめに

筆者らは、沖縄県内の幼児教育・保育施設にお散歩活動の実態をアンケートにて調査した。その中で、お散歩活動で行うことや目的として、回答平均値が高いものから「自然との関わり」「身体を動かす」「思考力・好奇心」「地域との関わり」という結果になった。（2023年第76回日本保育学会にて発表予定）また、コロナ禍という理由から地域との関係の希薄化も見られ、地域に対して閉鎖的になる園も少なくなかった。三輪・尾木(2017)は、保育施設が、自らも地域社会の一員であることを認識したうえで、通ってくる乳幼児は「小さな地域住民」ですでに「そこの地域社会の一員」と理解し、同時に「未来のまちの担い手」であることを意識することが必要であると論じている。保育施設が、地域との関わりや関係性を築いていくことは重要である。

本研究では、お散歩活動時に、地域との関わりを深めることで生まれる子どもの育ちについて検討する。

2．研究方法

本研究は沖縄県の公立保育所A園の2歳児クラス（2歳～3歳）を対象とし、実践期間は2022年4月～2023年2月までの11ヶ月間とした。筆者が、クラス担任として保育に関わり、お散歩活動を三輪・尾木(2017)が提唱する身近さ圏（A園半径300m～500m圏内）にて実施した。その中で生まれた事例を、筆者が保育者として日誌や写真、動画にて記録した。

3．結果

11ヶ月間で実施したお散歩活動は、合計22回であった。今回の報告では、地域との深い関わりや子ども達の活発な言動が見られたと考えられる5つの事例の詳細を記す。

事例1「こいのぼりがいた！」（2022年4月27日）、「こいのぼりがいない！」（2022年5月19日）

A園の近隣の住宅街を歩くルートにて実施する。午前中は、車が通ることがほとんどないため、子ども達は自由に歩き、散策をする。その中で「こいのぼりがいた！」と住宅にこいのぼりが飾られていることに気がつく。その後も、様々な家にこいのぼりが飾られており、こいのぼりを探すことを楽しむお散歩になる。上記と同じルートを歩く。子ども達は、前回見つけたこいのぼり家の前を通ると「こいのぼりがいない！」と気づく。その後も歩きながら、前回こいのぼりを見つけた家を子ども同士で思い出しながら歩く。しかし、こいのぼりが飾られている家はない。「こいのぼり、どこに行ったのかな？」と不思議そうにする。

事例2「ゴーヤーのおじいちゃん」（2022年6月7日）

事例1と同じルートを歩く。前回歩いた時に、ゴーヤーを育てているおじいちゃんに畑を見せてもらったことを思い出したB児が「ゴーヤーのおじいちゃんいるかな？」とつぶやく。お

じいちゃんの家の前を通るとおじいちゃんに出会い「おじいちゃん、おはよう！」と嬉しそうに挨拶をする。

事例3「ここケガするよね」（2022年9月21日）

近隣の小学校の前を通るルートを歩く。これまでに3回歩いたことのあるルートでもある。以前通った際に、錆びたフェンスを触ってしまい保育者に「ケガをするかもしれないから気をつけようね」と声をかけた場所を通ると「先生、ここケガするよね」「危ないよね」と言いながらフェンスをじっと見つめる。

事例4「大学に行きたい！」（2022年12月11日）

「今日の散歩はどこへ行こうか？」という保育者の問いに「大学に行きたい！」と子ども達が答える。これまで4回訪れたことのある近隣の大学は、子ども達にとって学生と遊ぶことができたり、大学構内を見学できたり、大学までの道のりにも楽しさがあったりなど、子ども達のお気に入りの場所やルートになっている。

4．考察

事例1は、親しみのある「こいのぼり」というツールを通して、探して発見するという遊びを楽しむ。また、その楽しさから「こいのぼりがいる家」として記憶する。そして、同じルートを歩くことにより、その記憶が思い出され家の位置関係までも思い出すことができている。事例2は、地域の方と出会い関わったことで親しみをもつ。また、子どもなりの愛称もつけている。事例3では「危ない」「ケガ」という印象深い体験から場所を記憶し、さらに危険から身を守るという行動にまで繋がっている。事例4は、様々な感動体験から大学という施設や学生という人に親しみを強く持ち、お散歩で行きたい場所へとなっている。

以上のことから、お散歩活動で身近さ圏という狭地域を繰り返し歩き、体験が経験化することにより、2～3歳の幼児が地域への強い親しみや地理感覚、危機回避能力、自己決定力などが生まれたと考える。島﨑ら(2010)が「同じ散歩コースであっても、季節ごとに道に生えている草花や、街路樹の色つきが違う。散歩の際には幼児とともに小さい袋を持参するとよい。幼児らは、道中で集めた葉っぱ、木の実や木の色づき方が違うことに気づくはずである。」と論じている。

本研究においては、同じ散歩コースを歩くことによって、島﨑ら(2010)が述べているように、自然体験からの気づきがあり、さらに加えて、地域との様々な出会いから子どもが多くの気づきや考えを生み、地域に対して強い親しみももつと考える。

引用・参考文献

1) 島﨑博嗣・小櫃智子・照屋建太(2010)　『新・保育シリーズ3環境』　一藝社
2) 三輪律江・尾木まり(2017)　『まち保育のススメ—おさんぽ・多世代交流・地域交流・防災・まちづくり—』萌文社

K保育園の午睡時における子どもの活動分析—午睡を楽しむ子どもたち—

岡花 祈一郎(琉球大学)
天願 順優(コスモストーリー保育園)
岩瀬 桃子(琉球大学大学院)
金城 貴史(沖縄市公立保育所)

1. 問題の所在と研究の目的

保育園には昼寝の時間があり，保育の用語で「午睡」と呼ぶ。これは幼稚園の年長クラスや小学校以降には存在しない保育特有の活動であり，「寝る」ことで身体的，精神的な疲労をとり生活リズムを整える役割を果たすものである。

午睡場面を分析した先行研究として，入江(1998)は午睡時に眠らない子どもや眠れない子どもがいる中で，保育者が眠ることを強要してしまうジレンマを抱えていることを指摘している。また，金澤(1997)は，保育者は子どもを寝かしつけながらも，保育者の持つ午睡に対する考え方と子どもとの関わり方を変化させて眠らない子どもと相互に折り合いをつけているということが明らかにした。

しかし，これらの先行研究では子どもの視点に立った分析は行われておらず，午睡時に子どもたちがどのように過ごしているのか，その能動的な側面は十分に検討されていない。そのため，午睡時に眠っていない子どもを「眠らない子」として認識して時に問題行動とみなすことも多い。しかしながら，保育者や研究者が，子どもの表面的な姿だけを捉えることは，子どもの思いや願いを見落としたり，子どもを理解したつもりになってしまい，保育において子どもへの対応や支援の在り方を見誤ってしまう可能性があるだろう。

以上のような問題意識から，本研究では，あるK保育園において午睡時に起きている子どもの行動を観察・記録し，その子どもの能動性と環境との関係を分析することで，子どもが午睡をどのように捉えているのかを明らかにすることを目的とする。

2. 研究の方法と分析手続き

【調査対象】

調査対象は，社会福祉法人X福祉会が運営するK保育園の3歳児クラスに選定した。

【調査方法】

K保育園の12時から15時の午睡の時間に，参与観察及びビデオカメラによる記録を行った。その後，午睡時に「起きている子ども」に関する事例を抽出し分析を行った。

【調査期間】

本調査の調査期間は，202X年11月24日から12月9日の間の8日間である。ビデオカメラによる観察録画時間は15時間29分39秒，抽出された事例数は9つであった。

【分析手続き】

9つの事例を複数の研究者で分類した結果，「子ども同士のかかわり」，「子どもと保育者とのかかわり」，「子どもと道具とのかかわり」の3つのカテゴリー分類し，各事例について質的な分析を行った。

3. 結果と考察

以下では，3つのカテゴリーに沿って，結果と考察の概要を示す。

【子ども同士のかかわり】

午睡中に起きている子どもは，起きている子ども同士で視線を合わせ「同じ座り方をする」するなどして，小さな声でヒソヒソと会話する様子が観察された(事例③)。また，布団から出ずに，多様な行為を行っていることから，「午睡時は立ち歩かない」「午睡時は静かにする」というルールを理解しながらも，その制約のなかで工夫しながら遊んでいた(事例②)。

【子どもと保育者とのかかわり】

子どもが保育者に寝かしつけてもらうまで起きている様子から，一見すると子どもが保育者によって寝かしけてもらっているような場面が観察された。しかし，分析を進めるうちに，子どもが保育者を目で追うなどの行動をとり，そこに保育者が気づき対応するという<子ども→保育者>のベクトルが見られた。言い換えるならば，起きている子どもたちは保育者に寝かしつけてもらうことを期待しており，あえて眠らずに布団の上にいる(事例⑤)ことが，結果として保育者に寝かしつけという保育行為を誘発している可能性が示唆された。

【子どもと道具の関係】

子どもが布団という道具をどのように使用しているのかという観点から分析した。午睡時には布団を自分のパーソナルスペースとして認識し自分の居場所としていたり(事例⑥)，布団の敷き直し行動によって周囲に自分の意思を伝えるために布団を活用していた(事例⑧)。このことから，子どもは布団に様々な機能を見いだし，それらを活用して午睡という活動に参加していることが示唆された。

このような考察は，文化-歴史的理論を参照するならば，保育園や学校における活動の目的と子ども自身の動機は異なっており(Hedegaard, 2004)，その状況に応じて「大人につきあいながら」(伊藤, 2020)，自分自身の新しい動機を創り出しながら遊んでいると理解できる。

以上のようなことから，午睡時に起きている子どもたちは午睡の制約から逸脱しないように布団などの道具を駆使して，様々な方法で午睡という活動に楽しみながら参加していた。午睡時に起きている子どもの行動は，寝るということを直接の動機としていないが，それを直接の動機にしないことで，眠らずとも午睡の邪魔をせずに，むしろその時間と環境を楽しみながら過ごすことができたのである。したがって，午睡時起きている子どもは「眠らない子」というわけではなく，むしろ寝るために，あるいは午睡を邪魔しないように起きている子どもといえるのではないだろうか。

＊引用参考文献およびデータの詳細は当日の資料で示す。

地域への親しみを育む保育実践の構造
－沖縄の認定こども園の実践に焦点をあてて－

及川留美（東海大学）

研究の背景および目的

　幼稚園教育要領等の平成29年の改訂では、領域環境の内容に「日常生活の中で、我が国や地域社会における様々な文化や伝統に親しむ」という項や、幼児期の終わりまでに育って欲しい姿として「地域の身近な人と触れ合う中で（中略）地域に親しみを持つようになる」と加えられた。しかし、以前筆者らが実施した保育現場に地域を意識した保育実践に関するアンケートの全国調査では、子どもたちの「地域への親しみを育む」ための十分な実践が行われていないことが明らかになった。

　研究を進める過程において、保育現場の実践の様相を明らかにするために、2022年度に関東地区、九州地区、沖縄地区の3つのこども園のフィールドワークを実施した。どの園においても「地域への親しみを育む」ための実践が行われていたが、沖縄における実践は子どもを取り囲む特殊な地域性がその実践を支えているものと感じられた。そこで本研究では、フィールドワークのデータをもとに、沖縄地域の保育実践の構造に焦点をあて、地域性との関連からその構造を明らかにすることを目的とする。

研究の方法および対象

　2022年9月の3日間、沖縄本島にある認定こども園Sにおいて実践に関するフィールドワーク（保育者へのインタビューおよび保育実践の観察）を実施した。インタビューの内容は、了承を得てボイスレコーダーに録音した。インタビューの逐語録および観察記録をもとに実践の構造について考察する。

　認定こども園Sは沖縄県本島の南部に位置するT市の公立園である。2019年に幼稚園から移行し、現在は3歳児2クラス、4歳児2クラス、5歳児4クラスの保育を行っている。5歳児のほとんどが隣接している小学校に進学することもあり、園では小学校区を自園の「地域」ととらえている。

研究の結果および考察

　2018年度に沖縄県で実施された県民意識調査によると、沖縄本島では10年前と比較し、人と人とのつながりが弱まり、地域でのイベントや催しものへの参加については6割が不参加層であるということである。一方で、県民の8割強が沖縄県を誇りに思い、生まれて良かったと思っているという結果となっている。

　右段の囲みは地域に関連する実践についてのインタビューに関する保育者の語りの一部である。その中で、沖縄地域の伝統芸能である「エイサー」についての語りの一部を抜粋した。保育者の語りからは、「エイサー」を取り入れた実践について他の地域の園の実践には見られない特徴をうかがうことができる。それは下線1、3にみられるように、これまでの経験の中で子どもたちは特有の裏のリズムがとれ、半ば踊ることができるということである。そしてもう一つ特徴的なのは、保育者も子どもたちと「エイサー」を楽しみながら、子どもたちと「エイサー」を実践でつないでいる点である（下線2、下線4）。

> A：エイサーに関して言えば、裏なんですよ、リズムが、「咲いた」で。だけど内地の方は「咲いた」。これのリズムを取るのがやっぱり向こうから来た方たちは「うん？」って戸惑うので、そこを合わせて教えるのはちょっと特異な教え方っていうか、少ししばらくリズムの取り方の、時間の練習はちょっと必要だったりしました。<u>もともと地元で育ってる子たちはもう聞き慣れてるので、裏で取れるんです。1</u>
> B：10月には運動会とかもあったりするので、少しずつ導入できるように、<u>外遊びの休憩の合間とかにエイサーの曲を流してちょっと興味を広げていけるような形で今取り組んでる 2ところ</u>です。いくら沖縄の子どもたちといっても、やっぱり好き嫌いはあるので、エイサーが全員好きとは限らないっていうのもあるし、半ばみんなが踊れるような、<u>3さっきの話はあったんですけど、無理にさせるっていうよりも楽しむっていうところをさせたい</u>っていう先生たちの思いがあるので、（中略）今までは CD とかでいろんなのでやって、エイサーとか披露してたけど、ちょっとありきたりではなくて、ここまで子どもたちは育ってますよっていうところも見せるのと、あとやっぱり、先生と子どもたちが一緒になってやるっていうところで、<u>慣れたら三味線弾くからそれでやろうってことで4やって</u>、その流れでいって。

　本稿では他同様のデータをあげることはできなかったが、こうした実践は、保育者にも子どもたちの中にもある共通感覚[1]がベースになっていると考えられ、他の地域の実践では見られないものであった。そして、種々の環境を構成し「エイサー」との接点を増やす実践を行っていた。実践のフィールドワークの結果と合わせ、構造を図示すると以下のようになる。

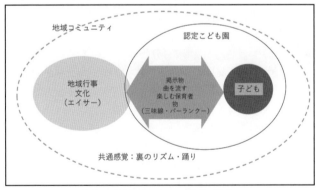

図：認定こども園Sにおける実践の構造

研究のまとめ

　各地において地域コミュニティが崩壊し、地域文化の伝承が難しくなっている。それは沖縄県でも同様であるが、この研究を通して、子どもたちそして特に保育者たちには共通感覚として地域のイメージがあり、それが地域への愛着と強く結びついているものと推察できた。子どもたちの地域への親しみを育むためには、今後も保育者が中心となり、共通感覚を刺激しながら、地域文化との接点を多く作り出す実践が必要であろう。

1 中村雄二郎（1979）は五感に相わたりつつそれらを統合して働く総合的で全体的な感応力としている。詳細は『共通感覚論』岩波書店を参照。
付記：本研究は、科学研究費助成事業（課題番号21K02391）の助成を受けて実施している。

ICTを活用した幼児とシニアの世代間交流事業の効果と可能性

森谷　路子（日本テレビホールディングス株式会社）

【目的】

リモートワークなどビジネスパーソンはICT技術の活用が進んでいるが、幼児や高齢者では相対的にICT利活用度が少ない傾向にある。そこで、本研究では、コロナ禍で地域との交流が難しくなっている園の活動をICTを使ってサポートすることの可能性と効果を検証することを目的とした。

【方法】

静岡県藤枝市内の保育園の年長・年中児（計43名）と同市の中山間地域の高齢者2グループ計26名をオンラインでつなぎ、1回45分間の交流事業を令和4年9月から12月の間に計8回実施した。高齢者グループは地域のシニアに会場に集まってもらうグループ（グループ1）と通所リハビリテーション施設に通うシニアに参加してもらうグループ（グループ2）であった。交流事業では、脳トレや身体を使った運動を前半30分、後半15分を質問を出し合うなどのコミュニケーションタイムとした。終了時に参加シニア22名（欠席した4名は未実施）と保育園の担当保育士にアンケートを行い、結果を分析した。参加シニアと園児の保護者には事業の概要と個人情報の取扱いについて書面で説明し、同意を得て実施した。

【結果と考察】

1. オンライン教室に参加した子どもたちの様子

担当保育士から以下の報告を受けた。

● 最初のころは自分の祖父母が映っていると勘違いしている子もいたが、回を重ねるごとに気づき、交流を喜んでいた。

● 初めはシニアさんの会場に自分たちが映っていることに理解ができず画面を気にせず活動していたが、相手会場とやり取りをしたり、シニアさんがお手玉を上手に行う姿を見て驚く姿が見られ、徐々に交流を楽しめていたようだった。

● クラス活動でのインタビューの際、「おじいちゃんたちは何が好きかな」と普段の生活の中でもシニアさんのことを考える場面があった。オンラインでも繋がって関わることで、子どもたちの中でも相手のことを考えるきっかけになっていた。

● 初回の数回は慣れず集中が途切れることがあったが、要領がわかってくると集中力も高まっていった。シニアさんと運動を競い合ったりすることを楽しみにするようになっていった。

● オンラインを意識するようになってからシニアさんたちに手を振ってみたり、自ら関わりを持とうとする姿が見られた。

● コロナ禍で地域との交流が難しい中、オンラインを通して交流ができるのはすごいと思った。

最初はオンラインに戸惑っていたり、オンラインの意味がわかっていなかった子どもたちも順次理解し、相手会場のシニアを意識し、交流をはかろうとしていた姿が報告されており、未就学児であってもオンラインを活用した交流事業と運動あそびは十分可能であり、子どもたちへのプラスの影響が期待できる

ことが確認できた。

2. オンライン教室に参加したシニアたちの評価

終了時のアンケートで教室の満足度を聞いたところ全体の評価は「満足」「やや満足」合計で82%であったが、特にグループ2で「満足」「やや満足」合計で100%と高い結果となった（図1）。なお、参加者の平均年齢はグループ1は71.4歳で仕事をしている方も多く、グループ2は84.6歳であった。「教室参加を通じて運動するようになったか」を聞いたところ、「なった」「ややなった」合計で55%と半数程度だったが、グループ2では80%の方が「なった」「ややなった」と回答した（図2）。仕事から離れ年齢が上がった方の方が幼児との交流を喜び、そこから運動意欲を得る可能性が示唆された。参加者の自由記述欄には「楽しかった」「子どもたちの元気をもらった」という声が多く書かれており、子どもの元気がシニアに与えるプラスの効果が確認できた。通所施設のスタッフからも「園児の姿を見て笑顔の利用者様が見れたことはとてもうれしかった」との声がきかれた。

選択肢	グループ1		グループ2		合計	
	選択者	選択割合	選択者	選択割合	選択者	選択割合
満足	6	50%	8	80%	14	64%
やや満足	2	17%	2	20%	4	18%
普通	4	33%	0	0%	4	18%
やや不満	0	0%	0	0%	0	0%
不満	0	0%	0	0%	0	0%
小計	12	100%	10	100%	22	100%

図1　教室の満足度

選択肢	グループ1		グループ2		合計	
	選択者	選択割合	選択者	選択割合	選択者	選択割合
なった	1	8%	6	60%	7	32%
ややなった	3	25%	2	20%	5	23%
どちらともいえない	4	33%	1	10%	5	23%
ややならなかった	0	0%	1	10%	1	5%
ならなかった	4	33%	0	0%	4	18%
小計	12	100%	10	100%	22	100%

図2　教室参加を通じて運動するようになったか

【結論】

相対的にオンライン技術にあまり慣れていない幼児とシニアであっても、最初は戸惑いは感じながらも回数を重ねるうちにオンラインの特徴などを把握し、互いの存在を感じながら、オンラインでの交流ができ、それが互いにプラス効果を与えることが本研究から確認できた。物理的な場所を共有できることにはやはり価値があるが、オンライン技術を活用することで、時間的な制約や感染症の恐れなどの制約を超えることができることには大きな社会的価値と可能性があると考えられるため、今後もこのような取り組みが広がることを期待したい。

保育での自然との関わりにおける子どもの様子：保育者への質問紙調査から

辻谷真知子（お茶の水女子大学）
秋田喜代美（学習院大学）
石田佳織（園庭研究所）
宮田まり子（白梅学園大学）
宮本雄太（福井大学）

問題と目的

　幼児期の環境教育では、「生きる力の基礎を培う時期として、自然の大きさ、美しさ、不思議さなどに直接触れる体験を通して、幼児の心が安らぎ、豊かな感情、好奇心、思考力、表現力の基礎が培われる」ことが重視されている（環境省, 2020）。実際に子どもの育ちに対する幼少期の自然体験の効果についても示されてきたが（山本他, 2005 など）、自然との関わりの内容による違いも指摘されている（高橋・高橋, 2010）。このような児童期以降の長期的な効果は重要であるが、現在の保育実践の中での子どもの様子については、十分に示されていない。

　保育における自然との関わりでは、伝統的に飼育栽培や戸外保育が実施されてきたものの多様性・循環性など環境教育の観点では不十分であることが指摘されてきた（井上・無藤, 2010 など）。すなわち、自然体験の有無だけでなく自然の循環性や怖さ、不思議さなども含め、子どもがどのような体験をしているのか、またその様子について詳細に明らかにする必要がある。

　そこで本研究では保育者への質問紙調査から、実践の中で見られる子どもの様子やその傾向について探索的に検討する。

方法

　調査会社を通じて保育者300名（現職244名、過去に勤務56名）へのオンライン質問紙調査を実施した。自然と関わる上で想定される子どもの様子として22項目を設け、「あなたが担当している子どもたちの様子として、以下のことはどのくらい当てはまりますか。」として「当てはまらない(1)」〜「当てはまる(5)」の5件法で回答いただいた。項目（表1）の作成にあたってはこれまでに示されてきた自然との関わりにおけるねらい（井上・無藤, 2010）、地域の戸外環境におけるねらい（石田他, 2021）を参考にし、自然に対する感情反応尺度（芝田, 2016）や自然に対する感性（野田・長嶋, 2022）の一部を用いた。各項目の平均値・標準偏差を調べ、因子分析により全体の傾向を捉えた。また他項目と傾向が異なる項目は園種別（幼/保/認定こども園）・担当児年齢（3歳未満/以上/他）との関連を調べた。

結果

　各項目の記述統計および因子分析（最尤法・プロマックス回転）の結果は表1の通りである（項目7, 22は因子得点および共通性の低さから削除した）。標準偏差はいずれも1.0前後で天井効果や床効果を示した項目はなく同程度の散らばりであった。第1因子（α=.94）に高い負荷を示した項目は自然に親しむ様子を示し、いずれも平均値が3.5以上と高かった。第2因子（α=.93）に高い負荷を示した項目は自然を尊重する様子を示し、平均値は第1因子の項目よりも低かった。第3因子の2項目（r=.52）は汚れや虫を嫌がる様子を示す。このうち平均値が他より低かった項目11（汚れることを嫌がる）の値を従属変数、園種別を独立変数とした分散分析の結果、園種別の効果が有意傾向であり（$F(3, 240)=2.54$, $p=.057$）、Tukeyの多重比較の結果、認定こども園（$Mean=2.50$）より幼稚園（$Mean=3.13$）で評定平均値が高かった。担当児年齢との関連は示されなかった。

考察

　子どもが様々な動植物・無生物に接する経験や五感・気持ち良さを伴う経験、探索的な活動など、自然に親しむ様子は多く見られるが、動植物の「いのち」や自然の循環について体験する様子はそれらと比較して多くはないと考えられる。また今回のサンプルでは、汚れを嫌がる様子について園種別による相違が示されたが、他の要因も含めて詳細な検討が必要である。

付記　本研究は学習院大学科研費ステップアップ事業による助成を受けて実施された。

表1 自然と関わる子どもの様子に関する項目の因子分析結果と平均値・標準偏差

	因子1	因子2	因子3	Mean	SD
7. 自然の中で怖い・不快な体験をしている	-	-	-	3.003	1.181
22. 園庭や地域でゴミを見つけた時は拾っている	-	-	-	3.577	1.017
6. 自然と出会う中で、探索的な活動をしている	.881	-.022	-.053	3.720	1.064
4. 匂い、触感などさまざまに五感を使って自然に関わっている	.879	-.020	-.016	3.830	0.996
3. 石や砂、土、雨水、日向や日陰など、無生物の様々な自然を体験している	.878	-.080	.048	3.817	1.052
1. 植物について、様々な種類に接したり様々な経験をしたりしている	.871	-.042	.002	3.800	1.044
5. 動植物などの自然をじっくり観察している	.794	.084	-.056	3.640	1.074
2. 動物（虫や鳥など）について、様々な種類に接したり、様々な体験をしている	.765	.052	-.009	3.737	1.048
8. 自然に触れて、気持ちよさそうにしている	.718	.022	-.011	3.917	0.920
9. 自然の不思議さや美しさに感動している	.700	.106	-.079	3.733	0.958
15. 四季を生かした遊びや生活をしている	.516	.224	.116	3.987	0.900
17. 自然に対して、神秘さを感じている	-.095	.888	-.073	3.183	0.959
16. 自然に対して恐れや敬意を感じている	-.149	.837	-.137	3.100	0.969
13. 自然界のすべてのものが互いにつながっていてめぐりめぐっていることを体験している	.087	.764	-.009	3.213	0.958
14. 自分の生活と自然とがつながっていることを体験している	.123	.745	.085	3.400	0.947
19. 水など自然が与える物を大切に使おうとしている	.140	.712	.090	3.473	0.952
20. それぞれの生き物の生活を守ろうとしている	.127	.691	.118	3.480	0.941
21. 生活や遊びにおいてゴミを減らす行動をしている	.014	.656	.102	3.173	0.966
18. 自然に対して、空想（妖精など）を感じている	.050	.592	-.204	3.163	0.997
12. 動物や植物の「いのち」を日常的に体験している	.392	.484	.014	3.397	1.018
11. 土や草地で過ごす際に汚れることを嫌がる	-.113	.070	.750	2.837	1.126
10. 虫を嫌がったり怖がったりする	.178	-.074	.668	3.513	1.017
因子間相関 1		.696	.112		
2		1	.202		
3			1		

ITERS-3において求められる3歳未満児の保育環境とその背景
―SCATを用いた質的分析から―

渡邉　真帆（福山市立大学）

1．問題の所在と研究目的

　3歳未満児の保育について、施設の充実や社会的位置づけの向上が求められている（OECD, 2022）。保育施設の環境について、国内では、保育室を区切ることで子どもが落ち着いて遊ぶようになるという環境構成上の工夫や（e.g. 汐見, 2012）、遊び環境における応答的な存在としての保育者についてなど検討されてきた（e.g. 伊藤ら, 2017）。このように、遊び場面を中心とした具体的な方策について検討が進む一方で、その他の場面や活動も含めた保育環境の検討も必要であると考えられる。

　3歳未満児の保育環境を網羅的に検討するツールとして、米国発祥の保育環境の質を測る尺度"Infant/Toddler Environment Rating Scale (ITERS)"がある。現在は第3改訂版のITERS-3が各国で翻訳、日本語訳もされており、国際的に広く使用されている。

　しかし、3歳以上児の保育の質については多くの国で共通している一方、3歳未満児を対象とした保育の質の捉え方は多様であるという（OECD, 2022）。実際、ノルウェーでのITERSを用いた保育の質の検討（Bjørnestad et al. 2017）では、結果として部分的に質があまり高くなかったことを受け、ITERSの文化的バイアスを指摘し、自国の保育観を評価する尺度であれば異なる結果となる可能性を考察している。日本国内でITERSを使用する際にも類似する指摘が発生することも推測されるため、ITERSにおいてどのような保育環境が求められているのか、その背景にある考え方も併せて迫る必要があると考えた。

　以上を踏まえ、本研究の目的は、ITERS-3の邦訳版について質的データ分析法を用いて分析し、求められる保育環境とその背景にある考え方を明らかにすることとする。本研究から、遊び環境にとどまらず、研究が求められる着目点やITERS使用の際の文化的・社会的な留意点が示唆されると期待される。

2．研究方法

　分析対象となるITERS-3（2018）は、6つのサブスケールのもと全33項目から構成される。本研究では、まず保育室内の環境について検討するため、サブスケール1「空間と家具」内[1. 室内空間][2. 養護・遊び・学びのための家具][3. 室内構成][4. 子どもに関する展示]の4項目、全56指標を取り扱った。

　分析には、質的データ分析法の1つであるSteps for Coding and Theorization (SCAT)（大谷, 2019）を採用した。SCATは、面接等による言語記録の分析や、文書研究等に使用されており、また、言語記録の中に潜在的に含まれる意味を理解することが可能になることから（大谷, 2019）、本研究においても適切な方法であると判断した。

　分析は、指標1つ1つについて4段階のコーディングを行った。〈1〉テクスト中の注目すべき語句を抽出。〈2〉テクスト中の語句の言い換え。〈3〉それを説明するようなテクスト外の概念付け。〈4〉テーマ・構成概念の案出。この後に、テーマ・構成概念を紡いでストーリー・ラインを記述し、理論記述を行った。全56指標から、61個のテーマ・構成概念が案出された。

3．結果と考察

　分析を通して得られたテーマ・構成概念を紡いで作成したストーリー・ラインから、ITERS-3において3歳未満児の保育環境に求められる5点が明らかになった。以下、一部テーマ・構成概念を引用する場合には下線で示す。

　第一に、設備として保障すべき点である。子どものための遊びや生活に限らず、業務遂行必要条件の整備やケアする側の尊重などの考えから、保育者にとって必要な設備も含まれた。

　第二に、保育中に保育者がどのように環境を構成するか、どのように保育を行うかという点である。例えば、見守り＝安全管理の意識など、監視的志向をもつ必要性が示された。

　第三に、子どもの姿勢変化に沿った保育を重視する点である。一般的にも発達過程を踏まえた環境が求められるが、特に姿勢変化への敏感性など、3歳未満児固有の変化が意識されていた。

　第四に、無意識的緊張空間からの避難所機能など、多様な過ごし方を保障する考えがみられた。

　第五に、遊び環境について、有能な存在としての子ども観を有し、遊び可能性拡大を大切にしながらも、許容範囲と禁止範囲の明確な線引きがあった。

　以上、ITERS-3の分析から、3歳未満児の保育環境に何が求められるか、そしてその背景に潜む考え方について検討した。本結果を手掛かりに、3歳未満児保育を担当する日本の保育者の保育環境に関する考え方について探ることを今後の課題とする。

引用文献

Bjørnestad, E. & Os, E (2017) Quality in Norwegian childcare for toddlers using ITERS-R. *European Early Childhood Education Research Journal*, 26 (1), 111-127.

伊藤美保子・西隆太朗・宗髙弘子（2017）乳児期の遊び環境と保育者のかかわり：0歳児クラスの観察からノートルダム清心女子大学紀要. 41 (1), 68‐77.

経済協力開発機構（OECD）編著（2022）OECD スターティングストロング白書. 明石書店.

大谷尚（2019）質的研究の考え方. 名古屋大学出版会.

汐見稔幸・村上博文・松永静子・保坂圭一・志村洋子（2012）乳児保育室の空間構成と"子どもの行為及び保育者の意識"の変容. 保育学研究. 50 (3), 64-74.

テルマ ハームス・デビィ クレア・リチャード. M. クリフォード・ノリーン イェゼジアン著 埋橋玲子訳（2018）新・保育環境評価スケール②〈0・1・2歳〉. 法律文化社.

付記

本研究はJSPS科研費22K20251の助成を受けたものである。

都市部の保育施設における野草（雑草）活用の現状

齊藤　花奈（日本女子大学大学院家政学研究科）

目的

筆者は保育所での経験から、保育者が園内の植物にどのような意識をもって子どもへの援助を行っているのかということに関心をもった。井上（2000）によると、日本の幼児教育において子どもと自然の関わりの目的は表現を変えながらも、主に子どもたちが自然と関わる中で「科学性の芽生え」を培うこと、「豊かな人間性」を育むことの2点が継続して示されてきたという。2017年告示の現行の『幼稚園教育要領解説』を検討してもその内容は大きく変わらず、上記の2点にまとめられた。さらに新宿区立Q幼稚園での調査から、植物の中でも野草（雑草）は他の植物と比べ保育者の活用意識等が低いとの示唆が得られ、野草（雑草）の保育への活用に更なる関心をもった。先行文献において、野草（雑草）は「様々な草花遊びが生まれる」、「小動物と触れ合うことができる」、「季節の変化を楽しむ」、「『いのち』の循環を感じる」といった観点から園庭に必要な環境の一つとして挙げられている（秋田ら、2019 など）。しかし保育実践における野草（雑草）活用の現状や保育者の活用意識を検討した研究は見当たらない。

そこで本研究では、新宿区立Q幼稚園での調査から明らかになった園内植物の活用意識等について触れた上で、焦点を「保育環境のうち保育者が意図して植えていない、または当初は意図して植えたがその後は種子を作り自生している植物」である野草（雑草）に絞った質問紙調査の結果から、保育における野草（雑草）活用の現状について検討していく。

方法

（1）新宿区立Q幼稚園での調査

・対象：3～5歳児クラス各担任と主任の計4名
・実施時期：2021年7～11月
・方法①（質問紙）：園内の園芸植物と野草（雑草）のうち20種の認識と活用意識に関する5点の質問に回答してもらった。
・方法②（半構造化インタビュー）：植物の活用に関する7点の質問について、井上（2009）が提示している視点を参考に5つに分類しながら考察を行った。

（2）東京都23区内の保育施設での調査

・対象：東京都23区の公立・私立幼稚園、保育所、認定こども園のうち無作為に抽出した349園に配布（回収継続中）
・実施時期：2023年2～3月
・方法（質問紙）：野草（雑草）10種に対する、保育者の認識と活用意識、実際の子どもの様子などについての回答を得た。

結果

（1）-① 質問紙（新宿区立Q幼稚園）

質問紙の結果から、Q幼稚園の保育者は園内の多くの植物の名前と園内における位置を把握していることが明らかになった。さらに、保育者の活用意識と子どもの植物への関わりの程度が関係していることが示唆されたが、園芸植物と比べて野草（雑草）は認識や活用意識が低く、中でも花や実の色が地味で特徴的でないものは特にその傾向がみられた。

（1）-② 半構造化インタビュー（新宿区立Q幼稚園）

インタビューからは、栽培植物、園芸植物、野草（雑草）それぞれの特性によって活用やその意図が異なることが明らかになった。また井上（2009）の分類を参考に分析すると、①「科学性の芽ばえ」に当たる意図や援助が多く、食物連鎖など生態系に関する④「生態学的自然観」が最も少なかった。井上（2009）同様、①のような従来型の視点が中心で、④のような「環境教育的視点」はそれらと同等には意識されていないことが示された。

（2）質問紙（東京都23区内の保育施設）

今回挙げた野草（雑草）の多くで、保育者はその名前と形状を認識しており、全て除草する場合は少なく、一部残すという回答が多かった。野草（雑草）と園芸植物、各々の使用範囲についての質問では、野草（雑草）は「自由に使って良い」が最も多いのに対し、園芸植物では「枯れたもの、地面に落ちたものなら使って良い」など何かしら制限のある回答が多くを占めていた。また、野草（雑草）は保育に「活用できる」とする回答が半数以上だったが、実際に「活用しようと意識している」とする回答の割合は減った。活用しようと意識している理由には従来型の視点の割合が高く、「環境教育的視点」は意識されにくい現状が伺え、実際の子どもの様子では、遊びへの利用を選択する回答が目立った。

考察

本研究を通して、東京都23区内の保育施設では今回扱った野草（雑草）が保育者によく認識され、園庭環境の一部として残されているものの、園芸植物と比べるとその認識や活用意識は低く、中でも地味で目立ちにくいものは特にその傾向にあることが明らかになった。しかし、多くの園で野草（雑草）は子どもが自由に摘めるようにされており、遊びに十分に利用できる素材として有用であると考えられる。これは野草（雑草）活用の利点といえるのではないだろうか。さらに、活用意図の観点には偏りがあることが明らかになったが、インタビューから野草（雑草）は他の生物との関係や植物の多様性を感じるといった点から、必要な存在であると認識している保育者もいることが分かった。

そのため、将来的には保育者が栽培植物・園芸植物・野草（雑草）の区別なく園内の植物を認識し、「環境教育的視点」を含めたより多様な観点からねらいを立てて活用していく必要があると考える。今後も、保育施設における野草（雑草）の活用意義や実践について検討を続けていきたい。

引用文献

・秋田喜代美・石田佳織・辻谷真知子・宮田まり子・宮本雄太（2019）『園庭を豊かな育ちの場に』ひかりのくに，p. 21.
・井上美智子（2000）「日本の公的な保育史における『自然とのかかわり』のとらえ方について」環境教育，9(2)，pp. 2-11.
・井上美智子（2009）「幼稚園における自然や環境を主題とした園内研究事業の実施状況と実施内容―環境教育の視点からの分析―」大阪大谷大学紀要，43，pp. 54-71.
・文部科学省（2017）『幼稚園教育要領解説』フレーベル館.

遠隔での保育研修環境の効果

副島　里美（静岡県立大学短期大学部）

【研究の目的】

　2020年1月に、日本においても新型コロナウイルス感染の一例目が報告された。以降、園（ここでは幼稚園や保育所、こども園を示す）においても、感染拡大防止の観点から来園者の制限が継続的に行われてきた。また、"stay home"が叫ばれる中で、それまでは恒常的に行われてきた園内外での研修も、中止や延期が相次いだ。保育は人と関わる仕事であり、研修も対面で行うことが当然とされる世界であったが、このような時勢の中で遠隔での研修も随分と広がった。

　筆者は地域に密着した保育の研修会を2016年から開催している。当初は対面での研修会であったが、2020年4月からは早々にzoomを使用した遠隔研修に切り替え、よりよい研修のあり方を参加者とともに試行錯誤してきた。その結果については、日本保育学会（第74回：2021年、第75回：2022年、第76回：2023年）、および日本乳幼児教育学会（第31回：2021年、第32回：2022年）で報告を行っている。

　本発表については、遠隔研修を行った際の有効性やコミュニケーションの在り方について考察を深めていく。

【研究方法】

1）．研究対象

　本研究は、発表者が主催する研究会のディベート部会に所属する現職保育者（全21名：休会者を含む）を対象とする。対象の保育者の年齢は28歳〜64歳（平均43.2歳）、保育経験年数は5年〜42年（平均21.3年）。本研究会への参加回数は10回〜35回である。

2）研究方法

　質問紙法

　2023年2月に対象者に対してアンケート調査を実施した。20名に依頼し、19名（女性18名・男性1名）から回答を得た（回収率95.0%）。

3）試合形式のディベート研修について

　本研究部会は、ディベートが保育の研修として有効かを検証するために立ちあげた。ディベート部は月1〜2回程度の研修会を2021年7月から継続的に行っている。研修会の主な内容は、試合形式のディベートであり、事前の論題を提示している試合（準備型）が1試合、事前提示を行っていない試合（即興型）が1試合の合計2試合を行っている。研修会は2023年3月末までに全53回行った。研修のみで試合を行っていない研修の回もある。よって、試合を行った研修会は39回、試合の合計は71試合である。

【結果と考察】

1）遠隔での研修は有効であったか（図1）

　遠隔研修の有効性については19人全員が有効（非常に有効9名、有効10名）と回答した。

2）遠隔の研修でのコミュニケーション（図2）

　遠隔でのコミュニケーションができた理由については、2021年度の反省から、2試合終了後に、30分ほど固定式のグループに分かれたセッションを行った。また、事前論題提示の内容については、グループの長を主体に、グループlineを活用した意見交換を促した。これらの実施により、グループ間でのコミュニケーションは十分に取れたとする意見が多かった。

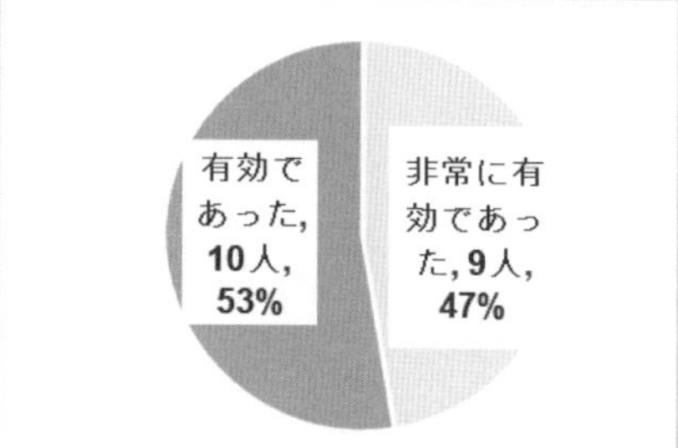

3）対面での研修があれば受けてみたいか

　受けてみたい人が半数よりやや多い結果となったが、経済面や移動時間などを考えると、判断がつかないと考える人も多い結果となった。

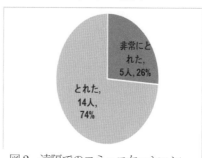

図1　遠隔研修の有効性

図2　遠隔でのコミュニケーション

図3　対面での研修

【まとめ】

　本研修会は、研修方法としてディベートを用いている。よって、一方向的な環境要因が強い講義聴講などの研修と異なり、チームでの作戦に基づく意思統一が必要となる。よって、話し合いの時間も重要になることから、遠隔での研修環境が適切かどうかに疑問を抱いていたが、コミュニケーションも十分に取れ、むしろ対面を戸惑う姿が見える結果となった。これらは、新型コロナウイルスによる環境の変化がその生活スタイルや心理的変化を生み出したと考えられた。

　先にも述べたが、保育は人と関わる専門職であるために、対面での研修を当然としてきた。しかし遠隔であっても、本研修会のようにコミュニケーションが取れる手法を設定すれば、研修会としての意義は十分に得られる可能性は高い。しかし、一方では、「全部は難しいが、たまには対面で会いたい」や「リアルな雰囲気を味わいたい」という意見もきかれることから、参加者の負担にならない程度の対面実施も今後の課題として考えていきたい。

卒園した保育園とつながりを持ち続ける学童の発達面での効果
—日高どろんこ保育園と併設する学童保育室の学童と園児の園庭交流を事例として—

三國隆子（早稲田大学大学院人間科学研究科）
佐藤将之（早稲田大学人間科学学術院）

【問題と目的】

　本研究は、「学童保育所（放課後児童クラブ）」と「保育所」の複合施設において、以下の2点を明らかにすることを目的としている。①園児との日常的な関わりからみられる学童の発達面での効果、②出身保育所の環境と継続的に関わることでみられる学童の発達面での効果。

　保育所を卒園し小学校に就学した子どもは、保護者の就労状況によって放課後を学童保育所で過ごすことになる。小学校、学童保育所共に子どもにとっては新しい環境である。環境の変化にとまどう子どももいると考えられる。「保育所」「学童保育所」複合施設は、子どもが0歳から小学校6年生までの最大で12年間を過ごすことによって、特に小学校就学前後の環境の変化による段差を小さくし、切れ目のない発達支援を実現できると考えられる。

　本研究では、保育所の園庭を活用することで学童と園児の交流を実現させている複合施設において、園児と学童の行動観察を実施した。園庭のつくりや園舎との配置、保育プログラムが学童と園児の日常的な交流にどのように結びついているのかを観察することで上記①を、学童と保育士を対象にインタビューを実施することで上記②を、それぞれ明らかにしようとするものである。

【方法】

1）調査手順

　埼玉県日高市にある日高どろんこ保育園・学童保育室では、保育所の広い園庭が特徴的で、保育園の園庭が学童と園児の交流スペースとなっている。園庭に3台のカメラを設置し、学童と園児の交流場面の行動観察を行った。子どもたちが園庭に出て活動しやすい気候の2022年5月に3日間、平日の午後3時半から5時までの時間に行動観察調査を行った。卒園児の学童には首にバンダナを巻いてもらい、卒園児ではない学童と区別できるようにした。2022年5月から2023年3月の期間に12回訪問し、学童と保育士を対象にインタビューを行った。

2）園児と学童の交流場面の分析指標（目的①に関して）

表1　園庭のエリア別交流シーンの割合

	交流シーン数 （全体割合%）
保育室前エリア	117 (36)
学童保育室前エリア	86 (27)
築山エリア	74 (23)
タイヤエリア	33 (10)
コンクリート1本道エリア	13 (4)

　三上ら（2009）[1]の居合わせの分類を参照し、学童と園児の日常的な交流場面において「行為の共有」（あり、なし）、「身体接触」（あり、なし）、言葉（発する、発しない）「身振り」（あり、なし）、「視線」（あり、なし）の視点により、行動観察を記録したビデオから

323シーンを交流場面として分類した。

1）三上裕子、佐藤将之、西出和彦、新保幸一、長澤悟「児童・生徒の居合わせからみた施設一体型小中一貫教育校の学校環境に関する考察」日本建築学会計画系論文集　第74巻　第646号　2587-2594,2009年12月

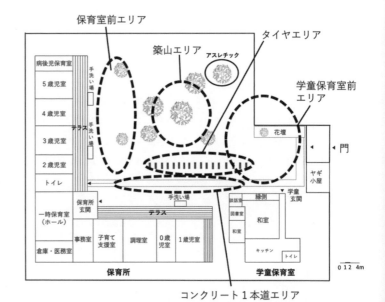

図1　複合施設配置図と園庭の交流エリア

【結果と考察】

① 園児との日常的な関わりから見えてくること

保育室前エリア　園児と学童の交流が見られたシーン全体の36%がこのエリアで見られた。園児と交流する学童が卒園児である割合は92%であった。さらに、その卒園児を学年別に見ると、1年生93.4%、2年生5.4%、3年生1%であり、卒園して2ヶ月後の1年生の卒園児が保育室前で保育園の雰囲気を感じながら園児と関わっていることが明らかになった。

表2　タイヤエリアでの交流内容（一例）

シーン番号	交流エリア	交流内容
シーン24	タイヤエリア	3年女子（卒園児）が2歳児がタイヤの上り下りをしているところへ来て、手をつないで手助けする。その様子を5歳児（女児）が見てついてくる。タイヤを最後まで渡りきると、3年女子は何度も振り返りながら、男児から離れて行く。
シーン25	タイヤエリア	3年女子（卒園児）が離れると、5歳児（女児）が交代するかのように手を繋ぎ、タイヤ跳びの補助をする。手をつないだり、抱っこしたりして支える。3年女子はその様子をチラッと見て見守りつつ、学童前で泥だんごづくりを始める。その後、5歳児（女児）と男児はアスレチックの方へ移動。その様子も3年女子遠くから見守る。

タイヤエリア　園児が憧れの眼差しでタイヤ飛びをする学童を見ていたり、学童が園児の手を取って手助けをしたりする交流が見られた。シーン24, 25では、学童が2歳児の園児の手助けをする場面を見て、5歳児の女児も小さい園児の手助けをしたいと思う気持ちを学童が察知し、学童は離れて様子を見守る様子が見られた。

② 保育所の環境との継続的な関わりから見えてくること

表3　園児や園舎から自分の成長を感じること、のインタビュー回答（一例）

学年	「園児や園舎から自分の成長を感じること」についてのインタビュー回答
3年生	小さい子を見てると、昔は自分もこんなにはしゃいでたんだなって思う。楽しそうにしてる。保育園に友達になった子に鬼ごっことかで追いかけられたりして、楽しい。
5年生	土曜日とか学童の人数が少ないと、保育園の方に行って過ごすことがある。ホールで遊んで、集まったら2歳児室へ行く。自分が園児だった時を思い出す。

　卒園児の学童が、園児の姿と自分自身の園児時代を重ね合わせて自分の成長を感じたり、園舎で過ごすことで園児のことを懐かしく思い出したりする回答が見られた。

保育環境のリフレクション①—子どもにとっての場所と大人にとっての場所

村井　尚子（京都女子大学）
坂田　哲人（大妻女子大学）

研究の目的

　大人が考える慣習的な場所のあり方と、慣習的な物事の捉え方に染まっていない子どもにとっての場所のあり方に齟齬が生じることがあり得る。子どもが安心しながら楽しく日々を過ごすなかで成長していく場としての保育環境をどのように構成していくことがよいのか、子どもの視点に立って環境を見てみることが重要だと言える。そこで本研究では、子どもにとっての場所の意味を保育者がリフレクションすることで、改めて保育環境の構成の仕方を考えて行くことを目的とする。

研究方法

　本研究では、省察的実践家（ドナルド・ショーン）としての保育者の専門性のあり方を軸とし、オランダの教師教育学者コルトハーヘン（F. Korthagen, 1947-）のALACTモデルを用いて保育者のリフレクションについて研究を行っている。ALACTモデルでは、下図のように、行為を振り返ることで本質的な諸相への気づきが得られ、行為のオルタナティブ的な方法を創り、選択を行うことで次の行為へと繋げていくことが重視されている。

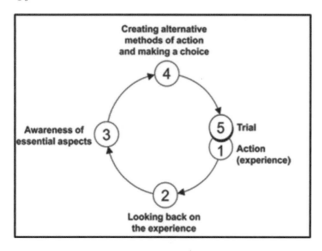

図1　ALACTモデル

図2　グループでのリフレクションに用いた写真

　この本質的な諸相への気づきに至るためには、行為の基底となっている思考、感情、望みにアクセスすることが重要だとされている 。このため、筆者らはリフレクションの対象となる出来事を短い時間単位に区切り、その場における保育者と子ども双方の思考、感情、望みを引き出すために、グループでのリフレクションの手法を開発し、実施してきた。その際、表1のような16の窓のリフレクションシートを用いている。

表1　16の窓のリフレクションシート

	保育者	理由	子ども	理由
行為				
思考				
感情				
望み				

　本発表では、Y県K市のKこども園の保育者たちが、図2の写真を用いて行ったリフレクションについて検討する。

「この写真を見て、先生ならどのように声かけをしますか？」まず考えてもらう。それぞれの考えを共有することで、園として対応を考えていく。

考察

　保育者がどのように声かけをするかは、その保育者が左側の女の子の行為、さらには右側の二人の行為をいかに捉えているかを示している。そして、この行為の捉え方は、「棚」がどのような場所であり、その場所はいかに使われるべきか、そして大人が想定している用いられ方がしなかった場合にその事実をいかに受け止めているかという点で、保育者の保育観に大きく関わっている。普段の保育実践の中では潜在化している保育観をリフレクションによって顕在化し、互いの保育観のすりあわせ、園としての対応の話し合いを行っていくことで、保育環境の構成の方向性が決められていくこととなる。

【参考文献】

Fred Korthagen and Ellen Nuijten, The Power of Reflection in Teacher Education and Professional Development: Strategies for In-Depth Teacher Learning, Routledge, 2022.

Donald A. Schön, The Reflective Practitioner; How Professionals Think in Action, New York, Basic Books, 1983.

＊本研究の成果の一部は、科学研究費助成事業22K02321「教師の身体知の編みなおしを可能とするリフレクションの手法の開発と検証」（基盤研究（C））による。

就学前施設における「大人の働く場」の環境・運用や保育者の働き方についての事例調査

三輪 愛（名古屋市立大学）
佐藤 泰（名古屋市立大学）
安藤 武司（カムロ）

1．研究の背景及び目的

2017 年に改定された「保育所保育指針」「幼稚園教育要領」「幼保連携型認定こども園教育・保育要領」で「こども主体の保育/教育」への変革が求められるようになって以降、【保育者自身の主体性】の重要性も高まってきたと考える。

他方で「保育業界全体での人材不足」も大きな問題で、主な要因として潜在保育士の存在や早期離職などが挙げられている。こうした課題に対して厚生労働省の調査では、こどもを預かる責任の重さや保護者対応の難しさ、就業時間や休暇取得の問題などからくる健康面の不安なども多く抽出されており、【保育者が活き活きと働ける職場環境づくり】も期待されるところである。

以上より、本研究では「保育者の働く場/働き方の改善」と、それによる「保育/教育の質向上」を目指していくための基礎的なデータ収集を目的として、保育の特徴が異なる 2 園での職員の働き方の実態を捉える行動観察・ヒアリングを行なった。

2．調査概要

名古屋市内の幼稚園/こども園各 1 園において保育者の働き方（＝いつ・どこで・何をしているか）を調査した。それぞれの園は下記表 1 のような異なる特徴を持つ。

表1　調査対象園の概要

B園		O園
幼稚園	施設種別	幼保連携型認定こども園
54人/8人	園児/保育者数	87人/26人
学年別　各学年1クラス（満3・3・4・5歳）	その他基本情報	異年齢保育（2・3・4・5歳）（乳児はグループ保育）
一人担任		複数担任・シフト制
一斉保育		コーナー保育・選択保育
保育室職員室（更衣室併設）	保育者が関わる部屋	保育室事務室会議室休憩/更衣室

調査方法は各園の特徴に合わせた。B 園は一人担任による一斉保育を行なっており、担任を持っている保育者の働き方はほぼ同じであると考えられるため、調査を行なった 2 日間（1 日目＝朝～昼、2 日目＝昼～夕）ともに 4 歳担任の保育者の行動を記録し、担任を持つ保育者の 1 日の動きを把握した。一方、O 園は複数担任・シフト制であるため、保育者ごとに働き方がかなり異なる。そこで、業務の拠点である事務室と幼児保育室の行動観察調査を 2 日間行ない（1 日目＝昼～夕＠事務室、2 日目＝朝～昼＠保育室）、園全体での保育者の動きや設備の使われ方を把握した。さらに、観察することができなかった場所・時間の様子を捉えるため、両園でヒアリング調査を行なった。

3．調査結果

調査から分かった両園の特徴を、観点毎に以下にまとめる。

【保育以外の業務（保育時間中）】

・**B園**：一人担任による設定保育のため、保育時間中は保育以外の業務は見られなかった。

・**O園**：複数担任・選択保育であることにより発生する保育者の手隙きのタイミングで、個人作業をする様子が見られた。

【保育以外の業務（保育時間以外）】

・**B園**：こどもの登園前/降園後に個人作業・打合せをしていた。

・**O園**：保育時間の合間に、個人作業や打合せ等のために「ノンコンタクトタイム」として計画的に時間が充てられていた。

【個人作業の時間・場所と内容】

・**B園**：個人作業はこどもたちの降園後に行なうため、作業内容や気分によって自由に場所を使い分けていた。例えば、PC での事務書類作成や書き物は職員室の個人席で行ない、広い床面での方が作業しやすい制作の際や一人になりたい時などには教室で行なう、といった使い分けがあることが分かった。

・**O園**：保育室や事務室、会議室で行なわれていた。それぞれの場所の個人情報の取扱い可否や集中のしやすさに合わせて作業を選んでいた。例えば、保育中に手が空いた保育者は保育室内で比較的時間のかからない書き物や掲示物作りをし、ノンコンタクトタイムに時間のかかるお便り作成や個人情報を取り扱う作業をしていることが分かった。

【保育者同士の関わり】

・**B園**：保育中は各自別の保育室に居るため、保育者同士の関わりはほぼ見られなかった。保育時間外には他の保育者に話を聞いてほしいという声が多く、こどもたちの降園後には職員室に集まって個人作業をする中で自然に会話が発生していた。

・**O園**：複数担任・シフト制のため、保育中に他の保育者と関わる。また、職員数が多いので休憩中も複数人で空間を共有する。保育時間外は一人になりたいという保育者が多く見られた。

4．まとめ

今回調査を行なった 2 園を比較すると、保育者の働き方はそれぞれの園の特徴によって大きく異なることが分かった。

【個人作業の時間・場所と内容】の面では、幼稚園⇔保育園、一人担任⇔複数担任、一斉保育⇔選択保育といった保育の行ない方の違いによって、個人作業・休憩時間の取りにくさや、こどもがいない時間の長さに影響を受けて利用場所および作業・休憩タイミングの選択肢・多様性が異なる様子が確認できた。

保育時間外の【保育者同士の関わり】の面では、職員数や一人⇔複数担任といった職員の配置や休憩時間の有無などの違いによって、保育者同士の交流機会を求める声と、一人になれる時間が欲しいという声の双方がある実態が把握できた。

今後の展望としては、本研究で得られたような園の特徴をさらに詳しく、多くの事例を対象に捉え、その特徴ごとに有効な物的・人的環境整備の方法や施策の検討を進めたい。

保育者が観察する保育中の幼児の基本的な動き

篠原俊明（共栄大学・日本体育大学大学院）
長野康平（比治山大学短期大学部）
堀内亮輔（東京女子体育短期大学）

Ⅰ．緒言

児童の体力・運動能力の低下問題は、幼児においても同様の傾向にあることが報告され（森ほか，2008）、日本学術会議（2017）は、このような体力・運動能力の低下の原因として、基本的な動きの未習得を挙げ、幼少年期における習得の重要性を指摘している。また、2017 年に改訂（改定）された幼稚園教育要領（文部科学省，2017）、保育所保育指針（厚生労働省，2017）および幼保連携型認定こども園教育・保育要領（内閣府ほか，2017）の領域「健康」の「内容の取扱い」においては、「多様な動きを経験する中で，体の動きを調整するようにすること」が新たに付け加えられ、基本的な動きへの関心は高まっており、幼児が様々な動きを経験できるような保育・教育が求められている。

幼児が経験する基本的な動きを捉えた研究としては、自由遊び場面や運動遊び場面などを直接観察もしくは映像観察を行い、出現した基本的な動きをカウントする方法を用いて、幼児がどのような基本的な動きを経験しているのかを明らかにした研究がある（油野，1998；長野ほか，2019；真砂，2018；篠原ほか，2020）。一方，この測定方法は，測定のために膨大な時間が必要であり、サンプルサイズや観察頻度，1 回あたりの観察時間などの限界があることも事実である。簡便に幼児が経験する基本的な動きを捉える方法として、吉田ほか（2015）が実施する質問紙を用いた方法がある。吉田ほか（2015）は質問紙を用いて、保育者に幼児が日常的に経験する基本的な動きを評価させ、動きの状況を捉えているが、この研究は幼児ひとり 1 人ではなく、クラス単位で経験する基本的な動きの報告となっている。幼児が様々な基本的な動きを経験できるような保育実践を行うためには、幼児ひとり 1 人を対象として、保育中に幼児が経験している基本的な動きをより詳細に捉える必要がある。

Ⅱ．目的

幼児が保育中に経験する基本的な動きの状況を、担任保育士による評価から明らかにすること。

Ⅲ．研究方法

1．対象

東京都内の公立保育園に勤務し、幼児クラスを担当する保育士 6 名を対象とした。2022 年 12 月から 2023 年 1 月にかけて実施した。

2．方法

留置法による自記式質問紙調査

3．保育中に経験する基本的な動きの評価

保育中に経験する基本的な動きの評価は、担任保育士が主観的に評価を行った。基本的な動きは、中村（2011）、真砂（2018）、長野ほ（2019）、篠原ほか（2020）を参考に、保育士数名と協議を行い、平衡系 8 種類，移動系 8 種類，操作系 21 種類の計 37 種を設定した。

基本的な動きの評価は、担任保育士に対して、幼児ひとり 1 人について評価を求めた。具体的には吉田ほか（2015）を参考に「最近の 1 週間で、日常生活や運動遊びの場面において、どの程度の頻度で基本的な動きを経験している姿がみられましたか」に対し 37 種類の基本的な動き一つひとつについて「まったく見られない」「見られた日が 1〜2 日」「見られた日が 3〜4 日」「ほとんど毎日見られた」の 4 段階で評価させ、1 点から 4 点の得点を付与した。なお、保育士に基本的な動きをイメージさせるため、質問紙とは別に基本的な動きのイラストを添付した。

4．統計解析

性差および性別の学年差を検討した。性差の検討では t 検定を実施し、学年差については一要因分散分析を実施し、有意差が認められた場合は、多重比較検定（Bonferroni 法）を行った。統計上の有意水準はすべて 5%未満とした。

Ⅳ．結果

「たつ」、「あるく」、「はしる」など、全ての幼児において「ほとんど毎日見られた」と回答された動きが確認された。性差について比較した結果、操作系動作において複数の動きに有意差が認められ、男児が高値を示す動き、女児が高値を示す動きがそれぞれに確認された。

学年差について比較した結果、男児女児に関わらず、平衡系動作、移動系動作、操作系動作において複数の動きに有意差が認められ、年少児が高値を示す動き、年中児が高値を示す動き、年長児が高値を示す動きがそれぞれに確認された。

Ⅴ．考察

「たつ」、「あるく」、「はしる」など全ての幼児がほとんど毎日経験している動きが存在することが確認された。これまでに自由遊びや運動遊びにおいて出現する基本的な動きを捉えた一連の研究（武田・赤木，2010；真砂，2018；篠原ほか，2020）においても、活動するうえで必然的に出現する基本的な動き（例えば、「たつ」、「あるく」など）が存在することが報告されており、本研究の結果はこれを支持するものであった。

一方、性によっても、学年によっても保育中に経験する基本的な動きが異なっている。経験する基本的な動きは遊び内容に影響されることから（篠原ほか，2020）、遊び内容が影響した可能性がある。性や年齢（発達段階）によって、遊び内容が異なることが予想でき、今後は、遊び内容を含めて動きを捉えていくことが求められる。また、性や発達段階、遊び内容を鑑みた保育実践を行い、基本的な動きの観点から実践を検討することも必要となる。

就学前保育施設における園庭整備のプロセスに関する研究
―職員が参画する整備を事例として―

石垣文（広島大学大学院先進理工系科学研究科）
下村一彦（東北文教大学人間科学部）
佐藤将之（早稲田大学人間科学学術院）

1．背景と目的

　就学前保育施設における園庭は、子どもが日常的かつ継続的に占有して活動ができる重要な空間である。かつてはひらけた平坦な遊び場というのが園庭の一般像であったが、近年では、子どもがより意欲的に創造的に過ごせる場としての園庭を求めて、整備を行う園が散見される[1]。また今日の施設では、職員自らさらには保護者も交えた保育環境づくりの実践がひろまりつつある[1,2]ことも指摘される。そこで本研究では、職員が関わって園庭整備を行う施設を対象に、園庭整備のプロセスの特色を捉えることを目的とする。

2．調査の方法

　調査の方法は表1に示す通りである。

3．園庭環境の物理的特性と整備のプロセスとの関係

　園庭環境は多様な要素から成り立つが、その物理的な特性は季節や時間、活動内容にも左右される。そこでここでは普遍性の高い特徴として、「遊具が複数設置されており、それらが多様な身体の使い方や身体感覚、人との関わりをうみだすものとして機能している（遊具多要素）」、「水や植物、生物からなるビオトープ」、「ひらけた平坦な遊び場であるグラウンド」の3要素に着目する。次に、整備のプロセスについて分析すると四つの型に分けることができる。まずは園舎の建て替えを契機に、造園業者や建設業者も参画して園庭の構想を作成し園庭を整備した「建て替え契機業者参画型」、次に職員が主体となって計画の立案から整備までを進めてきた「職員主体型」がある。また、子どもの園庭環境に対する興味関心をプロジェクトとして発展

させ、それを進める過程で多職種の人々も参画して整備を進めてきた「プロジェクト中心多職種参画型」、保育や教育、建築等の専門家が参画して園庭環境やそこでの保育・教育に関する研修も交えながら整備を進めてきた「専門家参画研修蓄積型」である。整備における主テーマと整備のプロセスの二つの視点からみると、調査施設は表2のように位置づけられる。

4．事例にみる整備プロセスの特徴

　ここでは、対象施設のなかでも園庭整備が継続的に行われてきた2施設を取りあげ、そのプロセスの特徴を明らかにする。

　NS園は、面積940㎡の園庭を持つ。2014年に整備を始める前は、グラウンドが中央に、周縁部に鉄製遊具や樹木のある園庭だった。調査時点ではビオトープ型の特徴を持っている。整備はビオトープというテーマをプロジェクトとし、その深化が計られてきた。整備の着手期は、子どもの「どうして幼稚園のまわりにツバメは来るのに、幼稚園には来ないのか」という疑問に端を発し、子どもと職員がビオトープ池づくりに取り組んだ。その後、地域の里山や里山管理団体との出会いを通じて、施設と自然環境や教育関係の協力者が一堂に会する「ビオトープ会議」を発足させたことがプロジェクトの深化を支えている。これを機に、子どもと職員は動植物とその生息環境に関する学びを深めていった。その後、ビオトープ池の環境悪化が生じたことや子どもからのビオトープ池拡大要望を受け、園と協力者がさらなる学びを行い、保護者や卒園児、近隣大学の学生等も加わってビオトープ拡張を実現させているように、地域人材の参画も特徴といえる。

　HT園は、面積340㎡の園庭を持つ。2016年に整備を始める前は、中央にグラウンドが、周縁部に鉄製遊具や樹木のある園庭だった。調査時点では築山や多数の木製遊具、泥場や砂場、回遊コース等から成る遊具多要素型の特徴を持っている。研修には教育と建築の専門家が参画し、整備は更に保護者や地域の人も加わる。身体移動を伴う等の大型遊具の設置、じっくり遊び込める拠点的遊具・居場所の設置、道具棚や水場、植栽の整備など異なる要素の整備を、全体像の下バランス良く展開してきた。整備により起きた子どもの変化や職員の学びを研修の題材に、次の整備を構想・展開するため、設置した遊具の撤去も行われることが新たな整備を産み出すことにもつながっている。また、整備を通じて職員の環境に対する気づきが深化し、保育の展開の質的な変化にもつながっている点が特徴である。

表1．調査の概要

調査対象と事例の選定方法	調査時点より過去五年以内に園庭整備を行ってきた施設で、①園庭環境に関する受賞歴がある施設、②園庭に関する研修を実施または参加している施設、③①と②の園が園庭整備に関して参考にしてきた施設、のうち少なくとも一つに該当する施設を選定した
対象施設数	20施設
調査期間	2018年8月～2022年7月
調査内容	園への訪問および施設管理者へのヒアリングを行った。ヒアリング項目は次のとおりである。施設の基本属性、園庭整備の経緯・内容・実施者・プロセス、整備後の変化、今後の課題

表2．整備における主テーマと整備プロセスとの関係

		整備における主テーマ		
		遊具多要素	ビオトープ	グラウンド
整備プロセス	建て替え契機業者参画型		SA　MG / IN	
	職員主体型	HN	TK　IF	AK / SE
	プロジェクト中心多職種参画型		KE　MT / NS	
	専門家参画研修蓄積型	SZ HT / MS DN / IZ OB　TT	HK / OK	

＊ローマ字は施設名を表す

謝辞
本研究の実施にあたり調査にご協力下さった関係各位に感謝申しあげます。本研究はJSPS科研費 JP18K02483の助成を受けたものです。

参考文献
1）木村歩美、井上寿：子どもが自ら育つ園庭整備　挑戦も安心も大切にする保育へ、ひとなる書房、2018　2）佐藤将之：思いと環境をつなぐ保育の空間デザイン　心を育てる保育環境、小学館、2020

保育環境に関する学習方法の提案（2）
—子どもと保育者の思いの重なりの分析—

倉盛美穂子（日本女子体育大学体育学部）
上山瑠津子（福山市立大学教育学部）
光本弥生（広島修道大学人文学部）
渡邉真帆（福山市立大学教育学部）
弘田陽介（大阪公立大学文学研究科）

【問題・目的】

　乳幼児期の保育は，「環境を通して行う」ことが特徴である。環境を通した保育を展開することは保育者の重要な役割だが，初任者や保育志望学生は難しさを感じている（倉盛，2021）。

　環境を通した保育を具体的に捉える枠組みとして，保育の展開過程をベースにしたモデルがあり（高山，2021；田爪，2006），幼児教育の理論と整合する。しかし，保育者・教師から子どもへの関わりを主軸とした教授パラダイムに関するモデルであるため，教科書のない保育ならではの「子どもと保育者と環境とのダイナミクス」を網羅する視点は含んでいない。

　倉盛・渡邉・光本・上山・弘田（2023）は，子どもと保育者と環境とのダイナミクスを網羅できるような枠組みを考えるにあたり，「拡張的学習（Expansive Learning）」「活動理論」「ノットワーキング」の考え方（Engestrom，2001）を参考にして，環境を通した保育を考える枠組みを考案した（図1）。「拡張的学習」は，個に焦点を当てて学習を考えるのではなく，個が属する活動コミュニティの変化から学習を捉えようとする考え方である。人の行為は常に媒介物（道具）から対象に向かうというVygotskyに理論的源泉がある。「拡張的学習」が生起する具体的な枠組である「活動理論」や「ノットワーキング」の考え方は，近年学校や職場で生じる学びの説明に活用されている。教育の場の構造は，教師が直接子どもと関係するのではなく，教師と子どもの間に環境や活動内容が介在していると捉えることで，教師や子どもの道具の捉え方や対象への関わり方の違いが，学びにつながるのである（中村・古海・松村，2011；白數，2021）。

　そこで本研究では，初任者や保育者志望学生が，環境を通した保育を学習する方法として開発したケースメソッド教材を用いた学習の有効性を検証することを目的とした。ケースメソッドは図1のモデル図に基づき開発した。本発表では，授業参加者の学生が，図1のモデル図に基づきながらケース教材を分析し，グループディスカッションを行うことで，同じ環境にいる保育者と子どもの思いの重なりをどう捉えていたかを報告する。

【方法】

　ケースメソッド教材　「遊び 学び 育つひろしまっ子！」教育保育実践事例集（広島県教育委員会，2018）の中の2才児の事例（「パン屋さんごっこ　いらっしゃいませ！はいどうぞ」）と3才児（「私の長靴！」）を用いた。

　実施方法　F大学では「保育者論」，H大学では「保育実践演習/教育実践演習」において，著者らが作成したケースメソッド教材を用いた事例検討型の授業を3コマ実施した。授業は，保育環境としての道具に着目し，活動の展開の中での役割を理解することと保育実践を分析することを通して，子どもと保育者がともに主体となって創り出す保育の展開を理解することをねらいとした。授業用ワークシートは3種類（個人用2種類，グループ用1種類）用意した。

　授業の受講者は，保育者養成課程に在籍する学生70名（F大学2年生52名，H大学4年生18名）だが，今回の発表は，グループワークシートの該当部分全部（各場面）に回答した受講者（2才事例19名，3才児事例46名）が対象者である。

【結果及び考察】

　事例内容の場面（2才児の事例は5場面構成，3才児の事例は4場面構成）ごとに，子どもと保育者の思いや意図が一致しているかどうかを尋ねた結果を以下に示す。場面ごとに$\chi 2$検定を行ったところ，両事例ともに場面1では一致の判断は少なく，2才児事例では場面3・4・5において，3才児事例では場面2・3・4において一致の判断が多かった。事例分析を通して，学生は場面が進むにつれて子どもと保育者の思いが重なっていくことを読み取っていたことが伺えた。子どもや保育者が，環境（道具）をどのように使ったことが，思いや意図の共有につながるのかを明らかにするのが今後の課題である。

表1　子どもと保育者の思いの一致の判断（2才児事例）

	一致	一部一致	一致せず	
場面1	2	10	7	p<.10
場面2	9	6	4	ns
場面3	18	0	1	p<.01
場面4	18	1	0	p<.01
場面5	17	2	0	p<.01

表2　子どもと保育者の思いの一致の判断（3才児事例）

	一致	一部一致	一致せず	
場面1	3	7	36	p<.01
場面2	44	1	1	p<.01
場面3	46	0	0	p<.01
場面4	37	6	3	p<.01

付記
本研究は，JSPS科研費 21K02336 の助成を受けたものである。

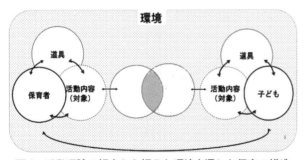

図1　活動理論の視点から捉えた環境を通した保育の構造
（倉盛・渡邉・光本・上山・弘田，2023）

沖縄の保育施設にみるシーサー観・地域観・実践観の関連性

境愛一郎（共立女子大学）
天願順優（コスモストーリー保育園）

1．問題と目的

保育施設の形態や実践は、その施設が在る地域の特色と密接に関係している。保育所保育指針解説（厚生労働省，2018）では、各種の実践展開において、地域の伝統文化や祭り等の行事を積極的に取り入れることが提唱される。園舎計画についても「地域の歴史、伝統等を考慮したシンボル性を有し、また、地域の景観と調和するように設計することが望ましい」とされている（文部科学省,2018）。ところで、祭りを始めとした地域行事には、祈願や奉納としての意味を持つものがあり、伝統的な建築様式やシンボルには、魔除け等の意味を有する例が散見される（常光，2019）。したがって、地域の特色を取り入れることは、その土地の土着信仰あるいはコスモロジーに対する接近へとつながり、単純な教材論を超えて、各施設を構成する価値観とその成り立ちを理解するヒントになり得る。

地域固有の文化、シンボルとして、沖縄諸島に伝承されるシーサーがある。十三世紀から十五世紀ごろに沖縄に伝来したシーサーは、琉球王朝で受容されたのち、村落の守護神、魔除け、火返しとして全島に広がり（SHISA編集委員会，2003）、今日では、官民を問わずあらゆる建物の屋根や門柱に見られ、マスコットキャラクターや土産物、工芸品としても定着している。那覇市などが都市景観政策の一環として、建物へのシーサーの設置を奨励することも普及の一因と考えられる（那覇市，1994）。しかし、現在のように一般家庭などにもシーサーが見られるようになったのは第二次大戦後であり、設置の方法や意味付けにも多様性がみられる（山里，2019、今林，2022）。また、設置率は、首里地区全体で約14％程度であることが明らかにされている（宮内・大朝，2014）。以上に鑑みれば、シーサー自体は沖縄に根付いた文化ではあるものの、その解釈には多少の個人差があり、設置は選択的な行為といえる。つまり、建物のシーサーには、設置者の価値観等が反映されていると考えられる。

以上を踏まえ、本研究では、園舎内外にシーサーを設置する沖縄の保育施設に着目し、設置に至る経緯やデザイン等の意図、実践的位置づけなどを検討することを通して、個人や組織に通底する価値観を明らかにする。具体的には、シーサー観、地域観、実践観等の間の関連性について考察することを目的とする。

2．研究方法

（1）データの収集方法

縁故法により、園舎内外にシーサーを設置する私立保育所5園に協力を依頼した。事前調査としてシーサーの設置数や設置理由を問う簡易な質問紙調査を実施した（2021年11月）。次に、実際に施設に訪問し、施設長などの設置者（または準設置者）に対して、より詳細な設置理由、デザイン上のこだわり、実践における位置づけ、その他沖縄文化の捉え方などについて訊ねるインタビュー調査を実施した（2022年9月）。

（2）データ分析の方法

録音したインタビューデータ（平均約64分）を文字に起こし、質的テキスト分析法（クカーツ，2018）を援用して分析した。それぞれの語りをコードとそのカテゴリーによって整理し、相互に比較することを通して各園の個別的特徴を検討した。

3．結果と考察

各園のシーサーの概要と意味付け等を整理したものが表1である。結果、シーサーの設置経緯や意味付けと地域観、実践観に関連性が示唆された。例えば、建物固有の守護や象徴としてシーサーを置くA園長は、シーサーを設置する一般家庭の縮小を危惧し、実践においてそうした意味の承継を意図していた。一方、「魔除け」や「沖縄のシンボル」とみるB園長は、地域のいたるところにシーサーの存在を発見し、生活を通した自然な承継に委ねる立場をとっている。また、シーサーを「地域との絆の証」と考えるC園長は、人からもたらされたものを置くことを重視し、地域と積極的に連携した園運営、そうしたなかでの子ども、職員への文化の承継が信条として語られた。D園のシーサーも、懇意にする焼物工房や地域の学童からもたらされたという経緯があり、同様に保育全体で地域とのつながりが重視されていた。また、設置場所が門上から玄関に変更されたことで、子どもの「身近な探究対象」など親しみ深い存在となったという。E園のシーサーは「卒園児の足跡」であり、今日的な意味付けは薄い。ただし、E園は海人文化に対してより接近しており、それらが同園の実践を形成するものとなっていた。

4．総合考察

保育施設のシーサーは、地域やその文化に対する個人または組織の認識やスタンスを体現する存在である可能性が示された。今後、協力園の幅を広げ、調査を継続していく方針である。

表1　協力園のシーサーの概要と意味付け等の抜粋

	所在地	設立年	シーサー設置数	シーサー設置場所	シーサー設置年	製作者（提供者）	設置のきっかけ	シーサーへの意味付け	地域への意識	実践上の位置づけ
A園	読谷村	1980	2	屋根	2013	専門工房	建物からの触発	園の守護神 家と家族の象徴	伝統文化の縮小	本質的意味の承継
B園	うるま市	1981	10	正門 駐車場	1981	建築会社 市販品	自然のなりゆき	魔除け 沖縄のシンボル	いたるところにシーサー	自然な承継
C園	浦添市	1978	3	正門 玄関	2014	地域住民 園児祖母 市販品	地域からの寄贈	地域との絆の証	いちゃりばちょーでー 保育資源の宝庫	保育者ごとの承継 自然な承継
D園	八重瀬町	1981	2	玄関	1999 2011	専門工房 学童の子ども	前園舎から継承 地域からの寄贈	身近な探究対象 暮らしの原点	文化の伝承者 保育資源の宝庫	地域と連携した承継
E園	八重瀬町	1979	18	外壁	2001	親子で作成	卒業制作	卒園児の足跡 海人のまち 保育資源の宝庫	地域と連携した承継

多国籍ルーツを持つ子どもと保護者支援について―スウェーデンのプロジェクト調査から

浅野由子（日本女子大学）

和田上貴昭（日本女子大学）

1. 日本における移民受け入れの状況

近年、労働力不足解消のための国の取り組みの影響もあり、日本に定住し就労する在留外国人の数は増加傾向にある。在留外国人者数を国籍・地域別に見ると、中国が 76 万 4,720 人と最も多く、在留外国人全体の 28.0％を占めている。以下、韓国 44 万 9,634 人（16.5％）、ベトナム 33 万 835 人（12.1％）、フィリピン 27 万 1,289 人（9.9％）、ブラジル 20 万 1,865 人（7.4％）の順となっている。外国人労働者の産業別に就労状況をみると、雇用者のうち「正規の職員・従業員」の割合が 45.9％、「労働者派遣事業所の派遣社員」は 13.4％、「パート・アルバイト・その他」は 40.7％で非正規雇用の割合が高いことがわかる[1]。また国別に状況は大きく異なり、フィリピンおよびブラジルの正規雇用の割合はそれぞれ 26.9％、33.4％と低い状況である。また産業別就労者の割合は出身国によって異なる。日本国籍をもつ人と比べて外国にルーツのある方は製造業の占める割合が共通して高い傾向にあるが、出身国により就労状態や日本での生活状況、収入は異なる。日本における外国人労働者の受け入れについては、日本人の移民受入に対する抵抗感から国はこれまで積極的な取り組みを行ってきていない。1990 年の「出入国管理及び難民認定法（入管法）」改正にでは、日系ブラジル人等の中南米からの労働力の受け入れという制限つきの取り組みであった。近年の外国人労働力の急増の要因となる 2009 年および 2019 年の入管法改正においても、移民労働者としての位置づけを行われていない。日本の移民政策は、労働力のみに焦点を当て、その人達の生活に対する保障は十分ではない状況にある。そのため外国人労働者の生活に対する保障は不十分な状況にあり、支援の必要性が指摘されている。

2. 外国にルーツのある家庭への支援

在留外国人の子育て家庭の数が増加している中、子育て環境や子ども達の進路選択に悪影響が生じている。外国にルーツのある子育て家庭に対する保育サービスにおいても、日本では国レベルでの公的な支援が十分とはいえない状況である。保育所等の就学前保育施設における保育および保護者支援において、大きな課題としてあげられているのは、「コミュニケーション」に関する課題である。保育所保育士を対象とした調査では保育者が保育所の連絡事項を「伝える」ことに意識を向ける一方、保護者から「聞く」ことに意識が低いとの結果が出ている[2]。保護者との相互理解においては、言葉だけでなく、文化により認識の仕方が異なるため、異文化の子育て家庭への支援を行う際には、その点を意識して、「コミュニケーション」を十分にとることが求められている。また、外国にルーツのある子育て家庭は言葉や生活習慣等において生活上の課題が生じやすいことも知られている。多様な背景を持つ子育て家庭に対して、保育所は個々に工夫した対応を行わざるを得ない状況がある[3]。

3. 保育所の課題と今後の展望

このように日本社会において、外国にルーツを持つ子どもや保護者に対する支援の需要が年々増加している。保育所や幼稚園、認定こども園において、多文化保育を提供する人的環境や物的環境を整備することは急務であり、新しい時代に適した保育「環境」を整備していくことは急務である。保育所保育指針第 4 章では、「外国籍家庭など、特別な配慮を必要とする家庭の場合は、状況等に応じて、個別の支援を行うよう努めること」と、多文化共生保育の重要性が謳われている。また幼稚園教育要領の領域「環境」[5] の内容（6）には、「日常生活の中で、我が国や地域社会における様々な文化や伝統に親しむ」と今後は、国際的な視点から多国籍の保護者や地域の人材を交えて、様々な文化や伝統に触れる機会を設けることは、重要である。しかし、前述のように、日本の保育現場においては、保育士が、外国にルーツを持つ子どもと保護者との相互理解が十分にできていないという課題がある。今後対象となる就学前施設においては、自治体からのボランティアや専門職員の配置等、他機関との連携をしていくことが必要不可欠となるであろう。

そこで、本ポスター発表では、約 200 か国の言語を母国語として持つ、移民を受け入れている先進国、スウェーデンに着目した。中でも、多国籍ルーツを持つ子ども達や保護者への支援を、文化と言語の専門委員（Kultur och Språk pedagog）を置くなどして、スウェーデン語を母国語としない子どもの支援を行う仕組みがあるウプサラ市の保育所とウプサラ大学のEUエラスムス＋プログラム（キーアクション 2 戦略的パートナーシップ　2017-1-SE01-KA203-034587）の KINDINMI プロジェクト[6] を調査し、日本の就学前施設における統合保育の課題や可能性について検討する。

【参考文献・注】

1) 総務省統計局(2016) 平成 27 年国勢調査

2) 和田上貴昭・乙訓稔・松田典子・渡辺治・髙橋久雄・三浦修子・廣瀬優子・長谷川育代・髙橋滋孝・髙橋智宏・髙橋紘 (2017) 外国にルーツをもつ子どもの保育に関する研究. 保育科学研究, 8. 16-23

3) 和田上貴昭 (2022). 外国にルーツのある保護者への支援：保育所保育士の調査から. 子ども家庭福祉学 Vol.21, 1-10.

4) 厚生労働省 (2016) 保育所保育指針

5) 文部科学省 (2017) 　幼稚園教育要領

6) The Kindergarten as a Factor of Inclusion for Migrant Children and their Families(KINDINMI)

https://www.edu.uu.se/collaboration/kindinmi/

大学内子育て支援施設の研究（1）－地域にある大学の特性を生かして－

内藤知美（田園調布学園大学）　　安村清美（田園調布学園大学）
斉木美紀子（田園調布学園大学）　番匠一雅（田園調布学園大学）
仙田考（田園調布学園大学）　　　舟生直美（田園調布学園大学）

１．問題の所在と研究目的

　急速に進展する少子化を前に、子育てという営みを「私の領域」に限定せず、子育てへの関心とかかわりを通して、地域社会に子育ての拠点（居場所）を作り、子育ての支援を受けた人が、地域（ここでは「まち」と呼ぶ）への愛着を育み、そこでの経験を基軸に、自ら子育てに参画する人としてつながり、住民が子育てを支援する「まち」を育てていくという循環を生み出す社会の構想が求められる。先行研究は、子育て支援には「安心して育児ができる地域づくり」が有効であり、「子育てに関わる孤独感の予防、軽減に向けて、・・中略・・育児について安心して話せる人や場所を持てるような地域の環境づくり」が必要であると指摘している。ここでは、郊外の地域社会であるK市A区をフィールドとし、基礎研究として子育てに関わる「親のニーズや地域の実情」をより細やかに捉え、地域特性に相応しい大学の資源を生かした子育て支援の実践について論じることを目的とする。

２．研究方法

１）行政資料・フィールドワークによる子育て支援の実態調査および4地域（まち）の比較による調査

　大学内子育て支援施設を開設するにあたって、地域（まち）にある大学の特性を生かした子育て支援を行うことを目指した。まず地域の特徴を捉えるために、①行政資料・フィールドワークによるK市A区の子育て支援事業の理念、構造を含む実態調査を行った。②K市A区の特徴をより明確に見出すため、郊外都市の4地域間比較を行った。K市が所在する首都圏の自治体で、人口・世帯・生活スタイルに近似性があり、かつ子育てに先駆的な取り組みを行っている4地域（K市A区を含む）の子育て家庭や支援の実態を比較し、K市A区の子育て家庭、子育ての実態、子育て支援のニーズや今後の可能性を捉えた。

２）１）の基礎研究を下に、大学内子育て支援施設を開設し、子育て支援の実践を通じたニーズを検討した。

３．結果および考察

１）4地域（まち）の比較による、K市A区の子育て支援の調査結果

①「規模の小さい単位の身近な子育て・子育て支援の場（居場所）を創出する」

　K市A区の子育て家庭の特徴として、子育てに関わる状況の把握や問題意識が稀薄であり子育て支援施設等の利用頻度や支援施設に対する認識が低く、子育て中の居場所や情報へのアクセス方法の選択肢が少ないことから、孤立型の「閉じた子育て」に陥りやすい危険性を孕んでいることが示された。子育て支援のニーズはあるが、「空白」となっている地域を捉え、子育て支援グループの参画を促し、身近で、互いの顔が分かる「小さな単位」での支援の場（居場所）を創ることが求められる。

②「子育て初期からの積極的働きかけと子育てを学びあう子育て支援センターの機能の充実を図る」

　K市A区では保護者の就労意識の高さも特徴の一つと言える。このことを勘案し、保育所での子育て相談、子育て支援センターの活動の紹介など、保護者向けに「子育てを学び合う」機会を増やすことや子どもとの良い関係を育むために一時預かり等の機能を充実させていくことも必要である。

③「まち（地域）にある社会資源を掘り起こす」

　地域との接点が少なく、子育ての困難感が増す懸念があることに対して、社会資源としての「子ども会・町内会」が子どもや子育て家庭への生活スタイルを考え、参加しやすいイベントや場を創出し、公民を含む各団体がネットワークでつながり子育て支援への施策を実施することで、「まち」が子どもを育てるという意識を醸成していくと考えられる。

④「地域子育てコーディネーターを配置する」

　子育ての孤立化による「閉じた子育て」は悩みや不安が表出されにくく、他者の助けを借りない危険性がある。そこでまち（地域）が子どもを育てるために、地域を知り、親子と地域の人をつなぐ役割を担う「地域子育てコーディネーター」を配置し、公の支援の隙間をつなぐ民間の活動をより充実させ、子育てのセーフティネットをよりきめ細やかにしていくことが、必要である。

２）大学における子育て支援の実践

①基礎研究を踏まえた構想「DCU子どもひろば：みらい」

　基礎研究を踏まえ、本学学内に子育て支援室「DCU 子どもひろば：みらい」を地域の親子に向けて開室した。支援室は、1階に位置し、駐車場の使用を可とした。運営にあたりひろば型とイベント型で実施し、人的環境としては、保育士（本学卒業生）、本学教職員、公認心理師をスタッフとして配置し、さらに本学学生（学部、院生）も参加する形で実施した。実施概要は以下の通りである。まず通常開室（予約制）が2022年10月～12月にかけて5回、次にイベント型として、学園祭（予約無）時に2回、けろけろ田園チャイルド（A区との連携事業、予約制）が2回である。利用状況は、1日8組を上限とした通常開室で合計大人29人、子ども32人（延べ人数）であった。また、申し込みの予約はすぐに埋まり、リピーターも多いことから、利用したいが、できていない希望者は少なくないと思われる。

②アンケート結果からの利用者のニーズ

　低年齢の親子の利用が多いことから、子育て初期からの積極的働きかけへの期待が読み取れる。開室中には、保護者同士の会話が弾む様子が見られ、利用者のアンケートからは「学生や保育者、教員、異年齢での交流ができる場が刺激的でプラスになる」という回答も得られた。また、子育ての相談を気軽にしたいかどうかの質問項目に81.8%がYESと回答した。これらのことから、子育てについて安心して気軽に話せる場、「規模の小さい単位の身近な子育て・子育て支援の場（居場所）を創出する」ことが必要であることが分かった。

３）地域にある大学資源の活用（人・モノ・コト・場）

　本学は、福祉・保育・心理分野で活躍する人材養成の大学として、「ともに学び、ともに生きる」をスローガンに、地域とのかかわりを大切にしている。今後、利用する親子の声を聴きながら、本学の専門性や資源（人・モノ・コト・場）を一層活用し、地域の親子の身近な居場所として出発した小さな子育て支援室に、子育て初期からの積極的働きかけや子育てを学びあう機能を充実させていきたい。

中国0−3歳保育施設の需要現状と展望—湖南省の調査結果をめぐて

沈瑤（湖南大学建築と計画学院　准教授）
林小靖（湖南大学建築と計画学院　修士）
周華君（湖南省新桂未来幼稚園　園長）

目的：改革開放40年間、中国0〜3歳の幼児教育サービスは、国家の重視、保育業界の復興（改革開放から1980年代中期まで）、保育園の縮小、子育ての責任が家庭に戻る（1980年代末から2010年まで）、公共的かつ普遍的なサービスの重視、乳幼児のケアと早期教育サービスのシステムの構築へ取り組み（2010年から現在まで）という3つの主要な発展段階を経験した。現在、中国の0〜3歳の幼児教育サービスには、管轄と監督部門の不明確さ、供給と需要の深刻な矛盾、規範と監督の不足などの問題がまだ残っている。湖南省統計局と国家統計局湖南調査総隊は、湖南省の2021年の国民経済と社会発展の統計公報を共同で発表し、その中で、自然増加率が-1.15‰となったことは、1962年以来省で初めての負の自然増加率です。第7回人口普査のデータによると、湖南省の総出生率は1.34で、出生率は8.53‰であり、それぞれ1.5と11.0‰未満であり、「超少子化」水準に属している。省都である長沙市の乳幼児の保育サービスの発展に重点を置くことが非常に重要である。三人目の子供を持つことが許可された開放政策におけるでは、保育機関の建設と発展が、乳幼児の健康的な成長を促進し、経済・社会の転換に応じて家庭のニーズを満たし、多くの家庭の心配を解消することに役立つ。

方法：アンケートの対象は、主に長沙市の保育施設または幼稚園に通う0〜3歳の乳幼児の親、または子供を持つ意志ある親です。主にオンラインアンケート形式を採用し、異なる学歴、職業、年齢層の親や、異なる月齢段階や性別の乳幼児が含まれていた。アンケートは合計498件発送され、498件が有効に回収され、回収率は100%で、最も年少の子供が0〜3歳であるか、継続的な出産意欲があると選択した親の有効回答184件が選択された。

結果：a保育の需要について、家族構成に関して、異なる家族構成に対する保育施設への意向について分析すると、59%の親が乳幼児を保育施設に預ける傾向があることがわかりました。また、"11. 子供が0-3歳の間に主な世話をする人は[単一選択]" * "17. あなたは子供を保育施設に預けることに傾向があるのか、家族の高齢者に預けることに傾向があるのか[単一選択]"についての交差分析を行った結果、「B. 夫婦と子供で構成される核心家族」の保育意向が最も高く、67%に達しました。これは、夫婦と子供が形成する核心家族において保育施設への需要が非常に高いことを示しており、また、「A. 3世代（または3世代以上）が一緒に生活する複合家族」でも、保育への需要はほぼ半数に達することが明らかにされた。B乳児の看護者に関しては、「11. 0-3歳の子どもの主な世話をする人は？」と「17. 子どもを保育園に預けるか、家族に預けるか？」の質問を交差分析すると、祖父母以外の看護者の中では、父親、母親、両親のいずれも保育ニーズの割合が3分の2に近いことが分かった。c過去の入園経験について、「16. 3歳までにあなたの子どもは保育所などに入ったことがありますか？」と「17. 子どもを保育所に預けるか、家族に預けるかどちらが好ましいですか？」を交差分析すると、明らかに、幼児が保育を経験したことがある家庭の親は、保育の需要が高く、87%に達します。しかし、保育経験がない家庭の親でも50%が「A. 保育所に送る」を選択していることから、保育の需要が膨大であることが明らかにされました。d保護者の学歴について、「7. あなたの学歴[単一選択]」 * 「17. あなたは子どもを保育施設に預けることと、家族の年配者に世話をしてもらうことと、どちらを選びますか[単一選択]」の交差分析を行ったところ、異なる学歴の保護者が保育ニーズを異なると示し、学歴層次が上がるにつれて減少傾向を示した。ただし、「E 大学院修士課程以上」以外のすべての学歴が50%を超えており、学歴が高いほど祖父母の育児への信頼が高く、保育ニーズが低くなると推測されている。e 保護者の職業について、「8. あなたの職業[単一選択肢]」 * 「17. あなたは子供を保育施設に送る傾向があるのか、それとも家族に育ててもらう傾向があるのか[単一選択肢]」を交差分析すると、異なる職業の家長は保育の需要が異なりますが、どの職業でも50%以上である。

考察：中国国務院が「中国児童発展綱要（2011〜2020年）」を提出し、幼稚園とコミュニティを基盤とした、0〜3歳児とその家族に早期保育と教育指導を提供する公益性の普及指導機関を積極的に展開することを提唱している。

中国の幼児保育への提案：(1) 担当部署を明確にし、民生の短所を補うために0〜3歳の早期教育の発展を促進すること (2) 早く0〜3歳の早期教育サービスの規格を確立し、教育の質と公正性を確保すること (3) 家庭の幼児の介護と保育の需要が増加するにつれ、多様化した早期教育サービスの供給側改革を加速し、需要に対応すること。

図1：自然遊び場を設置した調査の幼稚園（2歳児も受ける）

自閉症児とその家族を支援する感覚特性サポートアプリ「YOUSAY」の開発

宮﨑 仁（日本文理大学）

三上 史哲（香川大学医学部附属病院）

岩藤 百香，大姶良 義将，小田桐 早苗，難波 知子，武井 祐子，森戸 雅子（川崎医療福祉大学）

【背景】

　地域で共に暮らす自閉症の子どもたちは、視覚、聴覚、触覚、嗅覚、味覚といった五感や、運動感覚、温痛覚といった感覚に特性を持ち、日常的にストレスにさらされ続けています。しかし、自閉症の子どもたちは、自己表現能力の低さに加え、他者とのコミュニケーションも困難であるため、家族でさえもその辛さを理解することが困難です。ご家族は、学校の先生や専門職の支援者からサポートを受けるために、お子さんの情報を整理して伝えることに苦労しています。

【目的】

　自閉症の子どもに関わる家族、教師、専門職の支援者などの関係者間で情報を共有するために、iPhone を使った感覚特性支援アプリケーション「YOUSAY」を開発しました。このアプリケーションは、感覚特性の診断や評価を目的としたものではなく、日々の記録データから他者に見せるべき情報を選択し、提示（共有）することを目的としています。

【方法・結果】

　YOUSAY の主な機能は、「エピソード記録の保存と分類」「個別性の高い感覚特性の可視化」「わたしのこと」の３つです。

　エピソード記録では、子どもが好きなこと、嫌いなこと、それに対して行った対策などのエピソードを、感覚特性に応じて分類し、日々記録することができます。本アプリでの感覚特性とは、「見る」「味わう」「姿勢を保つ」「聴く」「触れる」「痛み」「におう」です。また感覚特性だけでなく、任意の言葉を登録して，分類し記録できます。例えば、「給食」を登録すれば、給食について整理された情報を学校の先生に伝えることができます。記録されたエピソードは、感覚的な特徴や登録された言葉だけでなく、日付や文章に書かれた言葉でも検索し一覧で表示できます。図１(a)は、毎日記録されるエピソードの一例です。

　図１(b)に示すように、ユーザーが自分の気持ちに対応する質問に「はい」「時にあり判断できない」「いいえ」を選択して回答すると、感覚特性にリンクした部分が色づけされ、感覚特性を可視化するチャート機能を備えています。感覚に関する気持ちは、(1) 好きすぎる、(2) いやすぎる、(3) 反応しすぎる、(4) わからない、の４つのカテゴリーに大別され、それぞれのカテゴリーに４つの質問を設定しています。この４つのカテゴリーの16の質問は、専門家が把握している特性とリンクしているため、相談や情報共有をしやすくなっています。

　最後に、子どもの基本的なプロフィールを記録することができます。氏名、生年月日、緊急連絡先、アレルギー、かかりつけ医などを作成し、任意の順番で設定することが可能です。

【考察】

　現在活用されている紙媒体のサポートブックは、子どもの成長とともに紙の量が増え、情報の整理が課題となっています。

(a) エピソードの記録の例

(b) 感覚特性のチャート記録の例

図１．感覚特性サポートアプリ YOUSAY

　今回開発したアプリケーションは、情報の整理と共有を容易にし、ご家族の取り組みを周囲に伝えやすくするものだと考えています。

謝辞

本研究は JSPS 科研費 22H00996, 20K13942, 19K02659 の助成をうけたものである.

子育て支援を起点とした地域づくりの拠点ネットワークの研究
－A地区におけるケーススタディ

米ケ田 里奈 （東京電機大学大学院 先端科学技術研究科 建築・建設環境工学専攻 博士課程／総合研究所 特任助手）
山田 あすか （東京電機大学 未来科学部 建築学科 教授・博士（工学））

1．研究目的　本稿では，A地区（市区町村単位の行政区画）にて，子育て支援を起点に地域住民の居場所となっている拠点の運営者を対象に，その場づくりへの着想を捉え，担い手が育つ地域づくりへの知見を得る。また拠点を介して形成される人—場所のネットワークを把握し，A地区全体の子育て支援から拡がる地域活動の様相を捉える。

2．調査方法　調査対象事例を6つ選定し，各事例を立ち上げた運営者計8名を調査対象者として，インタビュー調査を行った。運営者へ，①「場づくりに至ったきっかけとなる時点」から②「現在まで」の期間で，場所を介して得た経験を尋ねた。

3．調査結果　運営者が経験した具体的な場所や物事が，運営者の思想や理念，空間づくりに至る構造を整理した（図1）。［こども施設］などの場の経験が子育てや就労との両立，社会的孤立やジェンダーといった社会課題へのはたらきかけに繋がっていることが読み取れる（図1左上）。また，地域活動のキーパーソンやハブが明らかになった（図2）。

4．まとめと考察　運営者が持つ課題意識を核とした開設拠点でのコミュニティ醸成が，地縁の再形成の役割を担い，運営者自身の生活を支えていると考えられる。また，子育て支援の場が，他の支援団体及び拠点との繋がりを持ちながら，地域活動の活性化に寄与している実態が把握できた。

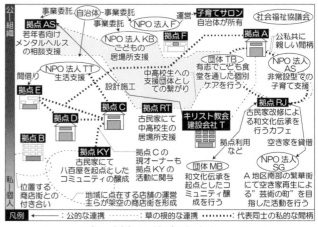

図2　子育て支援から拡がる拠点ネットワーク

図1　運営者の拠点立ち上げに係るきっかけ—理念—場づくりの構造整理

ノルウェーのオープン保育施設に関する一考察
―日本の子育て支援施設との比較の観点から―

松田こずえ(武蔵野大学)

【目的】

本研究の目的は、ノルウェーのオープン保育施設に関して、日本の子育て支援施設との比較の観点から明らかにし、3 歳未満児にとっての多様な保育についての示唆を得ることである。

ノルウェーには、一般的な幼保一体型保育施設、家庭的保育、オープン保育施設の3つのタイプの保育施設がある。ノルウェーのオープン保育施設は、予約せずに親子で好きな時間に登園し、常駐する保育者や他の親子と一緒に、自由な遊び、歌や工作等のプログラムを行う施設である。この施設は、時間に縛られない親子での自由な活用と、常駐する専門性を持つスタッフという観点から日本の子育て支援施設と共通点があるといえる。

女性の就業率、および父親の育児休業取得率が上がり子育ての多様化が進む中、育児休業中の3 歳未満児への保育等、家庭ごとに異なる多様な保育ニーズと、親子で通う保育施設の持つ社会的役割について検討する必要がある。

【方法】

ノルウェーおよび日本の文献資料データをもとに、保育施設の概要及び保育内容、社会的位置づけについて比較検討する。

【結果】

1．ノルウェーのオープン保育施設の社会における位置づけ

ノルウェーの保育施設は、EDUCARE とよばれる教育とケア(養護)を行い、遊びベース、子ども中心の幼児教育が目指されている(国立教育政策研究所 2020)。1～2 歳児の 83.5%、3～5 歳児の 97.1%が保育施設に通い、2021 年時点で 98.6%が通常タイプの全日保育の保育施設、1.4%が家庭的保育施設である(SSB 2022)。またそれ以外の保育施設のタイプとして、総数（117 園 2019）は少ないながらもオープンスタイルの親子保育施設も、保育施設法で定められた教育機関である保育施設の一つとして位置づけられている （Kunnskapsdepartmentet 2017）。

2．ノルウェーのオープン保育施設の概要と内容

ノルウェーでは父親、母親両方の育児休暇制度が充実しているため、育児休暇期間中はほとんどの子どもが全日タイプの保育施設に通わずに父親または母親と過ごしている （Statistics Norway 2019）。オープン保育施設は、子どもに常時保護者が付き添い、事前予約をすることなくいつでも無料で通うことができる子ども向けの施設である。オープン保育施設には、有資格の保育者が常駐し、全日型の保育施設と同様に親子の遊びを見守り、また遊び、歌、絵本、工作などの活動を子どもと保護者と一緒に行う （Adolfsen et al. Citation 2012）。オープン保育施設では、親からの育児に関する相談、親同士の交流、移民の保護者がノルウェー語を覚えるためにも有効な場でもある(Vedeler Citation 2012)。2022 年のアンケート結果によると、オープン保育施設を活用する保護者の満足度は高く、子どもや家庭が抱える多様なニーズに応えるために有効な施設であることが示される(Sabine Kaiser 2022)。

3．ノルウェーの母親在宅子育て家庭向けの現金給付制度

ノルウェーでは、幼い子どもの育児中であることを理由に就業していない母親がいる家庭に対し、公的な現金給付制度があることに特徴がある(竹田 2017)。

4．日本の子育て支援施設の社会における位置づけと役割

一方、日本の子育て支援施設は、主に 0～3 歳の未就園児を対象にし、子どもの発達と保護者の子育てを支援することを目的としている。子どもの遊び場、親の相談、親同士の交流、親への情報提供の場としての役割を担う。予約は必要なく、地域在住の親子が開園時間中はいつでも施設を訪れ、有資格の保育者や専門スタッフの見守りの中、親子で遊び、また他の保護者と交流や、専門家に相談することが可能である (柏木・森下 1997)

日本で初めての子育て支援施設が設立された 1992 年当時と比較して、父親の育児休業取得率と 3 歳未満児の就園率が上がる中で、子育て支援施設の役割も変化してきている(土谷 2021)。

【考察】

ノルウェーのオープン保育施設について、日本の子育て支援施設との比較の観点から検討した。両施設の共通・類似点は、開園時間中に親子がいつでも何度でも予約なしで訪れることができ、無料で利用できること、保育に関する専門性を持つスタッフが常駐していること、子どもたちの遊び場機能、また保護者からの相談、保護者同士の交流の促進、保護者への情報提供をする点であった。一方、相違点としては、ノルウェーのオープン保育施設は通常の全日タイプの保育施設や家庭的保育施設と同様に、国の保育施設法およびノルウェーの保育ナショナル・カリキュラムに則った内容の保育が提供されることが義務づけられているのに対し、日本の子育て支援施設は法律上、教育機関として設置されておらず、保育所保育指針の内容とは関わりなく位置づけられている点であった。

すなわち、ノルウェーのオープン保育施設は教育機関の一つとして教育面が重視され、日本の子育て支援施設は育児中の保護者を支援するための福祉面が重視されていると考えらえる。

日本では、国の政策により父親の育児休業取得率の上昇が目指されており、家庭で父親と過ごす未就園児が増加する。このような社会情勢の変化の中、子育て支援施設の社会的役割も変化する必要があると考えられる。本研究により、家庭で過ごす乳幼児が保育施設に保護者と一緒に通うことの、子どもにとっての教育的な意味にさらに着目することの重要性が示唆された。

【主な参考文献】

Kunnskapsdepartmentet , 2017 , "Rammeplanen for barnehagens in nloldogoppgaver", Academia .

Norway statistics. https://www.ssb.no/en(2023.3.1 閲覧)

Sabine Kaiser, 2022,"Parent Satisfaction with the Open kindergarten in Norway", *International Journal of Health Promotion and Education,* 60: 42-69.

親の育児能力を培う伝承的育児体験プログラムの提案と実践

伊藤雅子（NPO 法人親そだちネットワークビジー・ビー）
島田朋子（NPO 法人親そだちネットワークビジー・ビー）
韓仁愛（和光大学）
青柳秀雄（NPO 法人親そだちネットワークビジー・ビー）

1．背景と目的

近年子育てを取り巻く環境はますます厳しくなってきている。筆者は地域子育て支援拠点で多くの親と関わっているが、初めての育児で困っていても、すぐに相談したり、愚痴を言ったりできる身内や仲間がおらず、祖父母から育児の知恵を伝えてもらうことができない親も多い。育児の知識や情報は育児書やインターネットから入手することもできるが、親自身、育児体験がないので、その知識を実際の育児に活かすことも難しい。また地域に自主的な育児サークルもないのが現状である。

以上の課題から、「伝承的育児（これまで自然に伝承されていた、祖父母世代の育児）」の体験を通して、仲間と分かち合い、気づき、自分らしく、親が主体的に育児に関われるようになることを目的とした親支援プログラムが必要であると考えた。本稿では、新たに提案する伝承的育児体験プログラム「みつばちくらぶ」について、その内容と実践の成果を報告する。

2．プログラムの概要

2022 年 3 月から 6 月、千葉県成田市において、伝承的育児体験プログラム「みつばちくらぶ」を実施した。参加者は 13 組（6 か月頃から 1 歳頃までの第一子をもつ母親と子）であった。プログラムは 11 回シリーズ（プレ企画を含む）で、その内容は、表1に示すとおりである。プログラムを作成するにあたり、次の 3 つに重点をおいた。

① 学ぶ：赤ちゃんの心、身体と生活（遊び・食事・睡眠・排泄）

② 体験：赤ちゃんの世話とふれあい（抱っことおんぶ、散歩、わらべうた、絵本、おもちゃ）

表1 プログラムの構成（テーマ、ねらいと内容）

【回】 実施日	テーマ：ねらいと内容
【プレ企画】 2022 年 3 月 24 日	プレ企画：親子で散歩する。プログラムの説明をする。
【第1回】 2022 年 4 月 14 日	親子の出会い：親同士がお互いに知り合う。 わらべうたで遊ぼう：親子や親子同士のふれあいを楽しむ。
【第2回】 2022 年 4 月 21 日	木のおもちゃで遊ぼう：木の感触や匂いなど、五感を通して木のおもちゃの良さを知る。
【第3回】 2022 年 4 月 28 日	身近なもので遊ぼう：家庭にある身近なもの、ボールやお玉などで遊べることを知る。
【第4回】 2022 年 5 月 12 日	お散歩しよう：自然とのふれあいを楽しむ。身近な公園で遊ぶことを体験する。
【第5回】 2022 年 5 月 19 日	おんぶでお散歩しよう：おんぶを体験して良さを知る。いろいろなおんぶ紐を試してみる。
【第6回】 2022 年 5 月 26 日	みんなでごはん：大人と一緒のごはんを友だちと食べる。取り分けて食べることの良さを知る。
【第7回】 2022 年 6 月 2 日	公園遊びをしよう：身近な公園で子どもが好きな遊びをする。みんなで、公園でごはんを食べる。
【第8回】 2022 年 6 月 9 日	ママの企画で楽しもう：親同士でやりたいことを楽しむ。子どもは親から離れて子ども同士で遊ぶ。
【第9回】 2022 年 6 月 16 日	ママの企画で楽しもう：親子同士でやりたいことを決めて楽しむ。親子同士で助け合って取り組む。
【第10回】 2022 年 6 月 23 日	終わり会&お茶会：保育の動画や活動の記録を見てふりかえる。最終回の親子同士の交流を楽しむ。

③ 分かち合い：親同士の交流と情報交換、気づいたことを話し合う、自由交流

実践は、子育て支援の現場での経験が豊かで、各テーマについてのスキルをもった支援者が担当した。体験を重視し、知識についてはポイントのみ説明し、資料を配布し持ち帰るようにした。またスタッフは指導的にならずに母親の気づきや良さを認めるように心がけた。各回のセッションの流れは表2のとおりである。わらべうた、絵本は毎回同じ内容で行った。

表2 プログラム各回のセッションの流れ

はじまりの会・一人ひと言・親子でわらべうた「いちりにり」など
親子での体験活動とミニ講義
休憩タイム
絵本タイム 母親による読み聞かせ（松谷みよ子の絵本） 親子でわらべうた「ねんねこせ」
おわりの会・振り返り・アンケート記入
フリー交流

3．プログラム実践の成果

各回の様々な体験活動は、伝承的育児を体験したことがない母親にとっては、新鮮で価値のある体験であった。母親の感想としては、「わらべうたを積極的に取り入れるようになった。外遊びをたくさんするようになった。子どもとの接し方や遊び方が他のお母さんやスタッフを見て勉強になった」「回数を重ねるごとに、仲間意識が高まり、みんなで子どもを世話して育てている感じが良かった」「何かあったときに相談できる、子育ての悩みや楽しさを共有できる仲間になった」などがあった。参加者同士の、育児についての情報や悩みの共有と、子どもの成長を分かち合う関係づくりから、母親たちが互いに刺激し合いながら、主体的に育児に取り組む様子が見られた。

本プログラムでは、個々の親子の関わりにも変化が見られた。育児を頑張りたいが関わりに迷いがあった母親が、仲間と子どもとの関わりを学び合うなかで、わが子の成長ぶりを確かめる機会となり、プログラム参加の初期と比べて、よりわが子とのスキンシップが増え、愛おしく思う気持ちが感じとれる姿が多くなった。プログラムの後半には、母親の心の安心と子育てに関する学びが自信なったことで、他の子どもや母親と積極的に接する姿も見られた。さらにハイハイから歩行、発語など心身の発達の様子を共有し喜び合った。

またプログラム終了後、参加者の母親たちは自主的に企画して、集まって交流を楽しんでいる。初めての子どもを育てる母親にとって、この時期に本取り組みのような仲間との体験中心プログラムに参加し、得た気づきは、これからの育児に活かされていくのではないかと期待できる。

謝辞

本事業を進めるにあたり、ご協力いただきました実践担当者の皆様に感謝の意を表します。また本事業は、公益財団法人前川財団の 2021 年度家庭・地域教育助成を受けて実施した。

発達障害学生の教育や生活における支援の充実に向けて
― A大学の研修会報告 ―

三木　祐子（帝京大学医療技術学部看護学科）
谷本　都栄（帝京大学冲永総合研究所）
梶原　祥子（帝京大学医療技術学部看護学科）

【研究背景と目的】

　近年、大学等の高等教育機関へ進学する障害を抱える学生の急増に伴い、学生のニーズも多様化し、教職員の理解の促進、大学としての組織的な取り組みの推進が必要[1]とされている。本研究では、これまで子どもの発達障害は主に未就学児・思春期・大学生活・就職活動時に表面化しやすく、幼少期から高校生の発達問題は大学生活に影響することを文献レビューや専門家へのヒアリングにより明らかにした[2,3]。

　わが国の障害者施策の流れに応じ、多数の学部学科を有するA大学においても、困り事を抱える学生への支援のあり方を検討し実践していくことが期待される。特に、A大学では医療系の学部学科が集結し、教育・実習等における対人関係、専門職としての就労の問題など、医療系の人材育成の観点からも配慮すべき点が多いと思われる。

　以上より、A大学における発達障害（グレーゾーンを含む）学生に対する組織的支援の検討を行うため、教職員対象の研修会（セミナー）を開催した。

【方法】

1. 研修会（教職員向けセミナー）の概要

　日時：2021年9月6日（月）16:30～18:00
　場所：A大学教室
　形式：対面とオンライン（Zoom）のハイブリッド
　対象：医療系学部所属の教職員
　講師：山﨑順子氏（発達障害児・者支援の専門家、前東京都発達障害者支援センター長）

2. プログラムの構成

・招へい講師による講演50分（質疑応答含む）
・グループディスカッション15分
　学生対応で困った事例等の情報交換
・グループ発表および講師コメント15分
・アンケート回答10分
　参加目的、プログラムに対する評価、自由記述

3. 参加者

・教職/事務職34名（対面23名、オンライン7名、オンデマンド4名）
　本研究は、本学倫理委員会審査の承認を得て実施した（帝倫22-047号）。

【結果・考察】

1. セミナーへの参加目的

　アンケートの回答者は26名（教職18名・事務職8名、有効回答率76.5%）であり、教職員共に「今後の学生の教育や指導に役立てたい」の回答が約9割と最も多かった。教職では「発達障害について関心があった」の回答が7割を超え、障害への理解を深めたい参加者が多いこと、学生の教育・生活支援におけるニーズが高いことを確認した。

2. グループディスカッションで共有された内容

　発達障害学生に特化した相談窓口は無く、また、学習や学生生活への悩みに対応できる専門家・カウンセラーも置かれていないため、学生の困り事に教職や事務職（学生課）が個別に対応している現状であることが分かった。実際に学生から相談を受けた教職員は、対応や支援が不十分であると感じるケースも多く、相談事例の情報共有の必要性が課題として挙げられた。

3. 特に参考になった内容（アンケートの自由記述）・セミナープログラムに対する評価

　学生の困り事への具体的な対応方法、学生との対話や個別指導（授業・進路等）への配慮、「合理的配慮」の考え方や支援のあり方など、講師からの助言・コメントへの満足度は非常に高く、今後の仕事や日常生活への活用にも繋がることが明らかとなった。また、教職員の発達障害に対する理解、対応事例の情報共有の強化、他大学の取り組みの情報整理、外部機関との連携など、大学としての体制づくりの必要性を指摘する意見が多く寄せられた。今後、人員・窓口の組織的配置などの具体的検討、当事者である学生や保護者の体験から学ぶ機会の提供、情報共有のしくみづくりなど、支援促進のため本活動も継続して実施していく予定である。

【引用文献】

1）日本学生支援機構, 令和2年度（2020年度）障害のある学生の修学支援に関する実態調査結果報告書, 2021.

2）Yuko Miki, Toe Tanimoto, Yoko Kajihara,"A study of collaborative Interprofessional support for children with developmental disorders and their parents -Roles, missions, and challenges of each specialty in interprofessional work-, Stress Brain and Behavior, 1(e022002), 11-13, 2022.

3）三木祐子, 梶原祥子, 谷本都栄, 発達障害児とその親への融合的連携支援における看護職のコンピテンシー, 第80回日本公衆衛生学会総会抄録集, p.378, 2021.

　本研究は、「帝京大学先端総研インキュベーション助成金」の助成を受けて行いました。

園庭改善による保育の質の向上とオンラインによるアドバイスの実践の可能性とその効果
－福島県プロジェクトによる実践事例を通しての考察－

小堀武信（日本環境教育フォーラム）、小澤紀美子（こども環境学会）、當本ふさ子（こども環境学会）、
谷本都栄（帝京大学）、薮田弘美（美作大学）、祐乗坊 進（ゆう環境デザイン計画）、槇重善（日本造園修景協会）
甲野毅（大妻女子大学）、田邊龍太（日本生態系協会）、村井寿夫（造園家）、福島県こども未来局

1．目的：

2020年4月から福島県こども未来局との協力体制のもと、福島県内の保育園・幼稚園の「遊び・保育環境の改善と遊びの質の向上」プロジェクトの支援を進めてきました。福島県の震災以降は、こどもたちの体力低下、肥満傾向の解消にむけての「こどもの遊び力育成」を目的とした園庭改善によるアドバイスでしたが、こどもの遊び力は、「育ちの土台づくり」で「学び」の基礎・基本となる「根っこ」、すなわち「成育過程で幹を出し、枝を張り葉っぱをつけていく資質・能力」が育まれるという視点から園庭の改善を通しての事業として進めてきました。さらに「遊び」によって「自己肯定感」や「危機管理能力」を育み、不確実性の高い将来への多様な能力・スキル育成につながっていく、と考えての実践とその効果の発現の実証でした。

2．実施対象園と内容

R4年度（2022年度）福島県「保育所等における環境改善事業」で申請いただいた保育園で実施した。まず①令和3年度に園庭改善を実施した保育園の10園に対してオンラインでのワークショップの実施とその効果の検証。さらに、②令和4年度に応募があった「保育所等課題解決支援事業」において、新規応募の5園に対して課題解決支援事業のワークショップを実施などである＜園の名称は省略＞。

3．実施方法

コロナ感染禍のもとすべてオンラインで実施した。具体的な方法の内容は、①各園の対応や方針と実施事項、②「幼児期の終わりまでに育ってほしい姿」の10項目に加えた質問紙調査結果へのヒアリングも含めて実施し、③保育環境と園児さん並びに保護者の方々の感想などを含め、園の方針による園児への成育環境への影響など、です。なお福島県担当者によるスマホ・タブレットで園庭の映像を介してのオンライン会議で実施したが、オンライン会議とはいえ、想像していた以上の大きな成果を得ることができた、と考えています。

4．質問紙調査の内容とその概要

福島ならでの「質の高い保育」をめざすとして「ふくしまこども環境創成プレスケール」として「育ってほしい資質・能力」として、①主体性の獲得、②健康な体づくり、③社会性の獲得、④郷土愛の獲得、であったので、「幼稚園教育要領・保育所保育指針」の「環境を通して行う教育・保育」をベースとして8項目の質問紙調査（4段階評定尺度）を設定して進めてきた。質問紙調査項目はメールにて対象園に送付し、ワークショップ実施前に回収し、アンケートの回答内容に基づいてヒアリングを含めたワークショップを実施し、さらに改善結果の写真や図面などの送付を依頼し、検証ワークショップを実施した。

5．課題解決型支援事業及び検証結果の概要

成果の概要は次のようになります。1）多様な遊びや五感の中でも「触感」を取り戻す遊び場づくりや園庭改善の要望が多く寄せられており、こどもたちの行動変容についての実感のこもった声を聴くことができた。2）こどもの育ちに向かう園の基本方針と真摯な対応と意識と行動の変容、さらに保育者同士の「学び合い」による園の「環境改善に向かう意欲」が園児たちに強い影響を及ぼしていることが推察できる声が多かった。3）「園庭づくりは人づくり。四季折々の自然や福島県という郷土の自然とそこに育まれた地域の文化を実感しながら、園庭でのびのびと過ごしている園児の姿や園が将来を視野に入れて改善の余地を残す園庭づくり、つまり、『つくりすぎない余白がある環境』でこそ、こどもたちもみずから伸び伸びと育つ」といえます。4）「ふくしまこども環境創成プレスケール」として、仮に「育ちの姿」で質問を行ってきたが、個々のスケールが独立してあるのではなく、相互に関連していることや園が独自に設定している保育指針とも連動していることが確認できた。5）園庭での保育に加えて、園内での「連続性性への配慮」にもとづく「保育・ケアのつながり」へのアドバイスによって、園長、保育者、ならびにお子さんたちの保護者との会話が聞こえてくるような喜びの声を多く聞くことができた。

6．オンラインによる園庭改善による「保育の質」に関して

アドバイス講師の方々から、以下の視点のご意見をいただいた。

①オンラインでのアドバイス効果として：造園設計の立場から参加したが、一般的に造園設計では、周辺の環境や立地条件等の把握が重要であるため、オンラインによる事業実施に多少不安があったが、各園で作成された資料や保育者の熱いお話、福島県担当による的確な現場中継により、短時間の会議でも保育環境整備に向けた中身の濃い意見交換ができた。さらに、整備後の検証では、園の保育者のご尽力の様子や園児たちの元気な姿が伝わり、この事業の大きな成果が認められました、等というご意見を得ることができました。

②自然とのふれあいの遊びと体験の重視に関して：園庭の大小に拘わらず、「自然とのふれあい」の遊びを取り入れようとしている園が多く、身近な自然とのふれあい活動への理解が定着していること、さらに園庭の緑化やビオトープ整備などの自然環境整備は、毎年異なる気象や周辺環境の変化などに対応した試行錯誤が不可欠です。

③こどもたちへの外遊びの環境の保障へ向けて：乳幼児期の教育・保育の根本は「環境を通して行うこと」で、今回の改善及び検証では、まさに環境を通した教育、保育の重要性を証明できた事業だと考えます。こどもの育ちにとって必要な環境とは何か？子どもの興味関心が持てる環境とは何か？安全な環境とは何か？を考えて環境改善を行った効果がこどもの姿、保育者の保育観の変容に現れたことで、社会の変化に対応する「21世紀型学びのスキルの育み」に通じているといえます。

子どもの IT 創成班活動における機械学習を用いた行動推定システムの構築

岩城好佑[1], 陶婷[1,2], 岡本拓海[1], 歌野暉竜[1], 仙波伸也[3], 小柴満美子[1,2,4]
1. 山口大学大学院創成科学研究科
2. 山口大学大学院医学研究科
3. 宇部工業高等専門学校
4. 東北大学大学院情報研究科

1. 緒言

人の一生において，幼児期は，心情，意欲，態度，基本的生活習慣など，生涯にわたる人間形成の基礎が培われる極めて重要な時期である[1].そのため，幼児期の教育は先の段階での社会生活の基盤となり，社会への不適応を防ぐためには，幼児期のうちに保護者や保育士などが子どもの特性に気づき，適切な支援策を講じることが何よりも大切であると考えられている. しかし，それらのことを実現するには子どもの行動及びその行動に伴う心情の変化など，定性的でしか表現できないデータを適切に評価しなければならない. そのような育ちの読み取りは，評価者の感覚，経験知により解釈されるため，信頼性の担保がなく，解読に膨大な時間かがかるという欠点がある. それらを解決するために，定量的な子どもの評価方法が必要になってくる. 山田ら[2]は子どもたちの活動をとらえた動画から，各児童の行動に対して目視によるアノテーションを行い，集団の行動傾向と個人の行動傾向を比較することで個々人の特徴を定量的に表現できることを示唆した. しかし，目視による行動推定は非常に手間がかかるため，その過程を自動化できるような自動行動推定システムの導入が必要となる. よって本研究は，山口県の複数の小学校に通学する児童を主対象とした演習形式のプログラミング学習イベントを開催し，協力同意を得て撮影した動画から,各児の行動状態を自動で推定するシステムの構築を試みた.

2. 実験方法

2.1. ワークショップの詳細

人一般研究承認内容を遵守した. 誰でも簡単にプログラミング開発が出来る環境を設置準備し，ワークショップを実施した. 前半は教室内演習，後半は各々の班の遊び作品外で発表するというスケジュールとし，本報告では午前の演習中の時間を解析対象として記録動画から各児の行動推定法を探索した.

2.2. 関心推定システムの構築

演習中において，子どもたちの関心を以下に示す3種行動識別に対応付けて設定する.

行動1: プログラミング，行動2: ディスプレイを注視
行動3: アイデアスケッチ

以上の3種の関心を推定する全体的なシステム概要図を図1に示す. 撮影した動画から OENPOSE[3]と DEEPSORT[4]より取得できる特定被写体の骨格座標を利用して，学習に必要な領域をトリミングした画像(図2)を，後述する関心推定 CNN モデルの入力とし，関心状態の定量化を試行した.

2.3. CNN による関心分類器の作成

児の身体特徴部位をトリミングした画像(図2)にグレースケール化やリサイズ等の基本的な前処理を行い，畳み込み層，プーリング層を重ねたアーキテクチャの CNN(図3)を3種学習させた. 作成した分類器は機械学習の評価指標に頻用される学習曲線や混同行列を用いて評価した.

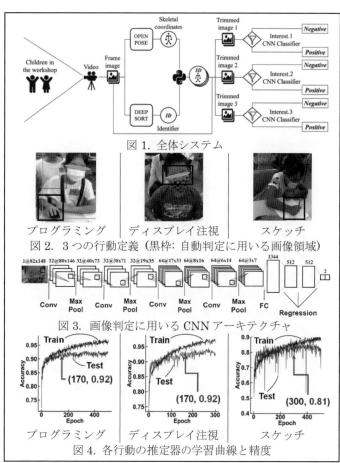

図1. 全体システム

図2. 3つの行動定義（黒枠: 自動判定に用いる画像領域）
プログラミング　　ディスプレイ注視　　スケッチ

図3. 画像判定に用いる CNN アーキテクチャ

図4. 各行動の推定器の学習曲線と精度
プログラミング (170, 0.92)　ディスプレイ注視 (170, 0.92)　スケッチ (300, 0.81)

3. 結果

図4に各行動について，構築した行動推定器の学習曲線を示す. プログラミング及び ディスプレイ注視の識別成功率は共に9割を超えており高精度で行動を識別できていることがわかる. スケッチにおいても，8割識別率が認められた.

4. 今後の展望

今回提案した手法を用いて取得した行動データを分析することにより，個々人の特性や児童間の相互関係を定量的に表現することを目指す. また，今回はプログラミングワークショップという形で子どもの IT 創成班活動における行動を推定したが，今後は行動に強いバイアスがない自由な活動における行動推定手法の構築も行う予定である.

5. 参考文献

[1] Mamiko Koshiba, Genta Karino, Aya Senoo, Koki Mimura, Yuka Shirakawa, Yuta Fukushima, Saya Obara, Hitomi Sekihara, Shimpei Ozawa, Kentaro Ikegami, Toyotoshi Ueda, Hideo Yamanouchi, Shun Nakamura, "Peer attachment formation by systemic redox regulation with social training after a sensitive period. Scientific *Reports," 2013.*

[2] Tetshji Yamada, at.el, Preliminary Study Toward Development of Childcare Support System Using AI - Aiming at Estimating Children's Interests, 2018

[3] Sheikh, Z. Cao, T. Simon, S. Wei, Y., "Realtime Multi-Person 2D Pose Estimation using Part Affinity Fields," 2017.

[4] Nicolai Wojke, Alex Bewley, Dietrich Paulus, "Simple Online and Realtime Tracking with a Deep Association Metric," 2016.

シニアスタッフが地域子育ち支援の場に関わる要件からの一考察
－乳幼児生活圏から互助生活圏という発想の転換に向けて―

三輪律江（横浜市立大学）

1．背景と目的

　筆者は、人がそのライフステージにおいて、自分の暮らすまちを身近に感じ、様々な地域資源を活用し、濃い関わりを得られる第一期は乳幼児期であり、その圏域は小学校区より少し小さい範囲のおおよそ300m程度の範囲（「乳幼児生活圏」）、すなわち自治会・町内会レベルの地域コミュニティとほぼ同等であることを明示してきた。そして乳幼児生活圏を意識して乳幼児期の子どもを地域コミュニティで見守りケアするまちづくりの仕掛けをすることで、まちで育てる→まちで育つ→まちが育てる→まちが育つという4つのステージが見られることを実証し、「まち保育」という新しい概念の提唱と共に、その実践手法と子どもの育ちを軸にしたまちづくりの有用性を説いてきた[1]。

　ところで、子ども・子育てに関わる施策では「子どもは地域全体で育てる」といった文言が散見されている。社会性を培う場として地域コミュニティへの期待は大きく総論として理解できるものの、この場合の地域全体とは「どこ」の「誰」を指すのかわかりにくく、子育て当事者でない第三者の他人自身が誰かの子育ての立役者になり得ることには考えが及びにくい。

　そこで本研究では、子どもの成長を主軸に地域で見守りケアする包括的社会システム構築を想定し、効果的に施策展開するためにも、乳幼児生活圏とほぼ同等の時空間を日常生活圏にしているであろうシニア層に着目し、彼らの子育て支援への関わりに焦点をあてることとした。本稿では、横浜市の補助事業「親と子のつどいの広場」に関わるシニアスタッフの彼らの行動圏域と子育て支援への関わり方について整理することで、今後シニア世代の地域子育て支援への参加の促進や機会の創出に向けた基礎的な資料を得ることを目的とする。

2．子育て支援に関わるシニアに関する既往研究

　子育て支援に地域コミュニティで取り組む例としては全国社会福祉協議会等の地域の福祉活動の一環としてボランティア活動による「子育てサロン・ひろば」がある。1990年頃より全国各地で進められており、地域のシニア世代は重要な担い手と期待されている。筆者らが行った横浜市神奈川区の子育てサロン・ひろば「すくすくかめっ子事業」に関わるシニアを対象にした調査研究では、普段から地域活動が活発でない者や身体面に影響がある者にとって、自治会・町内会館といった気軽に通えることができる会場や身近な環境での開催が子育てサロン・ひろばへの関わりやすさにつながる要因になっていることと同時に、地域の身近な場所で子育て支援に関わることが自らにとっても地域とつながる重要な場になっていることが明らかになっている[2]。また小林ら（2016年）によれば、子どもや子育て世帯との接触が多いほど地域の子育て支援行動尺度が高いことも明らかになっており、子育て支援ボランティアを継続することによりシニア世代個人にとっての一定の意義は解されている。

3．研究の対象と方法

　本研究では、マンションの一室や商店街の空き店舗などを実施場所としている横浜市補助事業「親と子のつどいの広場（以下、広場）」を対象とした。横浜市18区にある全広場66か所に対して、広場の運営代表者、および60歳以上で且つ継続して広場運営を支える活動に関わるシニアスタッフへのアンケート調査（回答数48か所、75人）および補足ヒアリングを行った。

4．結果と考察

　回答があった75.0%の広場でシニアスタッフが存在し継続して関わっていた。年齢90歳以上のシニアスタッフも存在し、参加頻度はシニアの年齢が上がるに連れて参加が緩やかになる傾向はあるものの、非常に幅広い年代が関わり高年齢でも活動できる実態を把握できた。「自宅からのアクセスが良いこと」「日常生活圏内にあること」は、きっかけとしても継続して関わる上でも重要な視点であったが、きっかけとしては「町内会館等シニア世代に馴染みのある場所」、継続して関わる上では「モチベーションを得られる立地」といった指摘もあった。実際の自宅からの所要時間は徒歩15分圏が最も多く、時間距離20分以内であれば近くて通いやすいと評価されていた。さらに「活動をしやすい広さ」「スタッフ同士で刺激を与え合う・支え合える雰囲気」「息抜きできる環境」「生きがいややりがいを感じられる環境」とともに、シニアスタッフ自身の「世代間交流を楽しめる心持ち」も重要な視点であり、また「よく知っている地域にあること」「情報交換ができること」といった指摘もあった。

　乳幼児生活圏を人のライフステージという時間軸に沿って捉えると、自身が乳幼児の頃、自身が親となり子どもに合わせた生活となり始めた頃、そして自身が高齢者となり体力的な衰えが出始める頃、の計3回出現するが、これを地域社会の観点でみればこの3つの世代がこの小さな生活圏域を同時にシェアしていると捉えることができる。子どもの成長を主軸に地域で見守りケアする包括的社会システム構築を想定して効果的に施策展開するためには、乳幼児生活圏という小さな圏域で、子育て支援を"する―される"の関係ではなく、互助の関係性が構築できる身近な生活圏（「互助生活圏」）として捉えることが肝要となる。既往研究や今回の結果からは、子育て支援に関わるシニアの視点からみて、乳幼児生活圏は互助生活圏を包括していることが示されたともいえる。今後は、その小さな範囲の生活圏をシェアする者双方にとってどのような意義や効果をもたらすのかといった視点からの解明と戦略が課題だといえる。

【謝辞】本稿は2022年度横浜市立大学卒業生渡邊記果氏の卒業論文を元に再編したものである。研究を進めるにあたり、横浜市こども青年局地域子育て支援課、横浜市親と子のつどいの広場の皆様に多大なご協力を頂きました。ここに記して謝意を表します。【参考文献】1）三輪律江他9名：『まち保育のススメーおさんぽ・多世代交流・地域交流・防災・まちづくり』、萌文社、2017.5　2）小島穣「子育て支援に関わるシニア世代の地域活動・地域交流に関する研究-神奈川区すくすくかめっ子事業を事例に」横浜市立大学大学院都市社会文化研究科2019年度修士論文

地域の子どもへの支援行動および社会的子育てへの意識を規定する要因

藤後悦子（東京未来大学）

及川留美（東海大学）

柳瀬洋美（東京家政学院大学）

野田敦史（高崎健康福祉大学）

1. 問題と目的

　コロナ禍における子育ては，様々な制限下での育児が余儀なくされ，従来の子育てストレスを加速させるような孤独感にさいなまれる人が多かった。国立成育医療研究センター（2022）がコロナ禍に子育て中の保護者 2861 名を対象に実施した調査では，心に何らかの負担がある状態の保護者は 59％を占めた。その中で深刻な状態は全体の 14％にも上った。家族関係がもともと脆弱だった場合，家族間での葛藤や DV などが顕在化し，子育てストレスを加速しやすいのである。このような時期だからこそ，社会全体で子育ての親子を支援するという社会的子育てが不可欠である。しかしながら，社会的子育てへの意識については，あまり言及がなされていない。そこで本研究では，社会的子育てへの意識についてとりあげ，場面想定法を用いて，社会的子育てに関連する要因を明らかにすることを目的とした。

2. 方法

調査手続き及び対象者：本研究は尺度作成を目的としたため，オンラインの調査会社を通して 2022 年 1 月（400 名）に 1 回目，再検査法として 3 週間後に 2 回目（200 名）を実施した。場面想定法は 2 回目の対象者に実施している。2 回目の対象者は，男性 100 名，女性 100 名であり，内訳は 20 歳〜40 歳未満 100 名（子育て経験有無および男女で割当各 25 名ずつ），40 歳以上〜60 歳未満 100 名（子育て経験有無および男女で割当各 25 名ずつ）であった。

本発表で使用の尺度

デモグラフィック要因：性別，年齢，年収，子育て経験の有無

社会的子育てへの意識：藤後（2012）を参考に 4 人の研究者（臨床心理学者 2 名，保育学者 1 名，社会福祉学者 1 名）の専門的知見から項目を抽出した。18 項目 6 件法。

子どもへの支援が必要な場面想定：子どもに支援が必要と思われる 2 つの場面（①迷子場面，②滑り台危険場面：危険度が高い滑り台の上から叫んでいる場面）に対して，具体的な対応方法を 10 項目ずつ用意し 4 件法にて回答を求めた。

倫理的配慮：本調査は任意であること，匿名性が担保されていること，学術の利用について説明し同意者のみ分析対象とした。

3. 結果

　使用尺度の尺度構成を確認した結果，社会的子育てへの意識は Table1 の通り 3 因子が示された。子どもへの支援が必要な 2 つの場面想定に対応する対応は，迷子場面 1 因子（保護），滑り台危険場面 2 因子（肯定的対応，無関心）が示された。

地域の子どもへの支援行動を規定する要因

　場面想定法で予想された地域の子どもが困っている場面での支援行動を規定する要因を検討するために，デモグラフィック，社会的子育てへの意識を説明変数とした重回帰分析を実施した（Table2）。その結果，迷子場面の「保護」と危険場面の「肯定的対応」には「社会的子育てへの参画意欲」が関連していた。また「保護」は女性ほど強く，「無関心」は子育て経験がないほ

Table1　社会的子育てへの意識尺度の因子分析（最尤法、プロマックス回転）

項目	F1	F2	F3	共通性
制度的必要性（α =.91）				
9.孤立する家庭に対して、地域での居場所を用意することは大切である	**.86**	.10	-.08	.78
12.地域社会は、里親制度や児童養護施設の充実を図る必要がある	**.84**	-.03	.03	.70
11.子ども食堂や無償の学習支援など親子を支える場所が地域には必要である	**.84**	.00	.02	.73
8.虐待が発生しないような地域の見守りが必要である	**.72**	.15	-.08	.61
10.障害児や外国にルーツがある子ども、ひとり親家庭など、様々な家庭を地域で支えていきたい	**.72**	.05	.13	.72
16.虐待の疑いがあったときには、通告をしたい	**.52**	.07	.07	.39
社会的子育て意識（α =.92）				
3.子どもは地域の人との交流によって育つと思う	-.11	**.91**	.09	.76
2.地域は子どもを育てる重要な役割を担っていると思う	.04	**.86**	-.02	.77
1.地域全体で子育て家庭を温かく見守ることは大切だと思う	.09	**.80**	-.03	.74
4.子育ては支え支えられる関係が大切であると思う	.20	**.69**	-.06	.67
5.子育てで困っている家庭は、地域で支えていくことが大切である	.26	**.57**	.09	.69
社会的子育てへの参画意欲（α =.92）				
19.自分の時間を地域の子ども達の支援に使いたい	-.13	.09	**.89**	.73
14.子ども食堂や無償の学習支援など地域で親子を支える活動に参加したい	.09	-.07	**.86**	.78
15.自分の経験やスキルを子育て支援に生かしたい	-.15	.08	**.84**	.63
13.不登校や引きこもりなどで孤立する家庭の支援に参加したい	.16	-.12	**.81**	.73
18.子育てで困っている家庭を支えていきたい	.14	.04	**.72**	.70
因子寄与	7.51	6.77	6.02	
因子間相関　F2	.74			
F3	.60			

Table2　地域の子どもへの支援行動と社会的子育てへの意識を規定する要因

変数名		場面想定法 迷子場面	場面想定法 滑り台危険場面		社会的子育てへの意識		
		保護	肯定的対応	無関心	制度的必要性	社会的子育て意識	社会的子育てへの参画意欲
デモグラフィック	性別	.16 *	.07	-.05	.16 **	.04	.01
	年齢	.06	.03	-.05	-.05	.03	-.15 **
	年収	.06	.08	.00	.09 +	.07	.12 *
	子育て経験	-.05	-.05	.16 *	-.13 *	-.16 **	-.25 **
社会的子育てへの意識	制度的必要性	.11	-.09	-.29 *			
	社会的子育て意識	.05	.10	-.11			
	社会的子育てへの参画意欲	.26 **	.31 **	.00			
	R^2	.20 **	.13 **	.20 **	.05 **	.04 *	.10 **

$^{**}\ p < .01,\ ^{*}\ p < .05,\ ^{+}\ p < .10$

性別は，男性(1)，女性(2)とした。子育て経験は，子育て経験あり(1)，なし(2)とした。

ど，そして「制度的必要性」を感じていない人ほど強かった。次に場面想定法での地域の子どもへの支援行動の「保護」「肯定的対応」には社会的子育てへの意識が関連したために，これらを取り上げデモグラフィック要因との関係を検討した。その結果，子育て経験があるほど社会的子育てへの意識が強く，女性は「制度的必要性」を強く感じ，年収が高いほど，若い年齢ほど「社会的子育てへの参画意欲」が強かった。

4. 考察

　街中で子どもが困っている場面を想定して対応方法を尋ねた結果，実際に子育て支援に関わりたいと思っている人ほど対応しており，参画意欲は若い人や子育て経験の影響が大きかった。すなわち子育て経験に類似するような子どもとの交流活動などを積極的に導入しない限りは，子どもに優しい社会の実現は難しいことが確認され，今後の政策への課題として示された。

5. 引用文献

国立成育医療研究センター（2022）コロナ×こどもアンケート第 7 回調査報告書 https://www.ncchd.go.jp/center/activity/covid19_kodomo/report/CxC7_repo.pdf

小学5・6年生が「自由時間にやりたいこと」と心身の状況との関連

石濱加奈子（洗足こども短期大学）
鹿野　晶子（日本体育大学）
野井　真吾（日本体育大学）

●目的

　子どもの"からだのおかしさ"に関する保育・教育現場の保育士・教諭の実感を調査した野井ほか(2022)は、おかしさの背景に前頭葉機能、自律神経機能、睡眠・覚醒機能といった神経系の問題が存在する可能性を指摘している。一方、遊びの量の減少が最適な学習能力や正常な役割の遂行、自制心といった高次脳領域の発達に負の影響を及ぼす可能性を示す報告(Gordon et. al.、2003)も見受けられる。このような中、日本の子どもに目を向けてみると、多忙で自由な時間が少ない（ベネッセ教育総合研究所、2014）という実態がある。このことは、国連子どもの権利委員会（2019）により日本政府に対して示された第4・5回統合報告書で、「自由な時間と遊びの保障」や「子ども時代の享受」が勧告されている通りである。

　これらの報告は、十分な遊びと遊びを保障する環境を整えることが、心配される子どもの"からだのおかしさ"の克服に有効であることを推測させる。その点、小学3～6年生を対象に自由時間に「やりたいこと」と実際にやっていることとの関連を検討したIshihama et. al.（2022）の報告は注目に値する。そこでは、実際にやっている時間が長いことが「やりたいこと」になっていることから、「やりたいこと」ができている一方で、実際の活動経験の不足が「やりたいこと」を制限させていると推察している。そこで、本研究では、自由時間に「やりたいこと」と心身の状況との関連を明らかにすることを目的とした。

●方法

　対象：K県内の公立小学校1校に在籍する小学5・6年生のうち、調査協力が得られ、データに欠損のない29名(男子13名、女子15名、回答拒否1名)分のデータを分析対象とした。調査は、2022年12月に実施された。

　調査内容：自己記入による無記名式調査票を用い、学年、性、「自由時間にやりたいこと(内容、場所、相手)」、不定愁訴（体がだるい、頭が痛い、おなかが痛い、胸が苦しい、吐き気がある、気持ちが悪い）、睡眠問題（朝起きられない、寝つきが悪い、夜中に目が覚めやすい、昼間眠くなる）、エゴ・レジリエンスを尋ねた。また、go/no-go課題による高次神経活動の調査も実施した。本研究では、光刺激を用いたgo/no-go課題に対する把握運動反応のデータが収集された。

　倫理的配慮：本研究は、洗足こども短期大学研究倫理員会の承認（承認番号：洗短倫2202）を得た。また、対象校および対象者とその保護者に対しては調査の趣旨等を口頭もしくは文書で説明し、調査協力の意思は調査票の回収をもって確認した。

●結果および考察

　本研究の対象者における「自由時間にやりたいこと（内容）」は、「テレビやDVD、電子ゲームやスマホ、PC、タブレットなどを使う」が最も多かった（37.9%）。次いで「音楽を聴く（17.2%）」、「からだを動かして遊ぶ（13.8%）」の順に多かった。また、go/no-go課題により得られたデータは、先行研究（野井ほか、2013）に倣って高次神経活動を5つの各型に分類した。その結果、各型の出現率は、興奮過程と抑制過程がともに弱いタイプである不活発型が51.7%、興奮過程が優位なタイプである興奮型が17.2%、抑制過程が優位なタイプである抑制型が6.9%、興奮も抑制も十分で易動性に欠けるおっとり型が6.9%、興奮も抑制も十分な活発型が17.2%であった。野井ほか(2013)は、小学5・6年生で不活発型が33.3%、興奮型が29.5%、抑制型が7.4%、おっとり型が12.7%、活発型が17.2%と報告している。この報告に比して、本研究の対象者は不活発型が多く、興奮型が少ないという特徴を有していた。

　このような特徴を有する対象者のgo/no-go課題による型判定別の「自由時間にやりたいこと（内容）」は、「テレビやDVD、電子ゲームやスマホ、PC、タブレットなどを使う」が、おっとり型と活発型で少ない様子を確認することができた。また、「自由時間にやりたいこと（相手：誰とやりたいですか）」で、「1人」と答えた者は抑制型と活発型で少ない様子も確認することができた（表）。これらの結果から、活発型に判定された者は、誰かとともに行う活動を好む傾向にあることが推察された。主体的な身体活動や（鹿野ほか、2015）キャンプ（瀧ほか、2005）は、高次神経活動を促進することが報告されている。これらの活動は、身体活動と人との関わりが必要とされるものであり、本研究の結果はこれらの結果を支持するものと考える。

　本研究の結果、自由な時間にやりたいと思う活動は、高次神経活動の発達状況が反映する可能性が示唆された。

表. go/no-go課題による型判定別の「自由時間にやりたいことを誰とやりたいか」の割合

		1人	友だち	きょうだい	親や祖父母などの家族
不活発型 (n=15)	度数	7	7	1	0
	割合	46.7%	46.7%	6.7%	0.0%
興奮型 (n=5)	度数	2	3	0	0
	割合	40.0%	60.0%	0.0%	0.0%
抑制型 (n=2)	度数	0	2	0	0
	割合	0.0%	100.0%	0.0%	0.0%
おっとり型 (n=2)	度数	2	0	0	0
	割合	100.0%	0.0%	0.0%	0.0%
活発型 (n=5)	度数	1	2	1	1
	割合	20.0%	40.0%	20.0%	20.0%

　本研究の調査は、令和3～5年度科学研究費助成事業（基盤研究C、課題番号21K02400）により実施されたものである。

コロナ禍の夏季における保育施設の空気環境及び保育者の換気行為の変化

種市慎也（横浜国立大学大学院都市イノベーション学府）
胡怡賢（横浜国立大学大学院都市イノベーション学府）
大西達也（横浜国立大学大学院都市イノベーション学府）
田中稲子（横浜国立大学大学院都市イノベーション研究院）

1.　はじめに

　新型コロナウイルスの感染拡大によって、生活様式は大きく変わり、特に窓開け換気の意識が高まっている。しかし、都市部に多くみられる複合型の保育施設では、排煙窓以外に開放できる窓が備わっておらず、自由に窓開け換気が実施できない施設も実在している[1]。そのため、現在のコロナ禍において、保育施設の空気環境や換気状況の実態を明らかにすることは、今後の解決方策を検討する上で重要であると言える。そこで、本研究ではコロナ禍によって保育施設の空気環境や保育者の換気行為が、どのように変化したのかについて明らかにすることを目的とする。

2.　研究方法

　本研究では、協力が得られた横浜市の6保育施設を対象に、夏季の実測調査を実施した。調査期間は2022年8月18日〜9月8日で、各保育施設で2日間の測定を行った。なお、0〜2歳児と5歳児の保育室を測定対象としている。主な測定項目は、温湿度及びCO_2濃度であり、調査時には保育者の換気行為や園外活動の実施状況、温冷感や快適感等のアンケート調査を併せて実施した。

3.　調査結果

　図1より、夏季の平均室内CO_2濃度の最低値はYb2の486ppm、最高値はYc0の1134ppmであった。学校環境衛生基準（1500ppm以下）は100%、建築物衛生法（1000ppm以下）は90.7%適合しており、良好な空気環境であると言える。特に、最も低い値を示したYb施設では、コロナ対策として常に窓開け換気を実施していたため、外気CO_2濃度と概ね同等の値であることが窺える。一方で、最も高い値を示したYc施設では、コロナ禍においても排煙窓の開放を施設管理会社から禁止されている状況であった。そのため、機械換気設備の使用に頼るほかないが、2日目に使用を失念し、CO_2濃度が高い結果となっていた。なお、Yc施設は天井高さが3.8mと高いため、この上昇量に留まっている。

　次に、コロナ禍前後の平均CO_2濃度を比較した結果を図2に示す。2022年夏季のCO_2濃度は、2019年中間季[1]よりも126ppm、2017年冬季[2]よりも638ppm、2018年夏季[3]よりも921ppm低い結果となった。換気行為の自由度が高い2019年中間季と比較しても有意にCO_2濃度が低い傾向がみられた。また、サンプル数が少なく有意差はみられなかったものの、2018年夏季との差が顕著であり、コロナ対策による窓開け換気の励行が大きく影響していると言える。したがって、コロナ禍による保育者の換気意識の向上と換気行為によって、保育室の空気環境は良好に変化していることが確認できた。

4.　まとめ

　夏季の実測結果から、コロナ禍の保育室のCO_2濃度は、良好であることが確認できた。これは、コロナ禍に伴う保育者の換気行為の影響が大きかったと言える。しかし、過度な窓開け換気の実施は冷暖房負荷の増大や在室者の快適性を損なう可能性もあるため、その点については今後の課題である。

謝辞

　本調査にご協力頂きました保育施設の関係者各位に心よりお礼申し上げます。本研究は、日本科学協会の2022年度笹川科学研究助成による助成を受けたものです。

参考文献

1) 種市慎也ほか3名：中間季の換気行為に着目した都市部の保育施設における換気に関する研究，日本建築学会環境系論文集，Vol.88, No.806, pp.288-299, 2023
2) 宮島光希ほか2名：リモネンに着目した保育施設の室内空気汚染の実態調査，日本建築学会大会学術講演梗概集，pp.953-954, 2018
3) 宮島光希ほか2名：都市型保育施設におけるVOCを中心とした室内空気質に関する研究，日本建築学会大会学術講演梗概集，pp.841-842, 2019

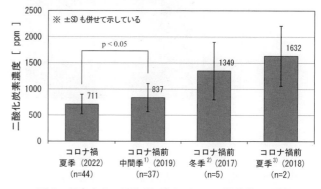

図2　保育室内の平均CO_2濃度（コロナ禍前後の比較）

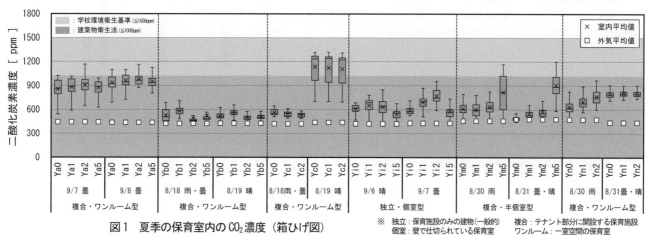

図1　夏季の保育室内のCO_2濃度（箱ひげ図）

ベビーカー乗車乳児の熱環境に関する一考察

近藤　恵美（近畿大学工業高等専門学校）

1．はじめに

　乳幼児は環境に対する熱的な適応力が低く温熱環境への対策が必要と考えられるが、乳児の人体の熱収支に研究は稀有である。人体の熱収支に関わる温熱環境要素は，気温・湿度・風速・放射温度（熱放射）・代謝量・着衣量の6要素である。本研究ではこれらの温熱要素に関連する人体受熱の算定に必要な係数値を算出することで，乳児人体の熱収支に関する特性の一端を把握することを目的とする。

2．ベビーカー乗車乳児の形態係数

　形態係数は地表面や壁面・窓面などからの放射熱を考慮することに用いられる係数値である。

2－1　実験方法

　乳幼児の人体モデルを用いて人体と矩形面との間の形態係数を立体角投射法則に基づく魚眼レンズを用いた写真撮影法によって実測した。人体を取り囲む実測座標系を図1に示す。実測座標の原点はその奥 0.1m の位置を通る鉛直線と床面の交点とした。ベビーカーの乗車姿勢を保たせるために透明なアクリル板で作成した架台に人体モデルを載せ、空中に浮かせた状態を作ることで人体下方面を設定した。椅座位状態の撮影写真の一例を図2に示す。

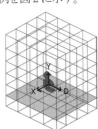

図1　実測座標系　　　図2　実測写真の一例

2－2　実験結果及び考察

　ベビーカー乗車時及び椅座位状態（ベビーカー乗車姿勢を保つのみ）の2姿勢について、人体周囲を囲む正面・背面・右側面・左側面の各壁、床、天井に相当する矩形面との間の形態係数を算出しグラフ化した。前方床面と後方床面について2姿勢を比較し、図3と4に示す。図中ベビーカー乗車姿勢を実線で、

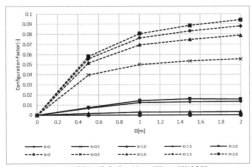

図3　乳児と前方床面との間の形態係数

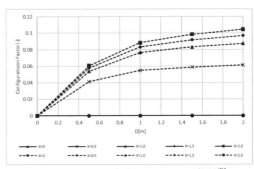

図4　乳児と後方床面との間の形態係数

椅座位姿勢を破線で示す。ベビーカーに乗車することで床面（地表面）からの放射熱を遮蔽されることは明らかであるが、床面からの放射熱はベビーカー本体に吸収されベビーカーから伝導あるいは再放射が懸念される。

3．ベビーカー乗車乳児の着衣量

　着衣量は衣類の断熱性能を示す係数値である。

3－1　実験方法

　形態係数の算出に用いた乳児モデルを基に作られたサーマルマネキンを作製し、人工気候室において実験を行った。実験に用いた着衣は季節ごとの代表的な組み合わせとした。組合せ着衣を図5に示す。

図5　組合せ着衣（左から夏期・中間期・冬期）

3－2　実験結果及び考察

　ベビーカー乗車時及び椅座位状態の2姿勢について、季節ごとの着衣量を算出した。結果を図6に示す。

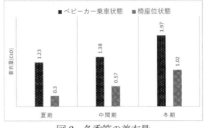

図6　各季節の着衣量

　人体を包む形状であるベビーカーに乗車することで断熱抵抗は2～4倍上昇することが明らかとなった。

4．まとめ

　ベビーカー乗車乳児の人体受熱の算定に必要な係数値である形態係数および着衣量を算出した。ベビーカーの地表面からの放射熱遮熱の状況と、人体からの放熱を阻害するベビーカー断熱性能の一端が明らかとなった。

親子間におけるメラトニン分泌パタンの関連の検討

笠井　茜（日本体育大学）

鹿野　晶子（日本体育大学）

吉永　真理（昭和薬科大学）

大西　宏治（富山大学）

野井　真吾（日本体育大学）

【目的】

本邦では，子どもの生活リズムの夜型化や睡眠時間の短縮化といった睡眠問題が深刻である．Noi and Shikano (2011) は，平日と休日明けの唾液中メラトニン濃度の分泌パタンの差異を示し，現代の子どもの睡眠問題の実態について客観的指標をもって報告している．また，子どもの睡眠問題は子ども自身の生活習慣の影響を受けるだけでなく，保護者の生活習慣や保護者をとりまく社会的資本が影響する (Noi et al., 2021) とも報告されている．加えて，メラトニン分泌は直前の生活状況の影響を受ける (Noi and Shikano, 2011；野井・鹿野，2018) ことから，家庭内で同じ時間を過ごす親子間では生活状況が類似し，その結果，親子間で同様のメラトニン分泌パタンを示す可能性がある．

そこで本研究では，親子間における唾液中メラトニン分泌パタンの関連を検討することを目的とした．

【方法】

本研究は昭和薬科大学倫理委員会の承認を得ておこなった（受付番号 2019 年度第 15 号）．

対象は，東京都世田谷区の A 小学校に在籍する小学 1–6 年生とその保護者 43 組であり，調査は，2022 年 11 月–12 月に実施された．本研究では，唾液中メラトニン濃度を測定した．唾液の採取は，特別な行事のない連続した平日の 2 日間における 21：30（以下，「夜」と略す）とその翌日の 6：30（以下，「朝」と略す）の 2 時点にて唾液採取器具 (Sarstedt Co., ドイツ) を用いておこなった．唾液中メラトニン濃度の測定には，酵素結合免疫吸着測定法 (enzyme-linked immuno-sorbent assay: ELISA) を用いた．分析では，夜と朝の唾液中メラトニン濃度の結果を基に，Noi and Shikano (2011) の報告に準じて「夜＞朝」の検体を朝型群，「夜≦朝」の検体を夜型群とした．その上で，1) 夜と朝の親と子どもの唾液中メラトニン濃度の関連を Pearson の積率相関係数を算出して検討した．次に，2) 子どもと親とにおける唾液中メラトニン濃度の分泌パタンを確かめ，朝型群と夜型群の割合を算出した．さらに，3) Fisher の正確確率検定を用いて，親の朝型・夜型群別にみた子どもの朝型・夜型群の割合を比較した．なお，本研究における結果の統計的有意差は，いずれの場合も危険率 5% 未満の水準とした．

【結果】

本研究では，唾液の検体量不足例や検出不能例を除いた 114 検体で検討をおこなった．

図 1, 2 には，夜と朝における親子の唾液中メラトニン濃度の関係を示した．これらの図が示すように，夜の唾液中メラトニン濃度では，親子間に中程度の正の相関関係が認められた（図 1）．対して，朝の時点では両者間に有意な相関関係は認められなかった（図 2）．

次に，夜と朝の唾液中メラトニン濃度の分泌パタンを確認し

た上で，朝型群と夜型群の割合を算出した．その結果，子どもの朝型群は 48.0%（12 名），夜型群は 52.0%（13 名），親の朝型群は 56.7%（17 名），夜型群は 43.3%（13 名）であった（図 3, 4）．

以上を踏まえて，親の朝型・夜型群別にみた子どもの朝型・夜型群の割合を比較したところ，統計的に有意な関連性は検出されなかったものの，夜型群の親の子どもは夜型群が多い様子が観察された（図 5）．

【まとめ】

本研究の結果，夜の唾液中メラトニン分泌は親子間で相関する様子，親が朝型，夜型いずれの場合でも子どもは夜型である割合が高く，その傾向は親が夜型の場合により強い様子が観察された．本研究の結果は，生活リズムの夜型化が深刻である様子を物語ると同時に，親が夜型である場合，子どもはその影響を受けやすい可能性を示している．

【付記】

本研究は JSPS 科研費（19K11605）の助成を受けて実施されたものである．

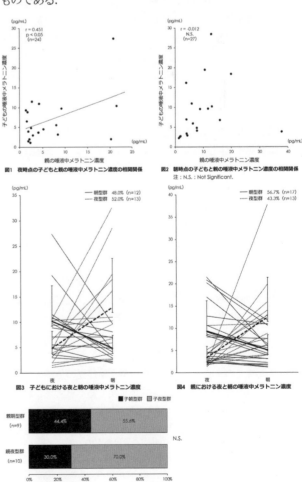

図1　夜時点の子どもと親の唾液中メラトニン濃度の相関関係

図2　朝時点の子どもと親の唾液中メラトニン濃度の相関関係
注：N.S.：Not Significant.

図3　子どもにおける夜と朝の唾液中メラトニン濃度

図4　親における夜と朝の唾液中メラトニン濃度

図5　親の朝型群・夜型群別にみた子どもの朝型群・夜型群の割合
注：N.S.：Not Significant.

重症心身障害児の室内療育環境に関する研究
－全国の重症心身障害児施設を対象としたアンケート調査－

青木　哲（岐阜工業高等専門学校）
今田太一郎（岐阜工業高等専門学校）

1．はじめに

重症心身障害児（以下、重症児）が入所する重症児施設は、医療の場であると同時に生活・学びの場でもあるため、その療育環境のあり方を検討していくことは重要である。これまでに、青木ら[1]は岐阜県内の重症児施設を対象に、温湿度、光、音環境の実測調査を行い、温湿度環境については健康面を優先して調整されており、光・音環境については変化に乏しいことを明らかにしている。しかし、これらは1施設における知見のため、より多くの施設の実態把握が重要である。

そこで本研究では、全国の重症児施設で実施されている温湿度、光、音環境に関わる調整方法や課題などをアンケート調査によって把握し、重症児の健康維持や発達支援につながるような空間づくりのための資料とすることを目的とした。

2．研究方法

調査対象は、全国の医療型重症児施設とし、2022年12月に全国の210施設に郵送を行い、有効回答率は24.3%（51施設）であった。本調査を行うにあたっては、研究趣旨や倫理的配慮を記載した書面を同封し、同意された施設にご回答いただく形とした。表1にアンケート項目を示す。主な項目は、施設の概要、室内環境調整方法、温湿度、光、音環境の満足度および不満な点等、全24項目である。なお、アンケートでは主に重症児が生活する居室（病室）の部屋①と、それ以外で日中等の活動で利用する遊戯室などの部屋②について回答頂いた。

3．調査結果と考察

光環境については、部屋①、②で、それぞれ22.5%、43.2%で不満があると回答しており、部屋②で多かった。部屋①ではやや満足・満足と回答した施設でも不満点（図1）を挙げた施設が多く、日光の強弱や、明るさの調整、様々な光環境に（重症児が）触れる機会が少ない等の点がみられた。

音環境については、部屋①、②で、それぞれ22.5%、29.4%で不満があると回答していた。不満点としては（図2）、両室ともに、主に聞こえる音の種類や、音の大きさの調整であった。

施設内で行っている重症児のための光・音などに関連した取り組みについて図3に示す。自然光を浴びる、光の取り入れ・遮断などは、健康への配慮と考えられる。一方、スヌーズレン、季節音の取り入れ、光の演出などは、変化に富んだ光や音の刺激を重症児に与えたいという意図が窺えた。以上のことより、施設計画時での光環境へ一層の配慮や、重症児の体験の幅を広げるための療育スペースの確保等が重要であると考えられた。

謝辞　アンケート調査にご協力頂きました各施設に厚く御礼申し上げます。また令和4年度研究室学生である古野純喜さんの協力を得ました。本研究はJSPS科研費20K02697の助成を受けたものである。

参考文献

1）青木哲，石川あゆみ，今田太一郎：重症心身障がい児施設の温度・湿度・光・音環境に関する研究，こども環境学研究，Vol.18, No.3, pp.49-57, 2022.12

表1　主なアンケート項目

分類	調査項目
施設の概要	・施設名　・構造　・建築年　・改築年　・施設の種類 ・回答していただいた方の職階　・療育で利用する部屋
温熱環境	・目標温度　・加湿設備、加湿器の設置有無と使用期間 ・目標湿度　・換気方法　・COVID-19流行から変更した点 ・居室の温度はどう感じるか　・居室の湿度はどう感じるか
光環境	・日光の調整方法　　　　　・日光の重要度 ・現在の生活空間の満足度　・現在の生活空間の不満点
音環境	・施設内外から聞こえる音　・不快だと感じる音 ・好む音　　　　　　　　　・意図して聞かせている音 ・現在の生活空間の満足度　・現在の生活空間の不満点
工夫している事	・光、音環境に関わる取り組み ・建築面や建築的な設備によって、活動が阻害される要因、問題点

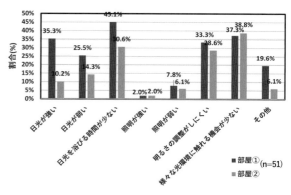

図1　施設内における光環境の不満点

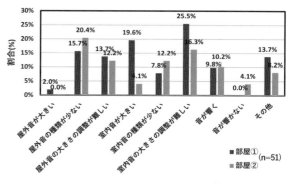

図2　施設内における音環境の不満点

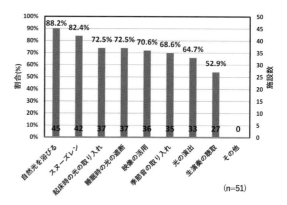

図3　施設内における光・音を活用した取り組み

ワンルーム型保育施設の室内空気環境と家具配置に関する気流解析

大西達也（横浜国立大学大学院都市イノベーション学府）
種市慎也（横浜国立大学大学院都市イノベーション学府）
胡怡賢（横浜国立大学大学院都市イノベーション学府）
田中稲子（横浜国立大学大学院都市イノベーション研究院）
松橋圭子（東京都市大学人間科学部）

1．はじめに

　近年、都市部では複合建築物に開設される保育施設が多く見られている。このような施設ではワンルーム型の割合も高く、家具で広い空間を仕切る特徴をもつ[1]。この家具による空間のゾーニングは、園児の遊びや交流に重要な役割を果たすことが明らかにされ[2]、実際の保育施設でも子どもの遊びを考慮した家具配置が行われている。一方でワンルーム型の保育室では、平面・鉛直方向にCO_2濃度差が生じることが気流解析によって明らかにされている[3]。この一因として家具の影響が指摘されているものの、家具配置の違いによる変化については未検討であった。

　そこで、本研究では家具配置が室内空気環境に与える影響を明らかにすることを目的に、横浜市内のワンルーム型保育施設を対象にした気流解析を行う。

2．研究方法

　筆者が 2022 年に横浜市の保育施設を対象に行った実測結果[4]を基に気流解析を実施した。本報では Yn 施設の 2 パターンの家具配置の結果のみ示す。解析条件は表 1 の通りであり、午前中（10：00～12：00）の自由遊び時の CO_2 呼出量[3]を想定した。なお解析データは、各保育エリアの高さ 0～1.5m の範囲の平均値を用いた。

3．解析結果

　図1に各保育エリアの解析条件ごとの CO_2 濃度を示す。コロナ禍による一時的な窓開け換気により CO_2 濃度が 200～300ppm 低下することが窺えた。今後、感染症流行が収まると冷暖房負荷軽減等の理由から再び窓開けを行わず、Case2 のような状態に戻ることが予想される。そこで、機械換気設備のみを運用した際の家具配置の影響を検討する。

　図2、図3はそれぞれCase2、Case3における CO_2 濃度の分布である。図2よりCase2では北側の CO_2 濃度が高く、2歳児エリアの平均 CO_2 濃度が 1135ppm で最大 1225ppm であった。一方で図3よりCase3では東側の CO_2 濃度が高く、2歳児エリアの平均 CO_2 濃度が 1098ppm であり、最大でも 1176ppm に留まる結果となった。

　次にCase2とCase3において、同じ地点の CO_2 濃度を比較する。その結果、給気口に近い C 地点ではどちらも同程度（約 950ppm）であったが、A 地点ではCase3 の方が 170ppm 程度高いのに対し、D 地点ではCase2 の方が 140ppm 程度高い結果となった。また、B 地点ではCase3 の方が若干（75ppm 程度）高かった。このように家具の配置だけでも CO_2 濃度の分布が異なることが示された。

4．まとめ

　ワンルーム型の保育室では、家具配置によって空気環境の様相が異なることが明らかになった。したがって保育空間をゾーニングする際には、家具配置が建築環境へ及ぼす影響についても考慮することが重要と思われる。本報では 1 施設のみの解析であったため、その他の施設についても分析を続けていく次第である。

表 1　解析条件

	Case1	Case2	Case3
換気方法	機械換気+窓開け* コロナ禍想定	機械換気のみ コロナ前想定	機械換気のみ コロナ前想定
家具配置**	図2の配置		図3の配置

*実測調査[4]と同等の条件で実施
**保育面積が同等となるような家具配置を設定

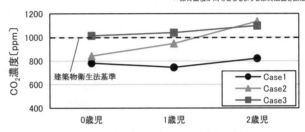

図1　解析条件ごとの CO_2 濃度比較

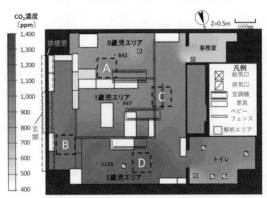

図2　Case2　CO_2 濃度分布（12：00）

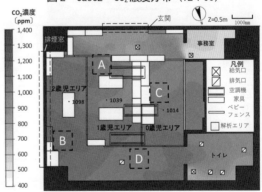

図3　Case3　CO_2 濃度分布（12：00）

参考文献
1) 宮島光希ほか3名：都市部の保育施設の建築的特徴が保育者の窓開け行為と室内外環境評価に及ぼす影響に関する研究，人間と生活環境，Vol.27, No.2, pp85-93, 2020
2) 西本雅人ほか2名：子どもの遊び行為の展開から見るコーナーを用いた保育スペースの構成　子どもの発達に伴うコーナー設定に関する研究　その2，日本建築学会計画系論文集，Vol.79, pp319-327, 2014
3) 種市慎也、田中稲子：気流解析による保育施設の環境調整条件の影響に関する研究-ワンルーム型の施設におけるケーススタディ-，人間-生活環境系シンポジウム報告集，Vol45, pp141-142, 2021
4) 大西達也ほか3名：夏季のワンルーム型保育施設における居住域の温熱・空気環境の実態, 日本建築学会関東支部研究報告集, 2023

複合型保育施設における換気量改善のための開口部改修工事に関わる課題整理と効果検証

小西　恵（一般社団法人　園Power）
種市　慎也（横浜国立大学）
田中　稲子（横浜国立大学）

■背景・目的

　近年多くみられる駅近くの商業施設等やオフィスビル内に整備される保育施設（以下複合型保育施設）では、容易に開閉出来る窓が少なく室内空気環境は機械換気設備に依存している。これまでの空気環境の実測調査[1]において、オフィスビルとは人数や活動量が異なる保育施設では設計換気量を運用時に確保することが難しく、用途に見合った換気量改善の必要性が指摘されている。コロナ禍を経て、これまで以上に換気の重要性が見直され、室内環境調整の自由度が求められている。しかし、複合型保育施設では、開放可能な窓が排煙窓のみの場合が多く、その開放も困難な状況がある。本研究では、換気に課題を抱えるA市にある複合型保育施設（以下Ya施設）を事例に具体的に改修計画を立案し、工事の実施と工事完了した一部の開口部の効果検証から、複合型保育施設における日常的な窓開けによる換気改善工事促進のための課題を整理することを目的とする。

■研究方法

　ヒアリング調査と窓開け換気による換気改善計画[注1]に基づく、それぞれの改修箇所についての検証と実施方法を検討し、改修計画の立案を通して課題を抽出した（図1）。

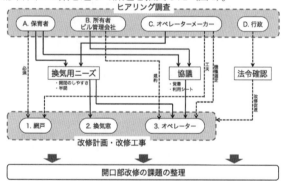

図1　複合型保育施設の換気改修研究の課題整理概念図

■ヒアリングから抽出したニーズと課題

　各方面へのヒアリングから以下のことがわかった。

1. 保育施設で求められる換気の窓は、開閉時のオペレーター操作の容易性とわかりやすさに加え、網戸が必須である。
2. ビル管理上の排煙窓の扱いは非常時以外の使用を禁じている実態がある。日常換気利用については覚書を交わす等の協議が必要となる。テナント型[注2]の場合は賃貸契約終了時の原状回復についても協議対象である。
3. 排煙窓のオペレーターには複数の種類があり、保育施設の日常換気に適しているものに改修が必要となる。
4. 排煙窓を日常換気利用するには、法令上の解釈が不明確であることにより、自治体関係部署によっては使用不可とする場合と不明瞭な見解しか出さない場合とがある。

■換気計画と空気環境調査に基づく改修工事計画の立案と実施

　シミュレーション[2]と実測調査[1]およびヒアリング調査結果を踏まえ、玄関扉上部の換気窓と排煙窓の窓開けによる換気改善の計画[注1]に基づく下記の改修工事計画を立案した。

1. 排煙窓への網戸設置
2. 玄関扉上部の換気窓への改修
3. 排煙窓オペレータの電動化への改修（表1）

　1と2の工事を行なった後、玄関上部換気窓改修前後の実測比較調査を行った。当初CO_2濃度が最も高かった2歳児エリアの空気環境の改善が確認でき、午睡後の急激なCO_2濃度の増加には、排煙窓の開放による換気量の確保が必要である事がわかった（図2）。その結果に基づき3の工事を行なった。2はビル管理上、各方面との協議が不要なハードルが低い改修工事であるが、1と3についてはビル管理者等との協議が必要となる。

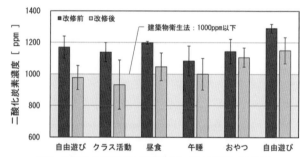

図2　玄関上部換気窓の改修前後における平均CO_2濃度
（Ya施設 2歳児エリア）

■まとめ

　複合型保育施設に適した窓開けによる換気改善の改修工事の促進をはかるため、その具体的な課題を明らかにした。課題の解決には、排煙窓として開発されてきたオペレーターの換気利用時の利便性の更なる向上が求められる。また、行政の判断が一律でないことにより工事が進めにくい現状があるため、法令上、日常換気利用が問題なく出来るような行政指導が必要であることを国交省に提案した。表1で実施した排煙窓の改修工事の効果検証については今後、実施する予定である。

表1　Ya施設におけるオペレーター改修工事前後の写真

謝辞　本ヒアリング調査において保育施設の関係者、オペレーターメーカー、行政関係部署の各位、研究を支えていただいたネクスト・アーバン・ラボ(NUL)の各位に心よりお礼申し上げます。

注1）空気環境改善には換気機械設備の変更が考えられるが、複合型保育施設の場合では大規模改修が伴い時間もかかるため、コロナ禍の緊急性を考慮し、窓開けによる換気改善方法を選択した。
注2）商業施設等やオフィスビル内において賃貸契約を交わしている施設をテナント型と定義する。

参考文献
1）　種市慎也、田中稲子、宮島光希、松橋圭子：中間季の換気行為に着目した都市部の保育施設における換気に関する研究　日本建築学会環境系論文集　Vol.88, No.806, pp.288-299, 2023
2）　種市慎也、田中稲子：気流解析による保育施設の環境調整条件の影響に関する研究-ワンルーム型の施設におけるケーススタディ-，人間-生活環境系シンポジウム報告集，Vol.45, pp.141-142, 2021

ズボンが子どもの身体に与える影響—保護者の意識調査－

宮沢優紀（株式会社遊道）
神谷武志（琉球大学病院）

Ⅰ. 目的
　子どもは日々の暮らし（遊び・生活）から成長・発達の要素を獲得している。その中で自発的に動き、自主的に判断し、主体性を育んでいく。その活動を行う身体動作が衣服により拘束された場合、無意識に活動の選択の幅を減少させるのではないかと考えた。本研究ではズボンの種類から子どもの身体可動域の変化を調査した。また衣服を選ぶ保護者の意識調査を行い、保護者に子どもの衣服と成長について興味を持ってもらう活動につなげることが狙いである。

Ⅱ. 方法
A. 3種類のズボンによる股関節外転可動域の調査
対象：
生来健康で保護者の同意が得られた男児2例（5歳・7歳）
種類：A（ジーンズ生地の長ズボン）B（柔らかい素材の長ズボン）C（半ズボン）
調査方法：単純レントゲン撮影による臥位で股関節正面外転位撮影を行う（性腺防御）。撮影は放射線技師が担当した。

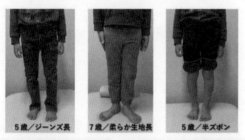

5歳／ジーンズ長　　7歳／柔らか生地長　　5歳／半ズボン

7歳／ジーンズ長　　7歳／半ズボン

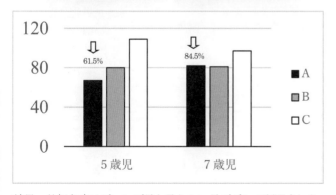

61.5%　　84.5%

■A　■B　□C

結果：外転角度はジーンズ長と柔らかい長ズボンで制限された。
5歳男児：ジーンズ長は半ズボンの61.5%
7歳男児：ジーンズ長は半ズボンの84.5%
柔らかい長ズボンの生地によってはジーパンと変わらない可能性がある。半ズボンは股関節外転を制限しなかった。

B. 保護者へのアンケート調査
対象：北海道・沖縄県の0歳～11歳までの保護者20～40代
回答：610件（北海道　77　・／　沖縄県　533）
調査期間：2023年1月18日～2月20日
結果：
衣服を選ぶ時に重要視していることを3つ答える

	動きやすさ	着心地	価格	デザイン	ほしがる物	洗濯のしやすさ	耐久性	ブランド
20代	59	41	63	43	12	1	5	1
30代	276	167	269	120	26	42	58	3
40代	112	109	105	60	12	34	22	3
合計	447	317	437	223	50	77	85	7

子どもの衣服選びについて情報を教わったことはありますか？

合計比較

ない 79%　　ある 21%

	ある	ない
20代	16	63
30代	66	303
40代	29	49
合計	111	415

あると答えた方へ、どこで情報をしりましたか？複数回答

	ネット	テレビ	書籍	保育施設	子育て支援センター	乳児検診	妊婦健診	親	親戚	友人	職業上	療育
20代	8	2	1	3	1	3	0	1	0	0	0	0
30代	10	6	16	16	1	2	0	4	5	8	1	1
40代	4	8	6	15	1	0	0	4	0	3	3	0
合計	22	16	23	34	3	5	0	9	5	11	4	1

Ⅲ. 考察
　股関節外転角はジーンズ生地長ズボンで明らかに制限されることが分かった。さらに柔らかい生地の長ズボンが必ずしも外転しやすいズボンとは言えないことが分かった。今後は子どもが動きやすいズボンの条件を具体的に調査する必要がある。

　また、アンケート調査から約8割の保護者が、子どもの成長と衣服の関係性について情報を得る環境がないことが分かった。しかし服選びのポイントでの上位が「動きやすさ」と「素材や着心地がよいもの」と子ども優先で選んでいることが分かった。また、保護者の実感として「子どもは自分で動きやすいズボンを選ぶ」「動きにくい服を着ると機嫌が悪くなる」など、衣服によって子どもの気持ちの違いを感じる意見が多く見られた。このように子どもの衣服と成長に関心がないのではなく、情報を得る機会を作ることで、より子どもの成長につなげられる環境を整えることができると感じた。

Ⅳ. 最後に
　保育施設では保育者の経験から、動きやすい服装の提唱を行っている部分が多いため、今後は根拠に基づきながら保護者に衣服環境を整えることの大切さを伝えていきたい。毎日身につける物だからこそ、子どもたちが最大限に活動して様々な体験を積み重ね、挑戦する心を育む活動に取り組んでいきたい。

乳幼児を持つ保護者を対象とした身体活動を促すためのリーフレットの作成

峰友紗*　　川島昌泰**　　篠崎優奈**　　橋本琴音**　　村田愛華**
*. 武蔵野大学教育学部幼児教育学科
**武蔵野大学教育学部幼児教育学科4年

1．問題・目的

　昨今、コロナウイルスの蔓延を一因とし、成人のみならず乳幼児においても家庭での外出の機会や園での外遊びの時間の減少に伴い、乳幼児が身体を動かす機会は減少している。文部科学省は、幼児期運動指針において、幼児期の運動は、幼児の多様な動きの獲得や体力・運動能力に影響するとし、重要性を示唆している。幼児期の運動は、その後の学童期や青年期以降の発達に影響を与え、その影響は意欲や気力の減弱、対人関係などコミュニケーションの構築など多岐にわたる。また、乳幼児期において、適切な身体活動量は、将来の健康につながる。乳幼児期の運動や身体活動は、乳幼児と関わりを持つ保育の場だけでなく、保護者と過ごす家庭での過ごし方も非常に重要である。保護者が、子どもと一緒に運動遊びを行うことや、日常生活に身体活動を取り入れることで、子どもの将来の発達を促し、健康に繋げることができる。本研究は、乳幼児をもつ保護者に対し、運動の重要性を伝え、乳幼児の運動や身体活動を効果的に促すためのリーフレットを作成することを目的とする。

2．調査方法

2-1　研究の手順（抄録は③までを提示）

①文献や資料等による文献調査と情報収集
②乳幼児をもつ保護者に配布するためのリーフレットの作成
③リーフレット（第1版）に関するインタビュー
④③をもとに改訂し、第2版を作成
⑤第2版に関するインタビュー、アンケート等
⑥第3版（完成版）を作成

2-2　リーフレットの作成、インタビューとその分析

　乳幼児期における身体活動の現状と、適切な身体活動量、それらが身体に与える影響と、乳幼児期の適切な身体活動に関する情報を資料や文献をもとに収集し、それらの情報を元に、乳幼児を持つ保護者を対象とした乳幼児期の身体活動に関するリーフレットを作成した。作成後、リーフレットに関する意見をインタビューで収集し、分析した。調査対象者は、年齢、性別、子育て経験の有無を問わず、17名からの有効な回答を得た。分析は、収集されたインタビューを意味のある文節にわけ、その文節を類似したグループに分け、整理した。

3．結果・考察

3-1　リーフレット（第1版）の作成

　文献調査の結果から、乳幼児期における身体活動の現状と問題点として、三間（仲間・空間・時間）の減少や日常的な動作などの運動を含む身体活動、それに必要な体力の低下が挙げられた。また、子どもの年齢によって推奨されている身体活動量があることを確認し、その内容と具体的な遊びを提示したリーフレットを作成した。

3-2　リーフレットに関するインタビュー

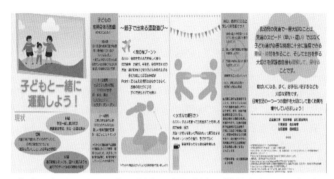

　作成したリーフレットに対する意見調査の結果を大カテゴリとして『内容』と『デザイン』に分類した。『内容』に関する意見は、「内容の検討」「専門的内容の不足」「対象者」「情報」「文章表現の修正」「遊びの具体例」に、『デザイン』に関する意見は、「イラスト」「写真の利用」「レイアウト」「フォント」「配置」「構成」「言葉」「例の示し方」「メディアツールの活用」に関する意見に分類した。具体的には、「運動を増やすことへの内容の不足」や「家庭での運動に対するモチベーションを向上させる内容の不足」という意見が多かった。このことから、運動をすることのメリットや現状、乳幼児期の子どもを持つ家庭での運動を促進することが出来るよう、具体的で、家庭にとって身近な内容であることが求められていると考察した。また、「文字が多く読みにくい」や「専門的な養護に対する説明が不足している」という意見も多く、要点を絞り明瞭で視覚的な情報が求められていると考察した。

大分類	分類	観点	意見
内容	内容の検討	内容が悪い	ネットから持ってきた情報を合わせた印象がある
	専門的な内容の不足（専門知識）	保護者の運動に対する理解不足→専門的な内容が足りない	運動を増やすことが分からない
	専門的な内容の不足（専門知識）	安全への配慮	遊びの注意表記が足りない
	対象者（対象者の設定）	対象の明確化	誰に向けてのものか明確
	対象者（対象者の現状把握）	保護、子どもの現状を把握する	親の状況が反映されていない、子どもの現状に合ってない
	対象者（対象者の現状把握）	対象者の年齢に対する知識の把握	遊びの内容が分からない
	情報	子どもの運動量の提示	実際の運動量が知りたい
	文章表現の修正	運動に対する理解不足→やる気につながる言葉がけ	親子で一緒にできる運動の効果、モチベーションにつながる具体的な行動が必要
		文章の設置	文章の中で説明が足りない
	遊びの具体例	遊びの具体例の提示	共起交流する主張、シングルなどと家庭の違いやお地域・伴侶環と子どもの生活感覚の違いを考慮した運動遊びを提案してほしい
		具体例に専門的な内容を足す	WHOや文科省の具体例を増やす
	遊びの提案	日常生活に取り入れやすい遊びの提案	生活に取り入れやすいことが欲しい
デザイン	イラスト	イラストと内容が一致	遊びの内容を絵を見てもわからない
		イラストの使用	絵が少ない
	写真の利用	イラストの配慮	イラストが分かりにくい、写真が多い
	レイアウト	デザインの工夫	目線の流れを意識する
	フォント	文字の太さ、大きさ	文字が同じで読みづらい
		フォントの色、字体などメリハリ・強調	文字のメリハリが欲しい
		キーワードの強調	キーワードが目立つ
	配置	文字や枠のバランスや配置を考える	全体の流れをスムーズにする
	構成	構成の検討	読みにくい
	言葉（分かりやすい表現）	言葉の言い換え	専門用語で難しい
			単語が難しい
	言葉（専門用語）	保護者に合わせた説明	読み手に伝わりやすい言葉
		作成者の専門用語に対する理解不足	説明不足の文章がある
	例の示し方	室内遊びの具体例	室内でできるもの
	メディアツールの活用	QRコード、動画、写真の利用	保護者の環境に合わせた提示方法
その他			忙しい主婦からこんなに手が多くて読む気にならない
	肯定的な意見		遊びの具体例が載っていることがやる気につながる

4．結論

　保護者から、「運動を増やす」ためにどのようにしたらよいか、「家庭での運動に対するモチベーションを向上する」ことに対する意見があり、具体的で各家庭に即した身近なことが求められていた。これらを踏まえ、第2版、第3版を作成し、評価を行う。

こどもの害虫対策としての「おにやんま君」の視覚要素に関する研究
−蚊の行動分析をもとに−

小松原治弥（名古屋工業大学 創造工学教育課程 情報社会コース 建築・デザイン分野）
石松丈佳（名古屋工業大学 社会工学専攻 建築・デザイン分野 教授）

1. 研究の背景と目的　虫除けスプレーなどは、忌避剤と呼ばれ、一般的に流通している。しかし、直接皮膚に塗布することから、特に幼児は、殺虫剤以上に毒性について考慮しなければならない [1]。一方、「おにやんま君」というフィギュアがあり、こどもたちが公園などで身につけている様子を目にすることもある。2020 年に「おにやんま君」は、生態系における捕食と被食の関係を用いた虫除けグッズとして販売された。この商品は、化学物質や電気を使用しないため、人や環境に優しい虫除けであるとメディアで紹介された [2]。そこで本研究では、試験体を用いた比較実験を行い、「おにやんま君」の虫除け効果を検証するとともに、小昆虫 [3] [注2] が逃避反応を示す視覚要素について考察することで、こどもの害虫対策につながる視覚要素に関する知見を得ることを目的とする。

2. 試験体　本研究では、4 つの試験体 [注1] を用意した。試験体の長さは、「おにやんま君」の胴体部分の長さと同程度の 95mm とした。

3. 実験方法・分析方法　本研究では、小昆虫の中で捕獲が容易であるヒトスジシマカを対象とした。実験装置内に捕獲した供試虫を収容したのち試験体登場の前後を録画した。その動画を 1 サンプルとし、試験体ごとに 8 サンプル、計 32 サンプルを 1 秒ごとの画像に編集し分析した。

4. 結果と考察

4.1 活動の活発化と逃避　実験日ごとに供試虫の総数が異なるため、活動個体数の割合を算出し、図1 の通り各試験体の平均値を示す。図1 より、①黒色と④おにやんま君は、試験体なしと比べて活動個体数割合の平均値が高いことから、供試虫の活動を誘発しやすいことが判明した。よって、①黒色と④おにやんま君の視覚要素は、供試虫の活動を活発化させると考えられる。生物において、活動を活発化させることは、エネルギーコストがかかるため、繁殖や逃避、採餌といった利益を伴う場合に起こる行動とされている [注3]。　本実験において繁殖行動や採餌行動を極力除外したため、①黒色と④おにやんま君は、小昆虫に対して逃避効果があると推察される。

4.2 総活動量　本研究では、分析時間における 1 個体の活動軌跡とする線の長さの合計値をその個体の活動量として捉え、各試験体に対し、1 サンプルの供試虫の活動量の合計を総活動量とする。図2 より、試験体ごとの総活動量の箱髭図を比較すると、①黒色と④おにやんま君が、②黄色と③縞模様より長距離側に傾倒しており、①と④が、供試虫の活動量を高めたと考えられる。また、この考察は、4.1 で判明した①黒色と④おにやんま君が供試虫の活動を活発化させることと対応しているため、①と④に逃避効果があるという可能性が高まった。

4.3 縞模様の棒と「おにやんま君」の違い　図2 より③縞模様と④おにやんま君の供試虫の総活動量における中央値を比較す

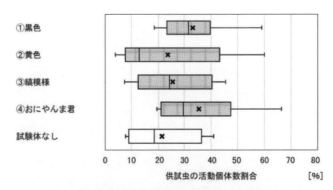

図1　試験体ごとの活動個体数割合の分布状況

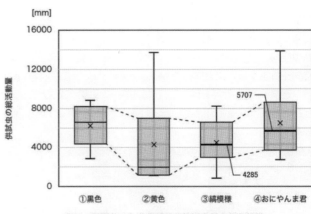

図2　試験体ごとの供試虫の総活動量の分布状況

ると、④は、③より1422mm 長かったため、小昆虫に逃避反応を起こさせる視覚要素は、黒色と黄色の縞模様ではなく、オニヤンマの目と羽の造形であることが推察できる。

5. 本研究を通して、害虫対策につながる視覚要素に関して以下の知見を得た。[1]「おにやんま君」は、最も小昆虫の活動を誘発し、逃避効果を示す。また、黒色の棒でも逃避効果を示す。[2] オニヤンマを模した縞模様の棒だけでは、小昆虫に対して有効な逃避効果を示さない。[3] オニヤンマの目や羽の造形は、小昆虫の逃避反応を引き起こす重要な視覚要素である可能性が高い。今後は、さらに実験を行い、例えば生地のデザインなど、こどものための害虫対策としてのアイテム開発に発展させたい。

【参考文献・注釈】

1) 池庄司敏明：蚊, 東京大学出版会, 1993, pp. 92-164, pp. 215-230

2) す・またん！：ショコジャーナル虫よけグッズ！おにやんま君の謎を調査！, 読売テレビ, 2021.08.16(テレビ番組)

3) 渡辺守：トンボの生態学, 東京大学出版会, 2015, pp. 172-178

注1) 4つの試験体：①黒色、②黄色、③縞模様（「おにやんま君」の腹部分と同じ模様）、④おにやんま君

注2) 蜻蛉目が餌とする蚊やハエ、アブなどの小型の飛翔性昆虫

注3) 名古屋工業大学環境都市分野、増田理子教授に対する意見聴取より, 2022.11.09

大学病院における子ども達への医科学リテラシーの涵養活動

松原　宗明（筑波大学医学医療系 心臓血管外科）
加藤　秀之（筑波大学医学医療系 心臓血管外科）
平松　祐司（筑波大学医学医療系 心臓血管外科）

【背景・目的】特殊環境が重なる大学病院では，子ども達に行える医科学リテラシーの涵養活動は一般的に制限が多い。しかし大学の知的財産や医科学領域独自の周囲との接点を上手く利活用することで，体系的な学校教育とは異なる自立的で協働的な学びと新しい価値感の創成を子ども達に醸成し得ることは可能である。また健常児だけでなく，病気や障害を抱えながら生活する患児へのアプローチも医療者独自の目線で対応ができ相乗効果も高い。

【方法】①健常児には講義や実習を受けながら最先端の医学医療現場の実体験が可能な『キッズメディカルユニバーシティ』を開催し，多種多様な子ども達の興味や能力の育成と未来の医療人を目指すためのプロローグの場として企画を催した。

②生まれつきの心臓病や障害を抱えながら生活する『医療依存度の高い』子どもや家族には日常の緊張感から解放された大自然の空間で，難病をかかえる同じ境遇の友達や家族との大切な時間や貴重な思い出を作ってもらうと共に，子ども自らの病気への理解・知識の習得を促し，新しい世界への可能性を見出してもらえるよう医療ケア付きキャンプ場に無償招待する企画を催した。

③新型コロナウイルス感染波及により①及び②のイベント延期を余儀なくされた。そこでコロナ禍でつらく長い闘病生活の中で，外で遊ぶことや自然体験の機会が減少した長期入院中の難病とたたかう子ども達に大自然を兼ね備えた医療ケア付きキャンプ場との『オンライン院内学級』を提供する企画を催した。

【活動実績】

① 『キッズメディカルユニバーシティ』
2015年より5年間，夏季休暇中の小学校高学年生を対象に多領域の最先端医療分野が1日体験可能な企画を開催した。計279名（男子112名，女子167名）の小学生が本企画に参加した。

② 『キッズキャンプツアー』
2017年より3年間，夏季休暇中に過去に重篤な心臓病手術をうけ難病と闘っている子どもとその家族を対象にした家族キャンプを2回，患児だけの子どもキャンプを1回開催した（特別に配慮された医療ケア付きキャンプ場で（北海道））

③ 『オンライン院内学級』
2021年より病気で長期入院中の子どもたちに（県内4施設の院内学級との同時開催），通常の院内学級のプログラムに取り入れる形で，大自然を兼ね備えた医療ケア付きキャンプ場（北海道）とオンライン院内学級を開催した。

【結果及び考察】

① 『キッズメディカルユニバーシティ』
「大胆なアイデア」，「奔放な想像力」，「多様な知性」といった幅広い創造性をもつ小学生が，夢に向かって薔薇色のストーリーを目指すには，二つ大人が支援すべき重要な問題がある事を認識した。一つ目は小学生が日頃体験できない環境を供給する事は子ども達に調和的情熱を涵養させ，「夢は叶う」というグロースマインドセットを育める絶好の機会に繋がるという点である。二つ目は子ども達の創造力を欠落させない事である。ともすると学校教育では学力優先の生活となりがちだが，無数の創造性溢れる子ども達には間違えを恐れず独創的発想を算出する機会を与え，また「やればできる」というポジティブな自己充足的予言を習得させることが大事であるという点である。

② 『キッズキャンプツアー』
心臓病と闘う子ども達だからこそ分かち合える交流や思い出が経験できたと共に，日頃味わいにくい『新しい出会いや体験，同じ病気をもった子ども間での絆・交流，生きる力や希望の生成…』を実体験することで，参加者の通学・出産・就職・結婚といった将来の裾野を開くトリガーを引くことができた。同時に『年齢相応の心臓病の理解・認識の重要性』や『心臓病を抱えながら日常生活に順応するための意識改革』，『心を豊潤にする情操教育の大事さ』なども併行して認識することが出来た。

③ 『オンライン院内学級』
入院や治療などで空間的にも心理的にも閉鎖的，抑圧的な状況に置かれやすい病気療養児の心理的な安定を図ることができ，感染の危険が無い中でも『自己を確立することを学び，仲間と触れ合い，自分の居場所を確保する』ことに繋がる新しい学習環境を提供しえた。

環境美化教育優良校表彰事業の AI テキストマイニングを活用した時代変化分析

佐藤克彦（（公社）食品容器環境美化協会）

【目的】

学校教育では、グローバル化や情報化、少子高齢化など急激な社会の変化に伴い高度化・複雑化している社会課題・時代の変化を受け入れた柔軟な対応が必要となっている。その対応として、様々な潮流が生まれている人材教育像の一つに、「地域とともにある学校」への転換が上げられ、「個に応じた指導」と「協働的な学び」によりこれを実現することが望まれている。

一方、産業界では、社会の持続可能性確保のために循環型社会への変革が求められている。第四次循環型社会形成推進基本計画では「地域循環共生圏形成による地域活性化」、「ライフサイクル全体での徹底的な資源循環」、「適正処理の推進と環境再生」「災害廃棄物処理体制の構築」、「適正な国際資源循環体制の構築と循環産業の海外展開」、に加え「循環分野における基盤整備」の将来像が提示されている。

このような背景の元、酒類・飲料産業から構成される食品容器環境美化協会では、環境美化教育優良校表彰事業を実施している。これは環境面での社会持続可能性の観点に立ち、環境適正化への貢献・次世代を担う人材育成への貢献を主眼とした取り組みであり、年に一回、全国都道府県から推薦された環境美化教育に優れた小・中学校等を表彰する事業である。

この事業では、環境美化教育を実践的な学びの場と位置付け、地域社会と連携により活動し、成果を得ている学校を、最優秀校として表彰している。従って、この最優秀校の活動を分析することで、時代や環境の変化への教育現場の対応の状況について、知見を得ることができると考えられる。そこで、我々は以下の二つの仮説を検証することを目的に、表題の研究に取り組んだ。

仮説１．環境教育の推進は、地域との学びを通し、その内容が社会課題に対応した内容に変化する。

仮説２．よって、環境教育の推進は、長期的な社会課題の解決する可能性を有する。

【方法】

環境美化教育優良校等表彰事業の概要：　「公共の場所の美化」又は「飲料あき容器等のリサイクル」を実践し、地域の環境美化に大きく寄与している小・中学校およびこれに準ずる小中学生の団体を表彰の対象とする。都道府県から推薦のあった小中学校を有識者からなる審査委員会で審査し、最優秀校を４校選定する。

AI テキストマイニングによる分析：　推薦資料中の「推薦機関が受賞候補等を推薦する理由」「活動の独創性・活動の特徴」「地域の環境美化への貢献」の項目をテキストマイニングツールにより分析し、比較した。比較は、2022 年度最優秀校 4 校と 2016 年度最優秀校 4 校を対象とした。

【結果】

ワードクラウドによる比較：　図１に示すように年次により特徴が表れる結果となった。2016 年では「ごみ問題」「海底」のスコアが高かったが、2022 年では「リサイクル」「ESD」が特徴的に高い結果であった。

単語分類：　両者に偏りのない単語として「地域」「連携」が分類された。一方、2022 年には「世界」「主体的」といった単語が出現した。

【考察】

2016 年、2022 年とも、地域・連携による実践を活動の共通基盤としていることが推察された。

その一方で、年次を経て主題の「ごみ問題」から「資源循環（リサイクル・エコ）」へ変化がうかがえる。2016 年当時いち早く「海洋ごみ」への関心が観察され、2022 年では、「グローバル化」や「経済性両立」への流れが観察されている。これは、教育効果が社会の関心事を反映していると見なすことができ、環境教育の社会課題へ対応した人材育成に貢献できる可能性を示唆した。

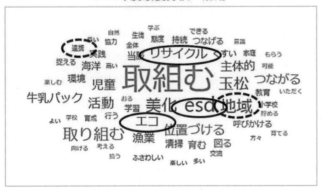
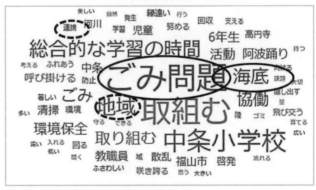

図１：ワードクラウドの比較
スコアが高い単語を複数選びだし、その値に応じた大きさで図示した。年次に特徴的な代表的な単語を実践（—）で、両年に貢献次で共通している代表的な単語を破線（--）で囲んでいる。

参考：ユーザーローカルテキストマイニングツールによる（https://textmining.userlocal.jp/）分析

人物骨格の機械識別術に基づく平衡運動分析から予測する前庭・運動系

岡本拓海，花朱迪，綿谷孝司，堀野元，三由野，小柴満美子

山口大学工学部機械工学科

1. 緒言

スラックラインは細いベルト状のラインの上でバランスを保つことを楽しむスポーツである．本報告では OPENPOSE[1] と DEEPSORT[2] という人間の骨格を推定する AI ライブラリを用いて，肩，肘，手首の動きについて平均値や標準偏差，自己相関係数などを活用し，スラックライン運動の定量特徴抽出を行う．内耳にある平衡感覚器官の前庭と内外側前庭脊髄路及び脳により，全身や頭部、眼球の動きを抗重力方向に調整しバランスを保つ．神経ネットワークは大脳や小脳の多領野から入力を受ける固有受容感覚を司り，自他認知に係わる精神基盤であること，自閉症症状の焦点とも考えられている．スラックラインを通じて，平衡感覚や視覚等の刺激入力を受け神経機能統合による運動調整の学習により，運動障害を伴う発達障害の療育法探索を想定した．

2. 実験方法

2.1　人物 ID 識別上の骨格抽出

OPENPOSE とは入力された動画像から深層学習を用いて登場人物の骨格を推定できる商用利用を除き無料のソフトウェアである．OPENPOSE に画像を入力すると，図2.1のように登場人物の 25 点の関節点を JSON 形式で出力を得た．

DEEPSORT とは人物追跡アルゴリズムに深層学習を組み込んだフレームワークで，フレーム前後で近い大きさと動きのオブジェクトを対応付けることで，人 ID 追尾を可能にする．

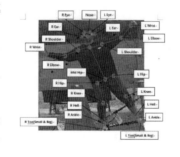

図2.1 OPENPOSE 各関節点

2.2　研究協力者

人一般研究審査で承認を受けた内容を遵守した．対象人数は4名で，成人男性2名（成人のプロ、一般成人の達人：一般男性と称す）、小学生低学年程度の男児、女児とし，成人男性は二回の再現性を評価した．

3. 結果

3.1 コレログラム

スラックラインの綱の上で自立平衡調整歩行が可能なプロと一般男性に対し、子どもには極めて困難のため、男の子は左手、女の子は右手を保護者に支えを受けた歩行を対象に、各左右体部位移動に係わるコレログラムを図3.1.1に示す．プロのみ1回目を前方、2回目は後方より観察し、他はすべて前方より観察を行った．その主要な結果は次の3点となった。

プロと一般達人、共に比較的長周期の傾向

プロより一般の達人の方が全身体部位 xy 共通な同期生

③言い換えるとプロの特に2回目は左右差が多く、短い周期が左側で多い傾向．男の子女の子も同様に対し、一般の達人は左右同期傾向

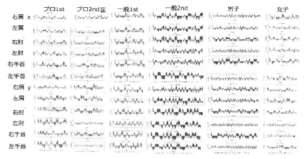

図3.1.1 全員のコレログラム比較

3.2　プロとの周期比較

1周期の frame 数のデータについて、プロの1回目のデータを基準に T-test を用いて求めた各人の結果を表3.2.1に示す．

表3.2.1　プロ（1回目）を基準とした T-test 結果

	右肩_x	左肩_x	右肘_x	左肘_x	右手首_x	左手首_x	右肩_y	左肩_y	右肘_y	左肘_y	右手首_y	左手首_y
プロ(2回目)	0.66	0.08	0.01*	0.03*	0.03*	0*		0.05	0.99	0*	0.59	0*
一般男性	0.31	0.06	0.96	0.56	0.92	0.4		0.89	0.09	0.01*	0*	0.32
一般男性(2回目)	0.03*	0*	0.02*	0.21	0.67	0*		0.03*	0*	0.72	0*	0.69
男の子	0*	0*	0*	0.05	0.33	0*		0*	0.11	0.01*	0*	0.2
女の子	0.76	0.34	0.52	0.24	0*	0.19	0.02*	0.21	0.55	0*	0*	0.04*

表3.2.1よりプロの方の1,2回目の比較的再現性が認められた右肩_x、右肘_y、右手首_yにおいて、全体に一般の達人との差異が認められ側帯部位に差異が認められた．

4. 考察

前庭覚は加速や回転、傾きなど重力下での運動に関わり、特にスラックライン中は重力の影響を受けやすい．本結果からプロは短周期ではあるものの，一般の達人，女児は長周期で男の子は短周期で上記感性考慮から、男児は恐怖を感じたり、前庭覚がまだ未熟で重力下での運動に習熟されていないことが考えられる．女児は男児よりも前庭覚が敏感で，綱上で体全体のバランスを保とうとしているところから、一般の達人同様全体的に長周期になったと予想される．今後例数を増やし解析を深めたい．

5. 参考文献

[1] Zhe Cao, Gines Hidalgo,Tomas Simon, Shih-En Wei, Yaser Sheikh. OpenPose:Realtime Multi-Person 2D Pose Estimation using Part Affinity Fields, arXiv:1812.08008

[2] Nicolai Wojke, Alex Bewley, Dietrich Paulus, Simple Online and Realtime Tracking with a Deep association Metric arXiv:1703.07402

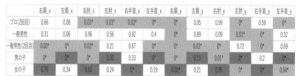

授業における「学び」の本質

木谷　晋平（美作大学生活科学部児童学科）

1．緒言

　遊びには夢中になる子どもたちが、勉強には集中できないことが多いのはなぜだろうか。このことをあまりにも端的な一言で表すとすれば、その活動自体が面白くないからである。ヨハン・ホイジンガは、その著「ホモ・ルーデンス」で、「人を夢中にさせる力のなかにこそ遊びの本質があり、遊びに最初から固有なあるものが秘められている」とし、人を「夢中」にさせる力の要素として、「面白さ」を挙げた[i]。

　学校現場に目を向けると、教師は児童生徒に「面白い」「わかる」授業を提案しようとしており、近年ではICT機器を利用用した取り組みが多くなってきた。さらに、文部科学省からは、「『主体的・対話的で深い学び』の実現に向けた授業改善の推進」が改訂の基本方針に示され、より児童生徒を主体とした授業が求められている[ii]。しかしながら、未だに「授業中に遊んではいけません。」といった、全員が教師や黒板に正対し、教師が求める解答を探る授業が行われている場面も多い。

　もちろん「授業≠遊び」である。しかし、「授業＝遊び」となる部分も存在している。図1は、授業における遊びと勉強、「学び」のイメージである。図のように、勉強と遊びとが重なり合う部分が、「学び」である。授業において、あまり興味を惹かれないがやらなければならない内容は勉強であり、授業の内容とかけ離れた活動は遊びである。「学び」は主体的・対話的で、深いものにつながる活動であり、そうでないものは勉強と考えるべきではないだろうか。

　本研究は、勉強と遊びの重なりである部分を「学び」と仮定し、「学び」を広げるために遊びを取り入れた授業の一例を示すことを目的とした。

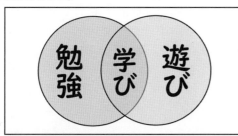

図1　授業における遊びと勉強、「学び」のイメージ

2．「学び」を広げるために

　ピーター・グレイは、子どもの遊び心について「学び、問題解決、創造性は、遊び心を妨げることによって悪化し、遊び心を推進することによって改善する」との見解を示した[iii]。また、柴谷らは「遊びはイメージから生まれるが、また遊びは新しいイメージを育てる」と、文化の創造・発展にとって大きな貢献をしているのは「遊び」であり、その中核となすものをイメージ（幻想）であると強調した[iv]。これらを受け、「学び」部分を広げられる単元として、従来の体育の形とは異なる逆ベクトルの授業を提案したい。逆ベクトルというのは、例えば、これまではサッカーというスポーツを行うことができるようにドリブルやパスの技能を身に付ける方向であるが、ボールを使って攻防する運動の特性を踏まえ、それに必要な技能を生かせる運動やスポーツを創っていく単元である。図画工作科や家庭科のような、粘土や布を使って表現する題材型のイメージである。2017年からスポーツ庁が検討してきた、自分たちで自分たちのスポーツをつくるといった「スポーツ共創」の考え[v]を踏まえた授業づくりも、「学び」を広げるためには大いに有効である。

3．遊び授業の分析と考察

　ここでは、大学生を対象にベースボール型ゲームのTボールと伝承遊びろくむしを行ったときの記述アンケートを比較する。テキストマイニングツール(http://textmining.userlocal.jp/)の「2つの文章を比較」を使用し、その傾向を読み取り、本文の意図を明らかにしていく。図2は、大学1年生70名を対象にした授業後の感想から表した「ネガポジマップ」である。解析対象者Tボール59名・ろくむし60名、文字数Tボール7060文字・ろくむし7758文字である。特筆すべき点は、何かを創る際に表れるキーワード「話す」「考える」「教える」といった動詞は、ろくむし寄りに位置づけられた。スポーツとして確立されていない遊びは、ルールや作戦が曖昧だからこそ、考え、話合い、教え合う場面が多くなることが推察される。

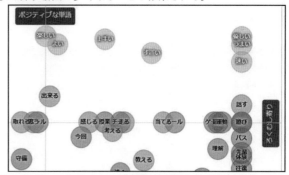

図2　Tボールとろくむし活動後の感想比較「ネガポジマップ」

4．結言

　授業において児童生徒の主体的な「学び」を促すためには、「遊び」の要素を「勉強」に重なり合わせることが必要である。このことこそが「学び」の本質であり、それは授業中に児童生徒が本気になって遊ぶ姿が教えてくれている。

[i] J・ホイジンガ(1973)『ホモ・ルーデンス』
[ii] 文部科学省(2017)『小学校学習指導要領　総則編』
[iii] ピーター・グレイ(2018)、吉田新一郎訳『遊びが学びに欠かせないわけ』
[iv] 柴谷久雄(1996)『遊びの教育的役割』
[v] スポーツ庁「スポーツ人口拡大に向けた官民連携プロジェクト・新たなアプローチ開発」

景観学習の普及に向けた支援体制の課題

馬場たまき（尚絅学院大学　総合人間科学系　理工・自然部門）

1. 背景と目的

2018 年に行った景観行政団体を対象とした調査[1] において、景観教育・景観学習の優先度は行政規模の大小に関わらず高い傾向が見られていたが、実際に小・中学校で景観学習を実施している自治体は少なく、7 割の市区町村が「予算の関係上、行動を起こしにくい」状況であった。また、景観教育の普及が進まない要因には「学校のカリキュラムが過密」、「自治体の担当者不足」などの課題が生じていた。一方、景観教育を継続的に実施してきた自治体では、支援や連携に工夫が見られ、それらを詳細に分析することが課題改善の一助となり得ると考える。そこで本稿では、先進自治体の取り組みに着目して追調査を行い、支援体制の分類を試みながら景観学習の普及に向けた支援体制の課題について考察することを目的とした。

2. 方法

調査対象は、行政区分の規模毎に、継続して景観学習を実施している自治体を選出し、景観計画における学習の位置づけ、予算化、地域連携の実態、学習テーマ、普及に向けた課題、などについて電話ヒアリング及び文書で回答を求めた。調査は 2021 年 10〜12 月に行った。本稿では地域連携の実態から支援体制を分類し、その特徴について考察した（表 1）。

表 1　調査対象と支援体制の分類

区分	自治体	支援分類 （筆者）	連携	手引き・副読本・教材等
県	鹿児島県 (地域政策課)	市町村支援型	県教委(7校推薦),小学校,専門家(講師)	かごしま景観学習
	静岡県 (景観まちづくり課)	国土交通省モデルプログラム型	県教委(2校推薦),小学校,講師	景観まちづくり学習の手引き
政令市	横浜市 (景観調整課)	国土交通省モデルプログラム型	小学校,市教委	きら☆まちリーフレット,景観キーワードカード,教員用手引き
	さいたま市 (都市計画課)	部署連携型	小学校,市教委, 地域ボランティア(講師)	景観副読本「景観って」,景観学習教材
その他の市	黒石市 (都市計画課)	県制度活用型	県景観アドバイザー制度(講師派遣),専門家(大学教員;講師),小学校,地域(まち歩き時インタビュー)	景観副読本(県)
	白河市 (都市計画課)	大学連携型	専門家(大学教員;講師),学生,小学校	景観学習リーフレット
	宮崎市 (景観課)	建築士会連携型	県建築士会(景観整備機構指定団体:講師),中学校・小学校(3校)	
	立川市 (都市計画課)	デザイン事業連動型	専門家(景観総合審議会委員;講師),小学校(1校),大規模改修工事担当部署(講師)	景観づくりパンフレット
	北上市 (都市計画課)	NPO連携型	NPO法人いわてNPO-NETサポートセンター,小学校	景観学習のススメ(県)
	久留米市 (都市景観課)	地元学一環型	市施策「くるめ学」,建築士会(講師),地域(講師),小学校,建築士会(講師),他部署(講師)	景観学習の手引き

3. 結果

1）県の支援体制

鹿児島県[2]、静岡県[3] では、県教育委員会から実施校の推薦を受けることで学校、地域の偏りに配慮している。【国土交通省モデルプログラム型】の静岡県では、地域特有の素材を活用して行う「ローカライズ」や「プログラムのアレンジ」、「景観まちづくり学習の手引き(H31)」を活用した教員研修などを実施している。より多くの学校で景観学習の実践を展開するためには「学習指導要領への導入」が有効との意見が得られた。

2）政令市の支援体制

【国土交通省モデルプログラム型】の横浜市[4]では、景観学習の手引き・教師用の手引き、リーフレット・景観キーワードカード等の教材作成、動画・報告書の HP 掲載、など積極的な姿勢がうかがわれる。横浜市では、国交省の助成事業を推奨し学校が独自に応募する形式を採用することで、予算や職員不足の問題改善に成功している。【部署連携型】のさいたま市[5]では、都市計画課と生涯学習課の連携で放課後と土曜日を活用して小中学校で「チャレンジスクール」を実施し、ボランティア登録をしている市民が講師を務めている。市の役割は教材の貸出・提供が主となり、労力の負担は比較的少ない。

3）その他の市の支援体制

【県制度活用型】の黒石市[6]では、県の「景観アドバイザー制度」を活用して大学教員へ講師を依頼し予算不足の問題を解消している。一方、担当職員の業務量が多く、実施校を増やすことへは消極的である。学校側の負担を軽減するためにはプログラムの見直しや適度な学習のマニュアル化を検討する必要がある。【大学連携型】の白河市[7]では、大学の研究室の全面的な支援を受けながら毎年 3 校で実施している。大学、担当職員ともに授業準備に多大な労力が費やされているため、他部署との連携や地域連携などを視野に入れた改善が必要であり、同時に、休日を利用した親子参加事業の実施や協力者を増やす視点が求められる。【建築士会連携型】の宮崎市[8]では、宮崎県建築士会(市景観整備機構)の全面的な支援を受けている。景観学習の恒常化が課題であり、学校の事情や地域性にあわせた内容・時間を見直す必要がある。【NPO 連携型】の北上市[9]では、景観形成推進業務を一括して NPO へ委託しており、その一環で景観学習を実施しているため職員の労力負担は少ない。全て委託することのメリットは、深めたい学習内容を調整することができる点である。【デザイン事業連動型】の立川市[10]では、大規模改修工事予定がある小学校 1 校を対象に学校正門部分のデザイン学習を実施している。ワークショップの自由度ややりがいと、設計施工面や時間的・予算的制約などの事業進行との兼ね合いが課題である。【地元学一環型】の久留米市[11]では、「くるめ学」の一端を担う学習として他部署や専門家の支援を受け景観学習を展開している。教員の景観学習の認知度の低さが起因し、応募校が減少傾向にあるため改善を図っている。文化財・観光担当部局と密に連携をとりながら包括的な学びを展開することが課題である。

4. まとめ

景観学習の普及を進めるためには、自治体、学校、専門家、地域が有機的な連携により支援体制を整える視点が必要となる。特に、小規模自治体では、国や県の助成制度を活用して職員の負担を軽減するとともに、教材や情報を蓄積し HP 等で発信しながら学習成果を伝えることが景観学習の普及促進につながると考える。

参考文献
1) 馬場 たまき・小泉 嘉子・北原 啓司・阿留多伎 眞人：景観行政団体における景観まちづくり教育の実態と普及に向けた課題　弘前大学大学院地域社会研究科年報 第 18 号 pp.39-57　2)「かごしま景観学習」について (pdf)：鹿児島県HP　3) 景観まちづくり学習の手引き (案)：静岡県・静岡県教育委員会 (2019) 4) 景観まちづくり学習：横浜市HP　5) カオ、かお、顔！景観っておもしろいぞ！：さいたま市HP　6) 景観学習教室：黒石市HP　7) 景観学習の実施について：白河市HP 8) 景観教室：宮崎市HP　9) きたかみダイアリ：北上市HP　10) 景観啓発：立川市HP　11) 景観学習の手引き (pdf)：久留米市 (2021 一部改正)

地域資源を活用した子どもの学びの場の構築に関する研究

櫻木耕史（岐阜工業高等専門学校）
武政里奈（東急建設株式会社）

1 研究背景と目的

子どもの地域における学びの場は、子どもの居場所づくりとしても機能する。国は放課後子ども教室により、放課後の子どもの居場所を確保し、小学校を活動場所として地域の人たちとの協働による学びの場づくりを行っている。一方、岐阜県内では、放課後子ども教室とは別に、住んでいる町への愛着を育み、まちづくりの人材育成と、居住者の維持を図るために、地域主体の子どもの学びの場を積極的に進めている自治体もある。子どもの学びの場は、地域社会の持続可能性にとっても重要となっており、この観点で学びの場を捉えなおすことで、地域の課題や実情に応じた、特色のある子どもの学びの場の構築につながると考える。本研究では、旧中山道の宿場町で地域の繋がりが強く、まちづくりの意識が高い瑞浪市の大湫宿を対象地域として、地域資源の活用によるまちへの愛着を育む、子どもの学びの場の構築の条件を整理することを目的とする。

2 学びの場の活動の効果予測と実施

既往研究[1] より、旧森川義有邸（以下西森という。）の味噌蔵・穀蔵を学びの場とするために、味噌を題材とした活動を行うこととし、活動内容とそこから生まれる効果を予測した（図1）。

学びの場の活動は、第1回で味噌を仕込む、第2回で経過の確認、第3回で天地返しの3回にわけて現地で実施した。参加者は、継続的な学びとするため、同一の参加者で3回の活動を行った（参加者の構成：7歳、15歳、20歳の子どもとその保護者、大湫宿についてよく知る住民）。また活動の継続性と建物と生活の関係性を、味噌の保管状況の違いから明らかとするために、西森の蔵、大湫宿内の木造平屋建て瓦葺倉庫、岐阜工業高等専門学校RC造校舎内の3箇所で発酵させ、味噌温度と室内の温湿度を測定し、環境の違いも学びの要素とした。第3回の活動では3箇所の温湿度の変化と味噌の状態を比較した。味噌の状態は、学校の味噌は水分量が多く、これによりカビも発生していたが、大湫宿の味噌は2箇所とも水分量が少なく、カビの発生も少なかった。また、西森の蔵の味噌は、最も状態が良かった。味噌の状態と温湿度を比較すると、温度、湿度共に学校内、大湫宿内の倉庫、西森の蔵の順に変化の差が小さくなり、蔵の環境が安定していることを可視化できた。これを参加者と会話をしながら保管環境の違いによる味噌の状態を共有した。

3 大湫宿における学びの場の諸条件

大湫宿での3回の学びの場の活動を通して、予測した効果と実際の効果を比較する（図2）。生活性と関係性から、建物やまちを暮らしと繋ぎ、異年齢の人との繋がりから学ぶことで、子ども自身が学びの主体となれると考える。学びの発展性の観点では自主性を生むような活動内容とすることで、能動的な活動となる。景観の維持・安全性は、活動場所とすることで、建物への関心とその役割の理解を図ることができる。

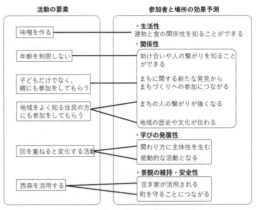

図1 活動の要素と効果予測

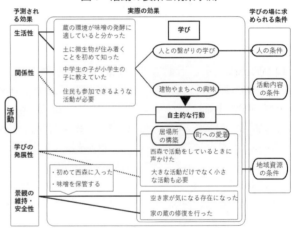

図2 学びの場の活動の実施の効果

以上の効果から、地域資源を活用した子どもの学びの場の条件には、地域資源の条件として、生活の中に存在価値を見出すこと、活動内容の条件としては、暮らしと学びが繋がる活動、まちの歴史や生活を守り、世代を繋いでいく活動であること、作業したものが変化し、常に気になるものであること、学びの深さを年齢で差がつけられるもの、人の条件としては、継続して指導者がいること、どんな年齢でも活動できることであると考えられる。

4 まとめ

大湫宿での子どもの学びの場の構築の条件には、地域資源の条件、活動の条件、人の条件があると明らかになった。この3条件が揃うことで地域資源の活用によるまちへの愛着を育むような子どもの学びの場が構築できると考える。大湫宿においては、暮らしとの繋がりを活かした学びの場の構築方法で効果があり、地元の方の暮らしの中の記憶や技能を活かした住民主体の学びの場を作る方法が良いと考える。

参考文献
1)　武政里奈・櫻木耕史：大湫宿における子どもの学びの場に関する検討―地域における子どもの学びの場の構築に関する研究その 2―, こども環境学研究第 18 巻・第 1 号, p64, 2022.6
謝辞：JSPS 研究費 JP18K0247 の補助を受けたものである。

感性を励起する360度動画の能動的視聴体験におけるマウス操作行動特性

歌野 暉竜，小柴 満美子，岩城 好佑
（山口大学大学院創成科学研究科）

1．はじめに

近年360度動画が誰しも簡単に撮影することができるようになってきている．360度動画は一般的な動画に比べ動画の情報量が多く編集が難しいという性質を持っている．そこで動画編集の難易度を下げるため，視聴者の感性に合わせた映像や BGM の選定を動画作成支援システム創出が課題となっている．朴ら*はマウスの軌跡やクリック数などのデータの取得システムの構築に成功したが,これらのデータからユーザーの感性を取得する手法が課題であるとしている．このことから本研究は360度動画特有の視聴者の能動的視聴体験におけるマウス操作行動ログの分析によって感性を評価,定量化する新手法の探索を目的とした．

2．方法

図1は研究概要を示した図である．①落ち着いた曲調の BGM で単調な360度動画と，②音楽に合わせて場面が切り替わり場面のつながりを意識してシームレスなトランジション編集を行った流動的な360動画といった作風の異なる2つの作品を用意し，この二つの作品により視聴者の感性機能を励起させ、能動的な視聴体験を引き出し，マウスのX座標,Y座標のログとアンケートに出力してもらいデータを取得した．このデータを多変量解析により比較し，映像に対して感性がどのように起こったかの定量的な可視化を試みた．

3．結果

階層クラスター分析によるシーン毎の座標分散をグループ別に色分け,楕円で囲い，シーンの一部を切り取った画像を挿入すると work1,work2 それぞれ図2のようになる．
2点間のスカラーと角度の変位の平均に t 検定を実施すると表1の結果が得られた．個々のシーン間のマウス操作量の比較では，Work2 の方が Work1 に比べ,有意に移動量が小さく角度変位量が大きい特徴の差異を認めた．

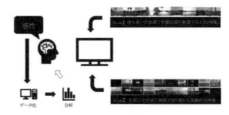

Figure 1　研究概要図

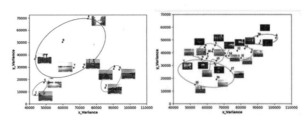

Figure 2　work1(左) work2(右)シーン別の分散

4．考察

マウス操作ログの x 座標, y 座標分散評価において表 1 より，信頼水準を 95%とするとスカラー，角度ともに，有意差がみられ，Work1 はまばらなのに対し,Work2 ではクラスター群同士の推移様相を認めストーリーデザイン依存性を示唆した．動画内の動きや内容に対応した分散がみられることから,注意を集めるべき対象物が誤って画像外に移動してしまうミス状態や対象物に顕著な動きがある場合には分散値が高く動きのない穏やかな映像のシーンでは分散が少ない傾向が認められた．このことを踏まえると，比較的単純な信号にもかかわらず感性依存のマウス操作行動特性が存在し,その定量的可視化に成功した可能性を示した．

5．今後の展望

今後は Work1 の映像の BGM を Work2 のほうに合わせたり，シーンの数を 20 シーンに合わせたりことで対照的な実験系でデータを取得したいと考えている．また, 感性的な視覚刺激の物理条件と人間の応答を結びつけるため,X 座標 Y 座標の分散が具体的にどのような感性の情報を持っているのか明瞭にしていきたいと考えている．

6．参考文献

*朴信映、表昌佑、原田昭 , マウスの振る舞いを用いた感性情報の抽出について , 日本感性工学会 第 4 回日本感性工学会大会予稿集 2002, p146

Table 1

	Scalar average	|Δdegree| average
work1	38232.27	35.48952
work2	13070.52	73.63591
p-value	0.000661	0.048557

保育園から地域へと広がる学び空間の創出—イスラーム信頼学シビルダイアログの試み

佐藤将（金沢星稜大学 経済学部）
太田（塚田）絵里奈（東京外国語大学 アジア・アフリカ言語文化研究所）
本田直美（東京外国語大学 アジア・アフリカ言語文化研究所）

1．人文学系アウトリーチ活動の課題と本実践の射程

人文学系の研究成果還元（アウトリーチ）活動は、成果物出版や講演会が中心となっており、その対象も、該当分野への関心の高い層が想定されてきた。他方で、2020 年の『学習指導要領』の改訂により、学校教育において地域と連携した探求型学習への関心が高まっている。また保育の現場でも、こどもを社会の一員と捉える「シティズンシップ教育」が普及しつつある。こうした地域社会参画型の教育方針への転換を背景に、新時代における保育施設は、こどもの預け場所という位置づけを越え、「学び」において家族や地域コミュニティをつなぐ「交点」となる可能性があり、学究成果還元の場としても、従来にない広範なリーチが期待できると考えた。

2．方法

科研費学術変革領域研究（A）「イスラーム的コネクティビティにみる信頼構築」（イスラーム信頼学）では、学術のアウトリーチ活動を「シビルダイアログ」と称し、双方向的な成果還元を目指している。本実践では、世田谷代田 仁慈保幼園（東京都世田谷区）に協力を要請した。当園は小田急線線路跡地の再開発によって 2021 年に開園し、地域社会に開かれたコミュニティスペースを併設している。東京外国語大学アジア・アフリカ言語文化研究所を含めた三者共催として、2021・22 年度にわたり、対話に基づく探求学習型のアウトリーチ企画を実施した。

準備段階では、保育園の地域コーディネーターと開催形態をめぐる協議を重ね、すべてのコンテンツにおいて探求的要素を盛り込んだ。各年の企画テーマはこどもにとって身近な「動物」と「空と海」から題材をとり、歴史・地域研究の成果に基づいた内容を中心に据えた（表）。各企画は、①「在園児向けワークショップ」②「おはなし会」（親子ワークショップ）③展示④探求スペース（ハンズオン）の四部構成とした。こども向けのパネルは問いを引き出す内容にとどめ、大人向けの解説を充実させることで、家庭での「学びしろ」を意識した（図1、図2はそれぞれ企画実施の様子である）。

表 各年の企画テーマの内容

年度	企画名	内容
2021年度	動物がつなぐ世界	動物を介したグローバルな国際交流史
2022年度	空と海がつなぐ世界	天文学・地理学の発展史

図1 在園児向けワークショップの様子（2021 年 10 月）

図2 「動物がつなぐ世界」展示会場（2021 年 11 月）

3．結果

2021・22 年度ともに事前申込制の「おはなし会」は会期前に定員になり、一般公開の四日間で来場者は 2,161 名（二年合計）であった。来場者アンケートからは、双方向性あるやり取りの後にアウトプット時間（学びを発展させる主旨での工作）を設けたことに対する肯定的意見が寄せられた。来場者の属性は家族連れ（53.5%）と大人のみ（46.4%）（21 年度）でほぼ半々であり、主催者側の想定以上に近隣住民や歩行者が足を運んでいたことがわかった。

4．考察：地域をつなぐ学び空間としての保育園

本実践の出発点は、これまでにない学術成果還元の手法開拓にあったが、地域コミュニティとこどもとの関わりにおいても様々な示唆を与える結果となった。コロナ禍の開催となり密を避けるため、告知は近隣へのポスター掲示にとどめたが、地域社会への浸透に徹したことが、むしろイベントとしての成功をもたらしたと思われる。準備段階において保護者に協力を要請し、会場を地域社会へと開放することで、きょうだい（乳幼児〜小学生世代）、保護者（現役世代）、祖父母（高齢者世代）に加えて、近隣住民や、再開発地域を訪れた若者層も取り込むことができた。このような来場者の多世代性・偶然性は、大学キャンパス内や研究所におけるアウトリーチ活動では見られない傾向である。在園児向けワークショップやおはなし会で制作した作品を展示会場内に飾ったことで、新たなる「問い」や来場者との世代を超えた交流も生まれた。一般に保育施設は安全対策上、閉鎖的な構造をとっているが、保育施設が地域コミュニティへと波及する「学び」の拠点となり得る可能性が示された。

謝辞 本プロジェクトは科研費学術変革領域研究（A）『イスラーム的コネクティビティにみる信頼構築：世界の分断をのりこえる戦略知の創造（イスラーム信頼学）（20H05823，研究代表者：黒木英充）』の一部として実施したものである。また実施にあたっては世田谷代田 仁慈保幼園の菊地みぎわ氏・根本京子氏には多大なご協力を賜りました。末筆ながら記して感謝申し上げます。

多数の子どもの同時計測を可能とする無線位置計測システム

斉藤　涼太（東北大学大学院情報科学研究科）
張山　昌論（東北大学大学院情報科学研究科）
小柴　満美子（山口大学大学院創成科学研究科・東北大学大学院情報科学研究科）
小林　康浩（小山工業高等専門学校　電気電子創造工学科）

1. はじめに

近年、保育・教育分野においても、子ども一人ひとりに寄り添う重要性が高まっており、そのためには子どもの個性をつかみ、尊重することが大切となる。子どもの個性は好む遊びや交友関係の傾向に表れるといわれているが、人手では多数の子どもを複数の場所で観察することが困難である。本研究では、無線技術とコンピュータを活用して子どもの大まかな位置情報を簡便に取得できる計測システムを提案する。

2. システムの構成

システムには図1に示したTWELITE CUEという小型の無線タグ、MONOSTICKという受信機を用いる。TWELITE CUEはケースを含めてもペットボトルキャップ程度の大きさと小型で、ボタン電池で動作する無線タグで、子どもの動きを制限せず、負担が軽いことが特徴である。MONOSTICKにはUSB端子がついており、USB端子でコンピュータにデータを転送できる。TWELITE CUE・MONOSTICKともに、簡単な設定を事前に済ませておけば、電池を入れるだけ、コンピュータにつなぐだけで簡単に使用できる。

本システムの概要図を図2に示す。子どもにはTWELITE CUEを付け、MONOSTICKはUSB端子でマイクロコンピュータ（Raspberry Pi）に接続する。TWELITE CUEはMONOSTICKを基地局として無線で接続されていて、各基地局はTWELITE CUEから受信した電波の強度から位置情報を推定する。受信した位置情報はWi-Fiを用いて一か所に集められる。基地局は保育園やプレーパークにおける各遊具に設置することを想定している。

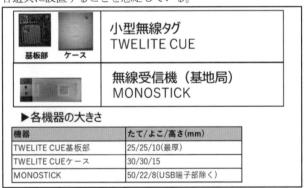

機器	たて/よこ/高さ(mm)
TWELITE CUE基板部	25/25/10(最厚)
TWELITE CUEケース	30/30/15
MONOSTICK	50/22/8(USB端子部除く)

小型無線タグ TWELITE CUE（基板部・ケース）
無線受信機（基地局）MONOSTICK
▶各機器の大きさ

図1. TWELITE機器一覧

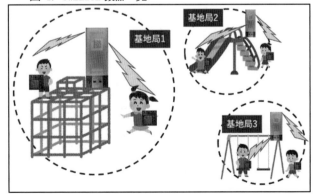

図2. システム構成概要

3. システムの評価

まずは屋内で各機器の性能評価を行った。基地局としてのMONOSTICKおよび多数のTWELITE CUEタグを配置し、同時に動作させた。TWELITE CUEタグから送信した位置情報数と等しい数を理想受信数、実際にMONOSTICKが位置情報を受信した数を実測受信数とした。評価指標は（実測受信数/理想受信数）で計算される受信成功率とする。タグを50個使用し、約2.6秒に一度データを送信した場合の受信成功率は80%となった。これは十分高い値であり、データの欠測部分に関しては、欠測部分を周囲のデータから補う処理を行うことにより問題なく使用できる。

続いて、屋外のプレーパーク（2022年10月8,9日・ハダシランド in ゆめ花マルシェ 2022）でシステムテストを行った。MONOSTICKはモバイルバッテリーを電源とするマイクロコンピュータに接続し、図3の略図に示すように各遊具の近傍に配置した。TWELITE CUEタグは、別途用意したカードホルダーに入れ、プレーパークに遊びに来た子どもの首の後ろにクリップで付けた。子どもたちには自由に動いてもらい、その際の位置情報を取得した。各基地局を配置するセットアップの所要時間は1時間半程度で、子どもにタグをつける作業も短時間で済ませることができた。6時間のシステムテストで、タグの同時使用数は最大で32個、受信した位置情報の総数は191,465個となった。膨大な情報を送受信したものの、屋内での評価と同様に送受信に成功した。見つかった課題として、衝撃によるコンピュータの不具合が1度発生したこと、一部の配置場所においてMONOSTICKの設置状況が悪く正確な位置情報が得られていなかったこと、カードホルダーが服からぶら下がる形での取り付けとなったため、小型とはいえ子どもに違和感を抱かせてしまったことが挙げられた。

4. むすびに

本研究では、小型無線タグを活用して子どもの大まかな位置情報を推定するシステムについて述べた。実験から、理想的な実験環境では電波の送受信に問題はないことを確認したが、実際の環境ではMONOSTICKの配置場所や子どもの動きなど、考慮が不十分な項目があることも明らかとなった。本システムにより取得された位置情報をビッグデータ解析することにより、主観による情報の裏付けや新たな視点の発見が可能となることが期待される。

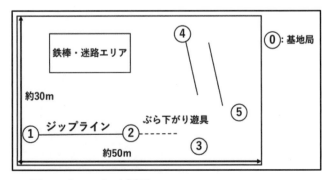

図3. プレーパーク概要

自然教育と体験型 WS の共同実施による子どもの自発的行動への影響について
東松島市野蒜地区における地域協働 WS の実践を通して

嵐陽向（早稲田大学・助手）　　大石耕太朗（早稲田大学・修士 1 年）
栗林陽光（早稲田大学・修士 1 年）　池田理哲（早稲田大学・助手）
宮嶋春風（早稲田大学・助教）　　古谷誠章（早稲田大学・教授）

1. 背景

森が学校計画産学共同研究会では、C.W. ニコル氏が掲げる「自然からの学び」を基とし、「学校を超えた学校・地域の核となる学校」のあり方を研究している。東日本大震災後から東松島市立宮野森小学校に隣接する森（復興の森）で活動してきた。震災から 11 年、移住してきた家族や震災後疎開した家族が戻りつつある中で、新型コロナウイルスの感染拡大が地域の交流に大きな影響を与えている。こうした背景を含め、子どもが自然に学び、それを見守る地域を継続してつくり上げていくための試みとして「親子で復興の森のベンチを作ろう！ベンチ組み立て＋復興の森散策ワークショップ」を開催した。

2. 目的

「復興の森」を中心にワークショップ（以下 WS とする）を行うことで、地域内自然を学習環境として捉える意識を地域住民に伝播させることを目的とする。特に、子どもの自然体験に対する要求や、自発的行動の調査のため実践検証を行った。

3. 方法

3-1. WS 参加者

参加者：宮野森小学校に通う小学生 7 名（1-4 年生）・保護者 5 名
企画・進行・児童補助：早稲田大学 大学院生・留学生
自然散策：一般財団法人 C.W. ニコル・アファンの森財団大澤渉氏
炊き出し：野蒜地区主婦の会の皆様
荷物運搬：地域住民の方 6 名

3-2. 三つの自然教育・体験プログラム

・「復興の森」及び宮野森小学校で使用する木材ベンチの組立て
・大澤渉氏解説のもと「復興の森」を散策
・散策時に拾った森の中の材料を用いて木工看板制作

3-3. アンケートの実施（表 1）

参加者を対象に WS の満足度や楽しかった事、要望等のアンケートを行った。保護者は記入式、子どもにはヒアリング式を試みた。

表1：親子への質問内容と方法

対象：保護者　　方法：Google Form	対象：子ども　　方法：ヒアリング式
質問内容	質問内容
1.イベント参加のきっかけ	1.今日のプログラムの中で一番楽しかったこと
2.本日の感想・満足度	2.今日のプログラムの中で一番難しかったこと
3.研究会の活動を知っていたか	3.今日のプログラムの中で初めて知ったこと
4.研究会の活動について持った印象や要望、復興の森に欲しいもの	4.もう一度やってみたいプログラム
5.この WS のような自然学習系 WS に求めるもの	5.復興の森にあったらいいなと思うもの（遊び場所、遊具など）

4. 結果

4-1. 子どもたちの自発的行動の創発（図 1,図 2,図 3）

・看板を製作する際、平面的ではなく立体的に構成する
・できなかった事に何度も挑戦する（ボルト緊結）
・木を切る際、他の人とは違う（太い・長い）枝を選ぶ
・大学院生相手に自分の知識を教える
・待機時間にみんなで鬼ごっこを始める

図1： ベンチ製作　　図2： 看板製作　　図3： 鋸で木を切る

5. 考察

5-1. 子どもたちの自発的行動を促す要因

「成功体験・指導体験・異端性」が挙げられる。他者より難しい体験、未知の体験、知識を人に教える等の体験は子どもの満足感を高めている。特に「学校で習わない、自己選択で創り上げる」プログラムを多数用意したことが影響していると考える。

5-2. 多種なプログラムによる個々人の興味の触発

3 つのプログラムの中で、製作：早稲田大学大学院生、自然教育：大澤渉氏という専門家が引率したことで保護者、子ども共に満足度が高い。アンケートにおいて、特に具体的な生物等の名称が見られ、実際に五感で感じる体験が重要であると言える。また留学生による母国の準備体操や、製作したベンチで地域住民とお昼を食べる等の体験は運営側も含め楽しむことができた。

5-3. 地域を巻き込む運営の重要性

前日準備から当日の運営まで、地域の方々に協力いただいた。WS を見守る大人が増えたことでセキュリティ面・作業面で安心感が増している場面が多くあった。また「復興の森」を介して地域住民が集まれる端緒を創出できたと考える。

6. WS における反省と展望

アンケート以外にも、子どもの変化を定量的に得る方法を考察したい。開催前後の写真での表情変化や、長期的な効果を考察できる方法として保護者の協力を得ることも有用であると考える。作業難易度に関しては小学校低学年に多少難しいものであった。本 WS では補助者がマンツーマンで担当することで解消していた側面があるため、人員確保が必要となる。

最後に、自然の多い地域での WS 開催は有用であると言える。また、継続性が特に重要であるため、活動の序盤は外部からの継続的な関わりがあると良い。しかし、大学院生のような若い部外者を介さず、地域住民だけでも運営を継続できるような自治体意識の向上を考えた関わり方が必須であると考える。

【参考文献】
1. 齊藤哲也・村上晶子・立道郁生（2017）：建築教育におけるセルフビルド・ワークショップの実践, 日本工学教育協会, 工学教育 65 巻 3 号
2. 森傑（2011）：「ツリーハウス・ワークショップ in 北海道大学」による産学連携ものづくり教育の実践, 日本工学教育協会, 第 59 回工学教育研究講演会公演論文集
3. 大内毅・西村修平（2018）：小学校における木育の実践とその効果 (1) −学外施設を活用した取り組みについて−, 福岡教育大学紀要, 第 67 号

位置情報とAIを活用した子どもの遊び行動の解析

金井康二　　（東北大学工学部電気情報物理工学科）
張山昌論　　（東北大学大学院情報科学研究科）
小柴満美子（山口大学大学院創成科学研究科，東北大学大学院情報科学研究科）

1.　はじめに

　子どもの個性は様々であり，それぞれの子どもにあった環境作りの重要性が叫ばれている．例えば，一人でいることが好きな子どもや集団でいることが好きな子ども，運動が好きな子どもや創造する遊びが好きな子どもなど，それぞれの子どもの個性にあった環境を作ることが望ましい．本稿では，特に子供の遊び行動に着目し，位置情報と機械学習を用いて，子どもの個性を定量的に捉え解析するための解析手法を提案する．

2.　データの概要

　本研究で用いたデータは，約50人の子どもに小さなタグをつけ，5つの基地局でタグから発信される電波をもとに電波強度を測定し，それぞれの子どもにおいて約2秒ごとに最も近い基地局の番号を取得したものである．今回用いたデータの概要（一部抜粋）を表1（上）に示す．このデータは index（縦軸）が時間，column（横軸）がタグ ID でありそれぞれの子どもごとに割り振られている．また，表中の値は一番近い基地局（場所）の番号を示している．また，次節で行う解析のために，表1（上）のデータをタグごとの比率に変換する前処理を行い，それぞれの子どもの基地局ごとの滞在割合を得た．その結果を表1（下）に示す．

3.　解析手法の提案と結果

　まず，表1（下）のデータに対して，Ward法を用いてクラスタリングを行う．クラスタリングにより，各場所への滞在割合が類似したクラスタに子どもを分けることができる．

　次に，各クラスタにどのような特徴を持つ子どもが含まれるか，さらにどの場所が子どもの分類に重要であったかを知るために，クラスタリング結果を機械学習の手法を用いて解析する．

　まず，決定木分析である．決定木分析は木構造を用いて，目的変数に影響する説明変数を見出す教師あり学習の解析手法である．過学習をしやすいという欠点があるが，分類における重要変数の解釈が容易になる．Ward法を用いて得たクラスタリングの結果を決定木分析の教師ラベルとし分析を行った．結果を図2に示す．場所1および場所4の滞在割合が重要な変数であり，それぞれの場所の滞在割合により3個のクラスタに子どもを分類できることがわかる．

　次に，ランダムフォレストである．この手法は，アンサンブル学習のバギングをベースに，少しずつ異なる決定木をたくさん組み合わせた解析手法であり，決定木の過学習しやすいという欠点を補っている．本研究では，この手法を用いて，クラスタリングにおける特徴量重要度の表示を行った．その結果を表2に示す．

　次に，LightGBMである．この手法は，アンサンブル学習のブースティングをベースに，決定木を直列的に学習していく．LightGBMは従来の Xgboost などと比べて解析時間が短い．本研究ではランダムフォレストと同様に，クラスタリングにおける特徴量重要度の表示を行った．その結果を表2に示す．ランダムフォレストとLightGBMの全体的な傾向は一致しているが，重要度の順位や度合いが少し異なる．この原因の一つには，データ数が少なかったことがLightGBMの解析に影響してしまったことが挙げられる．

4.　まとめ

　今回，子どもの個性や遊び行動の特徴を定量的に取得し，個性を分類するための解析を目的に，Ward法によるクラスタリングを行い，教師あり学習の解析手法を用いて分類過程の解釈を容易にした．今回，基地局が場所ごとの設置であったが，遊具ごとの設置を行うことができれば，クラスタリングにおける過程の解釈性も高まると考えられる．今後の展望として，主成分分析を用いた説明変数の低次元化による解釈性の向上や，他の子どもとの交友関係を知るための追従行動などの解析を行っていく．

図1　決定木分析の結果

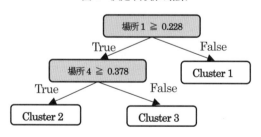

表1　（上）：データの概要（一部抜粋）　（下）：子どもの基地局ごとの比率

	子ども1	子ども2	子ども3	子ども4	子ども5
12：00：00	場所1	場所3	場所3	場所4	場所2
12：00：02	場所1	場所3	場所3	場所5	場所2
12：00：04	場所1	場所4	場所3	場所5	場所2
12：00：06	場所2	場所4	場所3	場所5	場所2

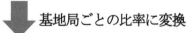
基地局ごとの比率に変換

	場所1	場所2	場所3	場所4	場所5
子ども1	0.449	0.349	0.020	0.136	0.047
子ども2	0.123	0.516	0.047	0.279	0.034
子ども3	0.149	0.288	0.090	0.247	0.226
子ども4	0.127	0.434	0.074	0.221	0.144
子ども5	0.048	0.506	0.088	0.345	0.013

表2　2つの解析手法による特徴量重要度の表示

	ランダムフォレスト	LightGBM
基地局1	0.344	0.258
基地局2	0.210	0.232
基地局3	0.192	0.194
基地局4	0.217	0.182
基地局5	0.038	0.134

第三の大人から見る学童期の子どもと地域との関わりに関する研究
―放課後児童クラブ支援員への調査から読み解く―

佐藤歩美（横浜市立大学・修士）
三輪律江（横浜市立大学・教授）

1. 研究の背景と目的

　学童期の子ども（以下、児童）は、両親や学校の先生以外の人、いわゆる「第三の大人」との関わりによって社会性やコミュニケーション力を育み、第三の大人との関わりを経験することで地域との心理的なつながりを強化するとされている[1][2]。昨今、児童と第三の大人との関わりは減少しているが[3]、放課後の児童の遊びと生活の場である学童保育[4]（以下、放課後児童クラブ）では、地域住民が支援員として一軒家やビルの一室などの民間施設を使用して運営している場合もあり、今後、地域における児童と第三の大人との関わりにおいて大きく役割を担うと考えられる。そこで本研究では、放課後児童クラブの保育時間における地域利用や施設単位の日常的な地域の人との関わりの実態から、放課後児童クラブ支援員の視点からみる児童と地域との関わりを明らかにするとともに、支援員の生活圏における児童との出会いに関する実態から、児童と第三の大人との関わりのあり方について考察することを目的とする。

2. 研究の方法

　本研究では、横浜市金沢区内の放課後児童クラブ全12か所のうち承諾を得た11か所を対象に、以下に示した内容で調査を行った（表1）。

表1 調査方法の概要

	調査Ⅰ	調査Ⅱ
調査名	放課後児童クラブの周辺環境に関する調査	放課後児童クラブ支援員へのアンケート調査
時期	令和4年7月〜8月	令和4年9月〜11月
調査方法	Google Map	紙面アンケート
調査対象者	金沢区内の放課後児童クラブ11か所	金沢区内の放課後児童クラブ11か所に属する支援員全60名
調査内容	各放課後児童クラブ周辺の地域資源 各放課後児童クラブの立地特性	放課後保育における地域利用に関する項目 施設外での児童との交流に関する項目

3. 放課後児童クラブの地域利用と地域の人との交流

　放課後保育圏[(1)]における地域利用は、外遊びでの公園の利用が最も多く、その他コンビニエンスストアやスーパーマーケットを利用して、おやつや工作に使用する材料を購入するケースもみられた。なお、全体として、半径約300mの範囲にある地域資源をよく利用しているものの、放課後児童クラブの立地または施設形態によって地域利用の傾向や地域の人との交流内容に差がみられ、以下の4つに類型化された（表2）。

　また、ヒアリング調査から、地域の人との交流として、放課後保育等で利用する公園の清掃活動を通した公園愛護会やボランティア団体との交流が最も多いことが分かった。その他にも、バザーなどの放課後児童クラブ独自の催し物を通した交流など、地域の一員として日頃から地域の人との関係構築に熱心に取り組んでいると考えられる。

4. 放課後児童クラブに通う児童と支援員の施設外における交流に関する実態

　3において類型化された4つのパターンと児童と支援員が施設外で出会う場所に関連性はみられなかったものの、以下の2つの特徴を含む場所で児童と支援員が出会うことが分かった。
①放課後保育圏および各施設の対象小学校の学区内にある
②支援員が日常で利用する頻度が高いスーパーマーケットや駅

　また、児童と支援員が出会った際には、挨拶をする、手を振るという出会った場所での簡単な交流が多く、次いで「何をしていたの？」など一言二言会話するという回答がみられた。また、挨拶をする、手を振るという交流内容について、支援員の年齢や居住地、勤務年数や勤務日数などの個人属性による差はみられなかった。一方、少数ではあるが、名前を呼ばれる、声掛けをするなど、児童と支援員の関係性の深さが窺える交流内容もみられた。

5. まとめ

　放課後児童クラブの放課後保育における地域利用と施設単位の地域の人との交流に関する実態から、放課後児童クラブを中心に、児童と地域の第三の大人が日常的に関わることのできる環境が築かれていることがわかった。特に、支援員の視点からみる児童と地域との関わりにおいて、放課後児童クラブの催し物だけでなく、多様な地域活動も児童と第三の大人が関わりをもつ機会になり得ると考えられる。一方、児童と支援員の施設外における交流では、挨拶や手を振るなどの交流が多く見られ、このような日常的な交流が地域における児童と第三の大人との関わりのきっかけ、および関わりの継続性において重要であると考えられる。本研究では、支援員を対象に調査を行ったが、今後、放課後児童クラブに通う児童を対象にした調査を行うことで、地域における第三の大人との関わりが児童に与える影響についてより詳細を明らかにする予定である。

【謝辞】研究を進めるにあたり、放課後児童クラブの皆様に多大なご協力を賜りました。ここに記して謝意を表します。なお、本研究はJSPS科研費JP20H02323の助成を受けたものです。
【注】(1)放課後児童クラブを円の中心とする放課後保育における地域利用の範囲を表したものです。
【参考文献】1) 佐藤他(2015)「小学生の放課後の過ごし方に関する研究」『川村学園女子大学研究紀要』vol.26, No.1, pp.139-146　2)鈴木他(2008)「「地域風土」への移動途上接触が「地域愛着」に及ぼす影響に関する研究」『土木学会論文集D』vol.64, No.2, pp.179-189　3)厚生労働省「放課後児童健全育成事業について（放課後児童クラブ）」(https://www.mhlw.go.jp/stf/seisakunitsuite/bunya/kodomo/kodomo_kosodate/kosodate/houkago/houkago.html, 2022年8月15日最終閲覧)　4) 内閣府(2021)「令和3年度世論調査(社会意識に関する調査)」(https://survey.gov-online.go.jp/r03/r03-shakai/zh/z07.html, 2022年8月15日最終閲覧)

表2 放課後児童クラブの立地および施設形態による傾向

類型		立地	施設形態	地域利用	地域の人との交流
①大通り沿い立地型		大通り沿い	複合ビル/複合施設の1室	・施設に最も近く比較的広い公園 ・コンビニやスーパーを利用したおやつの購入	・特になし
②商店街内立地型		商店街	複合ビルの1室	・半径300m以内の公園を複数使い分け	・商店街の店舗でのおやつの購入 ・季節の催し物を地域の人との協働で実施
③住宅街内立地型	（Ⅰ）半径300m内資源少数型	戸建て住宅街	戸建て住宅	・放課後保育圏内の公園1〜2か所	・特になし
	（Ⅱ）半径300m内資源複数型	集合住宅、戸建て住宅街	戸建て住宅、旧保育園施設	・放課後保育圏内の公園を複数使い分け ・地区センター	・公園の清掃活動 ・地域活動（夏祭り、年末の大掃除）への参加
④保育園専用資源活用型		戸建て住宅街	自社ビル、保育園と併設	・施設に最も近い公園 ・保育園の園庭	・公園で出会う地域の人との挨拶 ・保育園との協働で実施するバザー ・近隣の大学生による催し物や朗読会

欧州の実践的研究から学ぶ、「こどもにやさしい都市デザイン」

佐久間治（九州女子大学）

■調査研究の背景と目的

本調査研究は、2016 年から 2018 年にかけて、「こどもにやさしいまち」（以下、CFC:　Child Friendly Cities とする）に関連する欧州における実践的研究の会合に参加し、そこで議論されている CFC に関連する新たな知見やとまちづくりのあり方や事例、そして、その過程で親交を深めた欧州の実践的研究者との意見交換、既往研究調査などを通じて学んだ「こどもにやさしい都市デザイン」（以下 CFUD：Child Friendly Urban Design とする）という、こどもの成育環境を重視した新しい都市デザインの基本理念や計画視点ついて考察し、まとめたものである。

2023 年から、我が国では「こども家庭庁」を発足させることで、少子化対策、子育て支援、保育や教育環境の質の向上などについて省庁を超えて総合的に支援していく体制と施策を打ち出しているが、こどもたちの成育環境の中で、「こども家庭庁」が直接的に管轄する住環境や、教育施設、就学前施設などの環境と同様に重要と考える都市の公共空間の環境の質の向上については、まだ、明確な議論がされていないのが現状であろう。

よって、本論では、これからの日本のこどもたちの成育環境の向上にとって重要と考える公共空間の都市環境のデザインのあり方とは何かを議論するものである。

■「こどもにやさしいまち」と「こどもにやさしいまちづくり」

「こどもにやさしいまち」という都市政策概念は、もともと、1989 年の国連人権委員会「子どもの権利条約」を背景に、1996年にユニセフが「子どもにやさしいまち＝CFC（Child Friendly Cities）」という表現でスタートさせたもので、現在、ユニセフジャパンが進めている日本型の「こどもにやさしいまちづくり」（CFCI（Child Friendly Cities Initiative UNICEF）もその延長上にあるものと考える。よって、CFCI の政策推進上の主眼は、当然のことながら、子どもの参画、権利保障、制度、予算、評価などが主体となっている。

■「こどもにやさしいまちづくりのための都市政策指標の研究」

筆者は、2014 年のこども環境学会・京都大会「こどもにやさしい町を実践する自治体シンポジウム」に登壇して以来、「こどもにやさしいまちづくりのための都市政策指標の研究」について継続調査してきたが（図1）、その中間段階の成果として提示してきた多様な分野（教育、福祉、医療、生活、文化など）と指標（空間・環境、方法・システム、予算、人・コミュニティー等）を分析すると、CFC の推進には大きく分けて、トップダウン的に行政が大きなビジョンにより実行していくべき施策と、ボトムアップ的にこどもたちや市民が草の根的に活動していく施策があることが明らかとなった。

よって、その研究成果を踏まえて考えると、ユニセフジャパンが推進している CFCI は、子どもの権利、まちづくりへの参画という、草の根的なボトムアップ型の政策で、欧州で研究実践されている CFUD は都市デザインの大きなビジョンとして都市環境をこどもにやさしい空間に改善していくトップダウン的な政策であることがわかり、それらの両輪がこどもの成育環境の向上を踏まえた CFC の推進には重要であるものと考える（図2）。

■「こどもにやさしい都市デザイン」

以上のような一連の既往研究の分析から、CFUD というトップダウン的都市政策が、従来からのボトムアップ的都市政策である CFC、CFCI と同様に、これからの我が国のこどもたちの成育環境の向上において重要であることが明らかとなったが、CFUD を日本の都市政策として実践していくためには、その実際の都市デザインの計画視点や、基本理念などについては十分な情報がなく、その分析も不十分であると判断したため、筆者は2016 年から 2018 年にかけて、**図3** に示すような欧州を中心とした実践的な研究会合や都市デザイン事例の視察を行うことで日本における今後の CFUD のあり方について以下にまとめた。

● トップダウンとボトムアップ（大きなビジョンと草の根運動）
● CFC 向上のための 3 つの空間（居住・サービス・公共空間）
● 自らアクセスできる多様な体験の場（経験性とモビリティー）
● こどもインフラストラクチャー（都市インフラの新たな視点）
● こどもにやさしいまちのリノベーション（施設・公園・街路）
● 専門行政官の設置・多分野の行政機関の連携

以上が、本調研究成果の概要であるが、これらがの今後の我が国の CFC、CFUD の推進の一助となれば幸いである。

*参考文献："Urban playground" How Child-Friendly Planning and Design Can Save Cities　(written by Tim Gill)

図1　CFC の都市評価指標　　　図2　CFUD の概念図　　　　図3　CFUD 欧州研究調査対象

産前産後における子育て支援活用の現状と活用に至る要素に関する研究
～横浜市金沢区 並木ラボ利用者への調査より～

岩田直人(横浜市立大学・修士課程)、三輪律江(横浜市立大学・教授)

1. はじめに

　近年、地域の繋がりの希薄化等による「孤育て」が社会的に問題となっている。これに対し、横浜市では各区の子育て支援の中核として「横浜市版子育て世代包括支援センター」を展開し、産前産後における切れ目のない支援の充実を図っている。子育て支援は支援の場があるだけでなく、支援の場に関わる人の充実も重要と考えられる。これまで井澤ら[1]や富所ら[2]のように支援の場に着目した研究や、大江ら[3]のように支援の場に関わる人に着目した研究がなされてきた。しかし子育て支援の場と人が相互に与える影響に着目した研究は少ない。筆者は予備調査として、横浜市郊外部の金沢区にある並木ラボ利用者を対象に、産前～産後1年間の子育て支援施設(以降、施設)利用および子育て支援プログラム(以降、プログラム)参加の状況およびそれらの活用に至る要因となる他者との関りについて調査したので、その結果を概観する。

2. 子育て支援活用状況と活用に至る要因

　表1に調査概要を示す。なお本稿ではプログラムを講義系・運動系・トーク系・個別系に分類し、施設は横浜市金沢区にある地域子育て支援拠点のセンター型1施設(施設①)および、ひろば型4施設(施設②～⑤)を指している。

　表2に産前産後における子育て支援活用状況と活用に至る要因を示し、次の5つに要約した。①出産施設が実施していることが多い講義系は参加率が高い一方で、実施していないことが多い他分類は参加率が低い。②産前から施設を認知している母親は産後にプログラムに参加している。③産前からの施設認知には積極的な情報収集が必要と感じる母親がいる。④民生委員の存在を理由に利用する施設がある場合や、民生委員に紹介され活用したことで出来たママ友と産後に継続的に施設利用をす

る場合が見られた。⑤プログラム参加や施設利用はママ友作り、情報収集、大人との会話が主目的である。

表1　調査概要

実施時期	2022年9月～2022年10月
調査目的	①子育て支援プログラム参加経緯の把握 ②子育て支援施設利用経緯の把握
調査項目	・産前産後の子育て支援プログラム参加有無および参加経緯 ・産前産後の子育て支援施設利用有無および利用経緯
調査対象者の概要	横浜市金沢区にある並木ラボ利用者に、第1子妊娠・産後1年程度の子育て支援プログラム/施設の活用状況についてアンケート及びインタビュー調査を実施
調査件数	アンケート調査：7件 インタビュー調査：6件

3. まとめと今後の展望

　予備調査からは、民生委員が被支援者と支援の場をつなぐ仲介者となっていることが示された。産前からの施設認知には壁があるものの、こうした仲介者が支援の場と被支援者をつなぎ、被支援者と支援者、被支援者同士といった繋がりを形成することで継続的な支援の場の活用へと発展していくことが考えられる。今後は仲介者と足り得る要素、支援者–仲介者–被支援者の相互の関係性および、それらが産前産後の子育て支援活用にどのような影響を及ぼしているのかについて調査を進めていく。

【謝辞】調査にご協力いただいた並木ラボ利用者の皆様に感謝の意を表します。なお本研究は科研費(基盤研究(c)課題番号 20K04871　代表：三輪律江)の研究助成の一環として実施しました。

[1] 井澤幸、児玉善郎「地域の母親が助産所の子育て支援に参加する要因 助産所以外で出産した母親が子育て支援に参加する助産所の事例調査を通して」日本建築学会計画系論文集 第86巻 第786号 2063-2074 2021年8月
[2] 富所優、三輪律江、藤岡泰弘、松橋圭子、ぼうだあきこ、米田佐知子、吉永真理「胎児期からの社会関係資本構築が産後の適応に及ぼす影響」こども環境学研究 第17巻第3号通巻49号 2021年12月
[3] 大江守之、駒井正晶「大都市郊外の変容と「協働」<弱い専門システム>の構築に向けて」慶応義塾大学出版会 2008年4月25日

表2　産前産後における子育て支援活用状況とその要因　　　○：参加/利用あり、△：参加/利用したかったが出来なかった、◇：当時知らなかった、×：参加/利用なし

		Aさん 産前	Aさん 産後	Bさん 産前	Bさん 産後	Cさん 産前	Cさん 産後	Dさん 産前	Dさん 産後	Eさん 産前	Eさん 産後	Fさん 産前	Fさん 産後	Gさん 産前	Gさん 産後
属性	里帰り有無	あり		なし		なし		あり		あり		あり			
	子どもの人数	3人		2人		3人		2人		1人		2人			
プログラムへの参加	講義系	△		△		○		○		○		○		◇	
	運動系	△	△	△	×	△	×	◇	×	△	△	○	○	◇	◇
	トーク系	×	×	×	×	△	×	×	◇	◇	○	×	○	◇	◇
	個別系	×	×	×	×	×	×	×	×	◇	×	×	×	◇	◇
	参加経緯/不参加経緯	里帰り出産かつ市境に居住し検診時には隣市の出産施設を利用していたため、自身の住む子育て支援の情報を知らなかった。		コロナの影響で開催されなかった。		仕事に加え、人見知りのため参加したくはなかったが、出産施設の強い勧めで講義系のみ参加した。		講義系は出産施設で実施してものに加え、ママ友作りを目的に居住地付近の子育て支援センターで行われたものにも参加した。		産前産後共に精神的に余裕がなく「自分の気持ちを聞いて欲しい」という思いから、区役所に相談した。		出産施設での検診時に紹介され参加した。産後は民生委員から紹介され出産施設で実施されたプログラムに参加した。			
施設の利用	施設①	×	×	×	×	×	△	×	○	×	×	×	×	×	×
	施設②	×	×	×	×	×	×	×	×	×	×	×	×	×	×
	施設③	×	×	×	×	×	×	×	×	×	×	×	×	×	×
	施設④	×	×	×	×	×	×	×	×	×	×	×	×	×	×
	施設⑤	×	×	×	×	×	×	×	×	×	×	×	×	×	×
	その他	×	○	×	○	×	○	×	○	×	×	×	○	×	×
	利用経緯/非利用経緯	産後の転居前は回覧板の情報を基に地区センターを利用した。転居後ではチラシで知った施設を子が1歳半時に利用開始した。		コロナの影響で利用を控えつつ、リフレッシュのため一時保育の利用はしていた。		人見知りに加え、双子ということもあり、チラシ等で施設の認知はしていても利用はしなかった。		積極的に情報収集し施設の認知をしていた。産後から利用を始め、ママ友と情報交換を行え、満足している。		産前は「自分にはまだ関係ない施設」という認識だった。産後は気分転換や相談を目的に利用。また民生委員がいるコミュニティハウスも利用していた。		産前は「自分にはまだ関係ない施設」という認識だった。産後は民生委員の紹介で参加したプログラムで出来たママ友と居住地付近の施設を利用していた。			

地域貢献活動による保育系学生のこども環境に対する意識の変化
－利根川観光活用プロジェクトを事例にして－

久米　隼（埼玉純真短期大学）

1．はじめに

筆者の本務校（以下，本学）が所在する埼玉県羽生市は，埼玉県北東部に位置し，2001 年の 58,155 人をピークに人口減少や少子高齢化が進んでおり，地域観光産業のなども含めて地域再生・将来ビジョンの構築が喫緊の課題と指摘されている[1]。

そこで，市北部を流れる地域資源である利根川と，その魅力を活かし，観光活用を目指した産学官民連携チームによるプロジェクトを立ち上げ，「利根川観光活用ワークショップ（以下，WS）」を開催し，利根川の具体的な観光活用策について討議を実施した。

本学こども学科は，地域連携の一貫として参画することとなり，本 WS に参加する学生を学内で公募し，選考の結果，3 名の学生が活動に参加をすることとなった。

本発表では，WS に参加した学生（以下，参加学生）による活動の様子と，参加学生のこども環境に対する意識の変化について実践事例をもとに報告する。

2．利根川観光活用ワークショップの概要

本 WS は，2022 年 8 月〜2023 年 3 月にかけて実施され，埼玉県羽生市の地域資源・利根川の観光活用方策や，それに基づく利根川観光イベントの試行を目指した活動である。

地元企業等の「産」，市役所等の「官」，社会教育関連民間組織等による「民」，そして本学等の「学」が連携して取り組んだ。

表1　活動日と活動の内容

実施日	内容
2022 年 8 月 27 日	川下り体験
2022 年 9 月 2 日	第 1 回ワークショップ
2022 年 9 月 23 日	第 2 回ワークショップ
2022 年 10 月 2 日	第 3 回ワークショップ
2022 年 10 月 16 日	第 4 回ワークショップ
2022 年 11 月 5 日	利根川観光イベントの試行実施
2023 年 1 月〜2 月	フォトコンテスト応募受付
2023 年 3 月 21 日	コンテスト表彰式・活動報告会

3．本学の概要と参加学生の参加動機

本学は「こども学科」の単科を設置する短期大学であり，在学生のほとんどは保育士資格と幼稚園教諭二種免許状の取得を目指しており，本 WS に参加した参加学生 3 名も同様である。

本 WS の参加者募集に公募した動機として「川は危険だけど楽しいところだと知っていたので，このプロジェクトを通してぜひ知ってほしい」や，講義で「子どもの為になる環境づくり」を学ぶ中で，自らも「環境づくりに関するボランティアに参加したいと思っていた」といった，参加以前からこどもの環境に関心を示していた。

4．プロジェクト参加後の意識

事後レポートからは「自分が保育者になった時，子ども達が沢山自然に触れることのできる保育を行いたい」や，「子どもがもっと自然に触れ，遊べる環境を作りたい」，「新たな発見ができる機会を作れる保育を行いたい」という，「新たな目標を見つけることが出来ました」といった記述が確認できた。

5．考察と今後の課題

地域貢献の一貫として取り組んだ本プロジェクトへの参加を通して，こども環境に対する意識がより具体化され，実践的な行動につなげるようとする意識へと変化していることが示唆された。なお，本プロジェクトは継続的な実施を予定しており，今後の課題として意識の変化も継続的に注視していきたい。

謝辞

利根川の魅力を育む会，羽生市観光プロモーション課をはじめ利根川観光活用ワークショップにご参加いただいた皆様に心より御礼の意を表します。また，参加学生に感謝いたします。

引用文献

1）川村敦，田島洋輔，亀山孝之．利根川の魅力を育む会の活動報告―埼玉県羽生市における利根川体験活動（川下り）の取り組み―．平成 30 年度自然環境復元学会第 19 回全国大会発表講演要旨集．自然環境復元学会，2019，p.1-4.

図1 川下り体験をする様子

図2 WS で発表する様子

図3 イベント時に川で遊ぶこどもの姿

こどもの主体的な参画を掲げた公園を通じたマネジメントと参画の様態

嶌谷 菜月（早稲田大学　人間科学部）
堀越 まい（早稲田大学　人間科学学術院　助手）
佐藤 将之（早稲田大学　人間科学学術院　教授）

1.研究の背景と目的

こども発信による地域活動の展開は、地域愛着や積極性を育む契機となる。Park-PFI の導入等で市民との関わり方が多様化する都市公園は、こどもの参画が育まれる環境となることが期待できる。そこで本研究では、こどもの参画が実現している公園において参画と環境との相互作用を明らかにすることを目的とする。

第2章　調査概要

富山県舟橋村に位置する地区公園の京坪川河川公園において、小学生を主としたこどもが公園のイベント企画などを行う園むすびプロジェクト（図 1）および関連団体である舟橋村役場や子育て支援を行うさくらんぼくらぶを調査対象とし、対象者にインタビュー調査・活動場面調査・アンケート調査を行った。なお、舟橋小学校の有志の男子児童はこども公園部長、有志の女子児童はKKB48 と呼ばれ、プロジェクトの中心となって活動している。

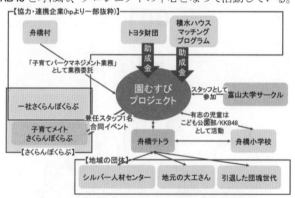

図1 園むすびプロジェクトとの関わりと人的環境

第3章　園むすびプロジェクトを取り巻く環境・関連団体

舟橋村役場とさくらんぼくらぶへのインタビュー調査から、「子育てや教育に力を入れており、村民のこどもに対する意識が高い」という舟橋村の特徴を生かして活動しているとの意見が挙げられた。こどもへの意識が高いと、村の中での子育てや教育に関する団体同士の連携が取りやすい。また、村が勉強会や実体験をもって求められる組織を理解しており、参加したくなる組織をつくることができていると考えられる。

第4章　育まれるこどもの主体性

園むすびプロジェクト事務局スタッフ 2 名へのインタビュー調査で園むすびプロジェクトの運営において意識していることを尋ねたところ、こどもの意思やこども主体のコンセプトを何よりも尊重した運営を行なっていた。「主体性を向上させるための活動」ではなく、「こどもの意思の尊重」を意識することで、活動に伴いこどもの主体性が自ずと育っていると言える。また、一度形成された偶発的な人とのつながり途切らせず、無理なくゆるくつながり続けることを目標としていることがわかった。

第5章　表出するこどもの主体性

2 つの公園で開催されたイベントでの行動観察より、こどもが関わる 8 の活動場面・エピソードを取り上げて参画のはしご（注）に当てはめると、全て段階 5 よりも高次の参画段階に当てはめることができた。園むすびプロジェクトで培われた主体性が普段の生活場面において表出していると言える。

第6章　変化するこどもの主体性

アンケート調査から、こども公園部長/KKB48 はイベントや会議での出来事を通じて嬉しさを感じることが多いとわかった。また、活動に参加して感じるこども公園部長/KKB48 自身の変化としてコミュニケーションや積極性の向上に関する回答が多く挙げられ、保護者もこどもの変化として同様の回答を挙げていた。イベントや会議を通して他者の意見を受け入れつつ自分の考えを発信する力がつき、これらの活動が主体性を身につける契機であることが読み取られた。

第7章　まとめ

園むすびプロジェクトでこども公園部長/KKB48 が主体的に参画する理由を 8 つ挙げ、図2 のように整理した。

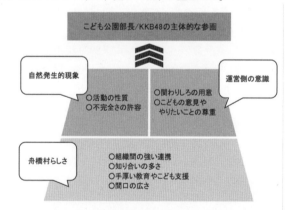

図2 こども公園部長/KKB48 が主体的に参画する理由

園むすびプロジェクトは舟橋村らしさという土台の上、運営側の意識と自然発生的現象によってこどもが主体的に参画していると考えられる。特に間口の広さ・関わりしろの用意・不完全さの許容という要素が参加のハードルを下げて活動に巻き込むポイントとなっており、自分にできることをやってみるという主体的な参画につながると推測される。

注）ハート, ロジャー (2000). 『子どもの参画：コミュニティ作りと身近な環境ケアへの参画のための理論と実際』木下勇ほか監修, IPA 日本支部訳, 萌文社

子育ちまちづくりパタンランゲージの編纂−社会関係資本を育む、うち・みち・まちのあり方−

寺田　光成(高崎経済大学)
木下　勇　(大妻女子大学)
松本　暢子(大妻女子大学)
吉永　真理(昭和薬科大学)
三輪　律江(横浜市立大学)

1．はじめに

　本学会において、「少子化時代の子育ちの社会関係資本を再構築する住まい・道・住区の形態に関する研究」として5編の報告を行ってきた。そこで、社会関係資本とは「人間関係の網の目が有している、相互交流・扶助の機能」であるとした。それは近隣コミュニティの場を通して子どもの成育に影響を与え、民主主義的な公共生活の根幹の「信頼」と「規律」を備え、さらに近隣コミュニティを超えた「ネットワーク」がその機能を補完することを示してきた。では、子どもの外遊びを誘引し、また社会関係資本を育む空間形態は、具体的にどのようなものか。本研究では、子育ちまちづくりに向けた空間形態のあり方を検討し、その成果を報告することを目的とする。

2．方法

　空間形態の検討に当たり、クリストファー・アレグザンダーの計画論を参考とした。アレグザンダーは、『都市はツリーではない』[1]において、近代の計画された都市は、木のように幹から枝の先というように階層構造と、明瞭性があり、カテゴライズ可能なツリー構造であることを指摘する。それに対し、歴史的都市はどこにも中心があり、また周縁が中心となる複層的な構造であり、重複性、不確定性、多様性の性質を持つセミ・ラチス構造であること（図1）を解明した。その上で、住まいや都市づくりも、セミ・ラチス構造に基づき、専門家のみならず住民も参加できるように、『パタン・ランゲージ』[2]において253のパタンを示した。

　この『パタン・ランゲージ』を参考に、2020年8月から2023年3月に渡り、著者らの研究グループにおいて、既往研究やウェブアンケート、いくつかの地域において小中学生と保護者対象のアンケート調査、および事例に基づいた継続的な議論を行い、社会関係資本を育む子育ちまちづくりパタンのリストアップを行った。その上で、類似性や妥当性を検討すべく、国内・欧州の専門家にも助言を仰ぎながらパタンの選定を行い、パタン選定の根拠と計画的なメッセージを検討した。

3．結果

　議論の結果、107のパタンランゲージが抽出された。例えば、図2「子どもの参画」があり、その他にも「開かれた庭」、「手づくりの歩車共存道路」、「生きられる水辺」、など住宅から街路、街区レベルまでの子どもの生活圏レベルで子どもの外遊びを誘引し、人のつながりが再構築される空間づくりのヒントとしてパタンの編纂を行った。

4．おわりに

　最終的には読者がイメージするそれぞれのパタンを惹起し、

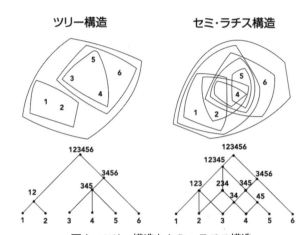

図1：ツリー構造とセミ・ラチス構造
(c) クリストファー・アレグザンダー

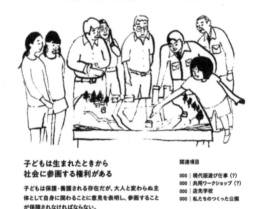

図2：パタンの一例「子どもの参画」の計画的メッセージ

新たなパタンランゲージの議論につなげていくことを目指して、著者らが選定した全107パタンに関して、会場にて報告を行う予定である。

参考文献

1.　クリストファー・アレグザンダー (2013)『形の合成に関するノート/都市はツリーではない』(稲葉武司, 押野見邦英訳) 鹿島出版会
2.　クリストファー・アレグザンダー (1984)『パタン・ランゲージ 環境設計の手引』(平田翰那訳) 鹿島出版会

公共空間のアート・プロジェクト構想における保育環境デザインとアートの関連
～グループ・トークでの語りの視座に関する検討～

宮本　雄太（福井大学）

はじめに

　人口減少地域や共働き家庭が増加する一方で、家庭での子育ての孤立化や負担感もまた増加していることから、地域共同体の機能が失われつつある点が指摘されている（内閣府, 2006）。そこで保育・幼児教育施設（以下、園）は、子ども同士の関わりや遊び合いを保障し、社会性の発達や地域共同体と繋がる機会を創出していくことが期待されている（小原・三浦, 2019）。

　園は、園内・地域社会の子育てを支えるために、地域の自然、人材、公共施設といった多様な資源の活用と教育課程とを有機的に関連させていくことが求められている（内閣府, 2018）。このような保育と地域共同体とのつながりの再検討には多くの試みがなされている。特に、地域共同体の機能を復権させるために多様な人々の交流を促すことを企図した「アート・プロジェクト」は国内外において注目されている。例えば、イタリアのレッジョ・エミリア市においては、『レッジョ・ナラ』という言語、身体、造形といった多様な表現ツールを用いて物語を語り合うアート・プロジェクトが毎年開催されている。また、日本においても、大成他（2021）が短大・大学、地域、行政が連携しながら、アートを介して公園を遊びの場に変えていくアート・プロジェクトの取り組みがなされている。

　これらの取り組みの過程や実態は、Ariosi（2013）や大成他（2018）によって示されている。アート・プロジェクトは参加者の参画や姿勢を重視するため、計画段階の対話は重要であるものの、企画立案に関与する参加者の語りは検討されていない。本研究では、企画立案者である保育者・学生たちが園を越えて対話をする中で、地域に開かれた保育専門職・学習者としてどのような専門性を表出するのかに迫ることを目的とする。

方法

対象　2022年2月～2023年1月

協力者　A市の学部学生 5 名、幼稚園（1 園）・保育園（1園）・認定こども園（3 園）の保育者20名。
5 人1 グループで5 グループを作成。

分析枠組　フォーカス・グループ・トーク・アプローチに基づくナラティブ分析

分析手続き　IC レコーダーを用いて録音したグループごとの対話をテキスト化した。語られた内容を意味内容ごとに文節化し、分類した特徴を導出し、特徴ごとに語られた発話内容を微視的に検討する。

結果および考察

　公共空間のアート・プロジェクトを検討する際、企画立案者はグループ・トークで保育環境のアイデアをもとにアートを語った。これらの語りを検討した結果、4 つの特徴が導出された。

1. 年齢間を越境する表現方法

> アートは子どもにとって自然な表現方法であり、どの年齢でも気軽に参加して協働できる表現だと思う。

　アートという表現方法は、敷居の低い手法であり、また集団の一員として共に繋がり合える方法であることを指摘している。

2. 多様な年齢の学び合いを支える環境デザイン

> 普通は自園のことを考えれば良いけれど、アート・プロジェクトは参加者の層が広がるから、気軽に取り組める素材、挑戦が必要な素材も意識する。子ども同士の縦のつながりは自然と生まれるだろう。地域全体の子どもが育ち合う環境を考えたい。

　アートを通して多様な年齢の子どもが学ぶ、学び合う環境に接続していく視点が示されている。ここでは、アートというアプローチが単に個々の子どもを美的・文化的体験をつなぐだけではなく、乳幼児期からの多様な子どもが地域や社会との関係をつなぐ媒体になり得ることに言及している。

3. 「誰一人取りこぼさない」ビジョン

> 子育てに苦しむ家庭はあるが、声を挙げてくれる家庭は一握り。アート・プロジェクトは気軽に参加しやすいと思う。アートは誰一人取り残さない保育・教育の方法ではないか。

　アートは、気軽に参加しやすいものであり、参加者の能動性に作用するビジョンにつながりえる点が語られた。アートは2. で述べた文化的な体験を生み出すツールであり、学びや繋がりを対象に限定しないという要素がある。つまり、「誰一人取りこぼさない」地域づくりに寄与するビジョンを指摘している。

4. コミュニティをつなぐ力学

> 保育を創るだけでなく、地域住民、保育者、行政など地域の様々な参加者が、個々の立場・領域を超えて、共に自己表出できる地域を創るために協働できる。…その挑戦も支えたい。

　子どもだけでなく、地域住民の学びや繋がりを持つために、アートは有用な資源であり公共の利益を実現する視座を持つ点に言及している。アート・プロジェクトが、社会的・集団的な文脈の学びを生み出す点で動的な特徴がある点を示している。

総合考察および課題

　企画立案者がグループ・トークで語った内容には、アートやアート・プロジェクトが年齢などの成長変化の時間軸、所属する集団組織の枠組みなどを越えて、繋がり合える特徴を持つ点が示された。そして、保育環境を構成する際に各園で意識する視座に立ち返りつつも、より拡張した環境デザインを持って企画立案をする語りが導出された。つまり、保育環境に対する現在の視座を問い直し、社会というより広い視野から環境を捉え直しながら、協働による実現を目指す視点の拡張が見られる。これはインクルーシブの視点にも近似する。今後、実際の活動を終えた参加者・企画立案者それぞれの語りを検討していく。

しいのみハウスの現状と多世代交流の場としての可能性の検討

小笠原 瞳子(早稲田大学 人間科学部)
堀越 まい(早稲田大学大学院人間科学研究科博士課程)
佐藤 将之(早稲田大学 人間科学学術院 教授)

1. 研究背景・目的

　2000 年より社会福祉法において「地域福祉の推進」の文言が盛り込まれ、2017 年には地域における公益的な取組が責務となり、社会福祉法人による様々な地域貢献事業が求められている。例えば地域では、放課後の子どもの居場所不足などコミュニティの希薄化が唱えられ、その問題を解決しようとする法人が登場してきた。本研究の目的は、保育園に併設され、子どもの居場所事業を核としながら多世代の地域の居場所となる見込みのある地域交流スペース「しいのみハウス」の現状を調査し、場の開かれ方や人々の活動の様子を明らかにすることである。

2. 調査と分析

　調査対象地であるしいのみハウスは、三鷹市にある保育園に2022 年の園舎建て替えに応じてエントランス部分に併設され、11 月よりオープンした地域交流スペースであり、11:00-14:00 は地域住民全体を対象とするコミュニティカフェ、14:30-18:00 は地域の子どもたちを対象とし、時間帯で分けて運営している。運営者インタビューより、しいのみハウスにおける利用者の属性と行動をまとめた。（図1）。

図 1:利用者の種類と行動

交流の仕方としては、運営者同士は企画の相談などの義務的な連絡が、運営者から小学生に対しては指導、補助を行うことが多い。また英語に慣れている保護者が、近隣大学から学内プログラムとして訪れる留学生ボランティアに近づき話す場面があり、このスペースに入るきっかけとなっていた。

　また、2022 年 12 月と 2023 年 1 月にプロット調査を行い各日の瞬間最大人数時を記した（図2）。場の使いこなしの視点から、1)スペースの狭さ 2) テーブルの使いこなし 3)多世代交流の幅の 3 つの検討事項があった。

1)スペースの狭さ：厚生労働省（2014）の[放課後児童健全育成事業の設備及び運営に関する基準]では「専用区画の面積は、児童一人につきおおむね 1.65 平方メートル以上でなければならない」とされ、使用スペースは約 100 平方メートルあり、基準は満たしている。しかし、キッチン前スペースでは静的な遊び「将棋」と動的な「コマ遊び」の棲み分けが難しい。

2)台形テーブルの使いこなし：12 月時点で台形テーブルと椅子の高さが同様で使いにくいせいか、使用頻度が低かった。1 月時点では移動されたが、その後も椅子が机のように使われるなどの様子が見られた。

3)多世代交流：1 月時点において、園児を迎えにきた保護者が留学生ボランティアと会話をする様子が見られ、交流スペースへの在園児保護者のゆるやかな参与増があった。一方で、主に高齢者など地域住民との交流はコロナ禍もあり実現していない。

3. 考察・まとめ

　しいのみハウスでは、現時点で小学生同士、子どもと職員などの交流が見られた。コロナ禍もあり高齢者と小学生や小学生と保育園時などの直接的な交流はみられないが、時間的な棲み分けや製作物を残すような間接的な交流の工夫はあった。今後、直接的な多世代交流の居場所として運営していくために、保護者や高齢者など世代を超えた交流の促進を念頭におきながら限られたスペースの使いこなし方の工夫を検討しているところだ。今後も定期的にアクションリサーチを続けていく。

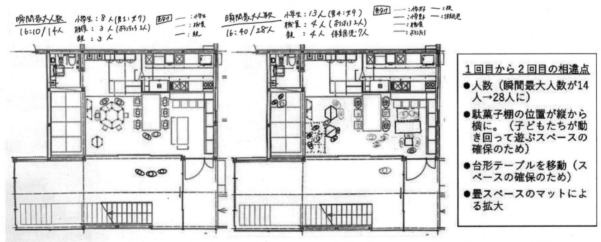

図 2：保園に併設された地域交流スペースにおける人々の行動（左：2022/12 時点、右：2023/01 時点）

こども環境学研究掲載論文の特徴－2005～2021年の傾向

大西宏治（富山大学）

問題の所在

こども環境学会は学術雑誌として『こども環境学研究』を発行している。2005年に第1巻が発行された。各巻3号で構成されている，2022年10月までに51号が発行された。こども環境学会はこどもに関わるさまざまな分野が関わりながら研究や実践を蓄積し，学術雑誌にもその性格が反映されている。

子ども環境に関わる研究の英語圏での動向をみると新たな社会研究（New Social studies of children）が登場し，多様な展開を見せている（James etal. 1998）。これまでの英語圏を中心とした子どもの研究では，子どもの成長・発達をとらえる英語圏での視点が，ユニバーサルなものとしてとらえられ，世界の多様な文化や価値観についても，欧米社会の価値観でとらえられがちであった。そして多様な学問分野が連携した取り組みがみられるようになってきた。

日本をみると，こども環境学会がまさにそのような問題意識から始まった学会といえる。多様な学問分野の視点を交流させながら，こども環境に関する研究や実践を推進している。そして，こども研究に対する独自の進化のプロセスを持っている。

研究目的と研究方法

こども環境学会で行われている研究は，どのような特徴を持っているのだろうか。多様な分野が研究を進めているとはいえ，その研究分野間の結びつきについて，データに基づいて整理した研究はみられない。そこで『こども環境学研究』に掲載された論文，論説・総説，報告をもとに，その分野構成をとらえ，その構造の一端を捉えようとするのが，本研究の目的である。

研究の方法は，『こども環境学研究』に掲載された論文の執筆者の研究分野を集計すること，そして，テキスト分析を通じて論文タイトルに含まれている単語の傾向をまとめることで，こども環境学会で取り組まれている研究の構造を明らかにする。テキスト分析にはKHCoderを用いた。

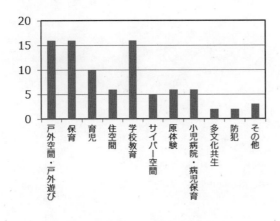

図1　掲載論文の分野構成

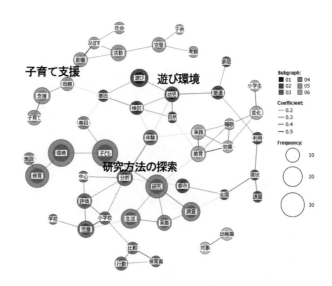

図2　掲載論文タイトルの共起ネットワーク

掲載論文の構造

こども環境学研究に掲載された2005年から2015年までの研究のうち，戸外空間，保育，学校教育がそれぞれ16本と多い（図1）。こども環境学の構造として，こどもと明確に関わりがあると考えられる保育や学校教育などが多いだけではなく，戸外空間の活用や遊び活動に関する研究も数多く蓄積されてきたことがわかる。

次にタイトルに用いられている語について，共起ネットワークによる分析を行った。取り上げた論文は2005年から2021年までのものである。その結果が図2である。分類された共起関係をみると，一番大きな語が子どもと環境，そして研究であり，これは数多くの論文で利用された言葉である。また，調査，研究，分析などがタイトルに多く掲載されており，研究法法自体を検討する研究が少なくないことが想定される。また，遊び環境に関しては幼児を対象とする研究が多く現れることや，子育て支援の研究があることもわかる。

結論

『こども環境学研究』に掲載された学術論文のタイトルを整理するだけでも，これまでに行われてきた研究の構造を検討することができる。現在，名簿が公開されていないことから，会員構成と研究の種類の対応関係などは分析できなかったが，日本の持つこども環境学の構造の一端を示すことができた。

子どもを取り巻くさまざまな課題のうち，空間を通じて検討可能な課題を中心として学術論文が投稿され掲載される傾向にあるものの，多様な学問分野でさまざまな問題に取り組まれていることも指摘できた。

James,A., Jenks, C. and Prout, A. (1998). *Theorising childhood*, Cambridge: Polity Press

ひかりの夜獣（やじゅう）スリッパノサウルス～「見立て遊び」を課題とした造形表現教材～

諫見　泰彦（九州産業大学／小田原短期大学）
諫見　公与（童話作家／日本児童文芸家協会）

1．概要と目的

筆者は、「光と影の美」を主題としたこどもの遊び環境の創造に関する研究を実施している[関1]。その一環としてこどもが体験的に学ぶ造形教育実践や、その指導者育成に従事している。

本稿では、保育士資格や幼稚園教諭免許の取得を目指す学生18名を対象とした、授業実践の内容と成果を報告する[注1]。光源に LED、透過材に不織布スリッパを使用して造形し、学生の科学的思考を促して教育的意義を理解することを目的とした。

2．実践の概要

授業時間は、90分×8時数である。このうち導入を2時数、造形を5時数、考察を1時数とした。「見立て遊び」とは、子どもたちが実際には存在しないものに、何かを見立てて想像しながら遊ぶことを言う。この教材は不織布スリッパを光る架空の生物に見立てて、その造形表現を試みたものである。昼間は小さな女の子が履いているスリッパを主人公とした共通の題材童話が教材に付いている。造形と同時に、夜間に変身して活動を開始するスリッパノサウルスが主人公の創作童話も執筆する。

造形表現に使用する主材料は紙である。不織布スリッパの他、トレーシングペーパーや和紙等の光の透過感、画用紙やケント紙、段ボール等の光の反射感や遮蔽感を体験的に学びながら、見立てた生物「スリッパノサウルス」を表現したものである。

関連文献

1）諫見泰彦：光の効果を取り入れた幼児教育、光の質の良否を学ぶ造形表現、遊び中心の保育をデザインする、子ども中心の実践に学ぶ保育内容総論 pp.69-71、2023年2月、建帛社

注　釈

1）ひかりの夜獣（やじゅう）スリッパノサウルス～子どもたちの「見立て遊び」を課題とした造形表現教材～、保育学科2年次科目「造形表現Ⅱ」（立体造形）、小田原短期大学通信教育課程延岡スクール、2022年11月・12月／日本産業技術教育学会教材開発部門優秀奨励賞受賞※出展動画、2023年2月

図1　LED と不織布スリッパ

図2　科目「造形表現」（授業）

※出展動画

図3　題材童話（教材として提示）　　図4　創作童話の事例（学生が授業で造形と併せて執筆）

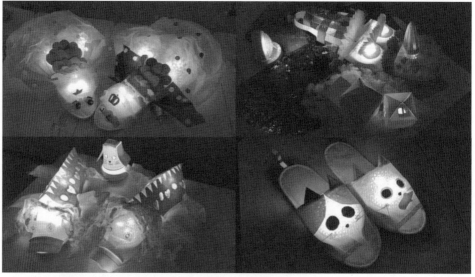

図5　ひかりの夜獣（やじゅう）スリッパノサウルスの事例（学生が授業で造形）

保育園を拠点に里山を元気にする木育プロジェクト
『木こりになろうワークショップ』

一般社団法人 園Power
担当 野上 恵子・村上 和子・吉田 香代子

【背景と目的】

　(一社)園Power[※1]ではこの度、東京都下の里山に位置する保育園において、子どもたちが森の循環や手入れについて「木こり」とともに体験し学ぶ木育プログラム(東京都2021年度「保育園による木育活動[※2]の支援事業」)を実施した。子どもたちの木育と並行して、園に関わる大人たちも木こりのサポートにより森の手入れ技術を身につけ、自ら里山整備を行ってゆく。現代の社会的課題である森の循環をよみがえらせ、未来の森を育む活動が保育園を拠点に地域に広がることを目指した。

　木育プロジェクトを行った「しぜんの国保育園」は、東京都町田市の谷戸地形の中にある寺院に隣接し、園庭の奥には立派な木が生茂る裏山が広がる。園では普段から豊かな自然環境を活かした保育を行っており、現場がそのまま木育の舞台となる条件を備えている。一方、薪として伐採されなくなったカシの大木や竹が繁茂した森は薄暗く、里山の維持管理に課題を抱えていた。森の状態を把握するため樹木医に診断を依頼したところ、森にはナラ枯れの被害が及んでおり、今後の森の方向を見据えつつ伐採を行う必要性も明らかとなった。

【テーマとプログラム】

　木育のテーマは「コンポストトイレが欲しい」というスタッフの発言をきっかけに生まれた。里山の資源である木〜森の生物〜微生物〜彼らのうんちである土(堆肥)〜人間をすべて結びつける、人間も自然の循環の一部であることを示すものとして、災害時にも使えるコンポストトイレを作ることが目標となった。

　講師には千葉県鴨川市を拠点に活動する木こりを招いた。木こりの仕事は木を切ることだけではない。風や水の流れを読み解き、不要な木々は伐採し、その森にふさわしい姿に整えてゆく、森の生物多様性を育むことも重要な仕事である。木こりの技術は危険の伴うもの（今回の里山整備では空師による伐採も実施した。）から、一般人が習得しやすいものまで多岐にわたる。子どもが参加できるメニューを考え、トイレ小屋は木こりが建てるログハウスを木こりと園Powerによって共同設計した。

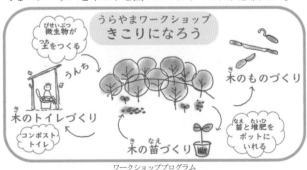
ワークショッププログラム

　ワークショップは5歳児を対象とした3回のプログラムで、初回は「木の苗づくり」。日光の届かない森の地面では実生(みしょう)は育たないので、ポットに植え替えてしばらく他所で育て、十分成長してから森に返す。木こりと一緒に山に行き、ポットに詰める山の土(堆肥)と実生＝ベイビーツリー(子どもたちが発見した呼び名)を採集する内容である。実施日が雨だったため、屋根のある砂場に集まり、ブルーシート上に集められた山の土をひとりずつポットに詰め、砂場や園庭とは違う土の色や手触りを感じたり虫を見つけたり。2回目には山に行き、ひとりずつ枯れ葉の中から実生を掘り出した。子どもたちは自分が見つけたベイビーツリーに思い思いの名前をつけていた。

　最終日はトイレ小屋を完成させるワークショップ。コロナ禍のため、園庭での木工と山での作業のふたつの屋外メニューで実施した。木工は子どもたちが道具を体験し工作を完成させることを目標に、難易度の高い「枝えんぴつ」づくりと、シンプルな切り株ビーズ・トイレ看板づくり。山作業は木こりと一緒に堆肥となるバーク(朽ちた木の皮)や葉の採集。トイレ小屋はあらかじめ施工しておき、最後にコンポストトイレの使い方を子どもたちに解説。里山の資源を使うことも重要なポイント。トイレ小屋の丸太以外はすべて裏山の枝打ちや伐採木を使った。

木こりと一緒に実生を掘り出す　　　　ナイフを使って枝えんぴつを削る

【成果と今後の展望】

　無事根付いた実生は、今後子どもたちによって森に植え替えられる。コンポストトイレは、子どもたちや保育園の使用状況にあうようカスタマイズしてゆく。木育の傍らで大人のためのワークショップも定期的に行われ、園の大人たちが習得した木こり技術は、枯れ枝や竹を使ったコンポストづくり、水のみちづくり、さらにはチェーンソーの操作に至る。必要なところはプロの手を借りつつ、着々と里山の手入れが進んでいる。

　今回のプロジェクトはすべてコロナ禍で行われたが、保育士の方々の臨機応変な対応に助けられた。ワークショップのあと園庭で実生を探す子どもの姿があり、学びをすぐに生かせる環境の重要性を実感した。自然の循環の一部であることを体験するプログラムとして、森が近くにない園で実施する内容へのアレンジも視野に入れ、木こりと建築士の職能をミックスした木育プロジェクトを継続していきたい。

※1：(一社)園Powerは子どもの成育環境の改善に取り組む建築士の集まりで、多様な人々の立場を超えた協働により新しい価値を生み出すことをミッションとし、調査・設計・共有を3本の柱として活動している。
※2：「木育」とは「木を使うことが、新しい森を育てることにつながるということ、そのきっかけを作る活動」のこと。(東京都産業労働局農林水産部森林課作成パンフレットより抜粋)

子ども中心の地域づくりに求められるリエゾンとは（教材の活用に向けて）

照山龍治（「地域の色・自分の色」研究会）　木村典之（大分大学附属小学校）
幸野洋子（大分県教育庁幼児教育センター）　山﨑朱実（別府市立鶴見小学校）
塩月孝子（大分県芸術文化スポーツ振興財団）　秋田喜代美（学習院大学）

1. 研究会としての活動

　「地域の色・自分の色」研究会は、2014 年に立ち上げ、「色から、地域の素晴らしさと、そこで生まれ育った自分の良さを再発見する」ことを目的に活動を続けている。

　その中で、2020 年度からは、別府学を提唱し、新たな教育と振興策に取り組んでいた「別府地域」で、「子ども中心の地域づくり」に向けて、私たち研究会の成果を活用したいと考えた。

　2020 年度は、子どもたちと、身近な自然や歴史や文化を、「色」という視点から捉え直し、ふるさとの宝物を掘り起こしていくという入門教材「ふるさとのたからもの」を作成し、小学校や幼稚園で検証実践も行った。そして、幼稚園の実践は、実践記録「ふるさとのいろあそび」としてまとめた。

　2021 年度には、その実践活動の中で、子どもたちが不思議と捉えたことを、「色」の違いや変化から、科学的に解き明かしていく探究教材「ふるさとのふしぎ」を作成した。

　この３つの教材は、県立図書館をはじめ、別府市立図書館や別府市の全市立幼稚園、全市立小・中学校に置き、活用に向けてアンケート調査も行い、高い評価を得た。

　加えて、学校と地域が連携した地域活動にも取り組んだ。

　例えば、血の池地獄などに設置した「こども『色』博物館」である。その中に、子どもたちの作品や教材、研究成果などを展示し、国内外から、付箋紙で243 件のご意見をもらった。

　「良い取り組みですね。こんなことが出来る貴方たちがうらやましい」、「楽しそうな布染めの様子が伝わります」、「地域資源を見直しました」、「自然に生まれた赤色、不思議です」、「こどもの考えることっておもしろい」など、その多くは、励ましの言葉であった。そこで、2022 年度は、子どもたちが興味を持った大地（火山）に焦点を当て、市町村の垣根を超えて、お互いの「ふるさとの宝物」を探究し合う実践と交流授業を行った。

　そして、地域と地域は、大地の営みを通して、繋がっていることを、子どもたちと「色」を通して解き明かしていく学習材「ふるさとのだいち」を作成した。この学習材は、QRコードで研究会HPと繋ぎ、学習コンテンツに動画を加えた。

2. 小学校での活動（「色」を通したふるさと学習）

　小学校での活動は、2020 年10 月に、別府市立鶴見小学校の「ふるさと学習」と当研究会の「色」を通した「ふるさと再発見」が、出会ったことから始まった。一方、県内の小学校では、郷土愛を育むために教育委員会が作成した「別府学」や「国東学」など、「地域学」を活用した「ふるさと学習」が行われていた。

　そのため、当研究会の活動は、「色」を活用した「ふるさと学習」として、鶴見小学校から、別府市立朝日小学校や国東市立安岐中央小学校など、他の学校や他の市町村に広がっていった。

3. 幼稚園・こども園での活動（ふるさとの「色」あそび）

　園での活動は、2021 年５月に、別府大学明星幼稚園が、当研究会作成の入門教材「ふるさとのたからもの」を活用して、血の池地獄の赤い泥や身近な草花で「色あそび」を始めたことから始まった。その中で、明星幼稚園５歳児と明星小学校３年生との「色」を通した学び合いも行われた。その後、この明星幼稚園の「色あそび」は、「色」を通した「ふるさと学習」に発展し、県内外の教育関係者や地域づくり関係者から高い評価を得た。

　そのため、この活動は、別府市の真愛幼稚園をはじめ、大分市のふたばこども園や国東市の市立安岐中央幼稚園など、市町村の垣根を超えて、県内の幼稚園や、こども園にも広がっていった。

4. 子ども中心の地域づくりに求められるリエゾンとは

　これまでの活動の中で、多くの地域の人たちや団体は、「私たちが持つ地域資源を地域の未来を担う子どもたちの教育に提供することは私たちの喜びだ」と言う。しかし、その一方で、「活用方法がわからない」、「学校との繋がりがない」とも言う。

　学校や園でも、「やってみたいが、時間に余裕がない」、「地域の人たちとの調整が難しい」と言う。そして今、コロナ禍の影響もあって、双方の距離感は、これまでにも増して遠くなっているように感じる。そのため、「子ども中心の地域づくり」には、学校や園と地域の人たちや団体を繋ぐ「リエゾン」と、地域ぐるみで学び合える教材が、いろいろな地域に必要だと考えた。

　そして、今、求められているリエゾンの機能は、理念を共有し、自身は変化せず、価値観の異なるものを親和させ、学校や園と地域との協働を促進する機能だと考えた。

5. 求められるリエゾン（教材の活用）に向けて

　当研究会は、2020 年度に、「子ども中心」「色の視点」「探究学習」という理念を共有する幼・小・中の教員や行政経験者、学識経験者など様々な人材で構成された組織に再編し、求められるリエゾンに向けて、「色」を通し、「綺麗」といった感動から、地域ぐるみで学び合う教材作りなどに取り組んできた。

　今後も、作成した教材を活用して、学校・園と地域を繋ぎ、「子ども中心」「私たちのふるさと」という思いを地域ぐるみで共有し、「ふるさと学習」や「地域創生」を進めていくとともに、研究会のホームページ等を活用して、教材や活動の様子、研究成果を広く公開し、研究会の思いと活動を広く発信していく。

参考文献

「色から始まる探究学習」「地域の色・自分の色」実行委員会+秋田喜代美　明石書店　2019

付　記　当研究会は、公益財団法人前川財団 2020 年度、2021 年度、2022 年度助成事業と一般財団法人日本児童教育振興財団 2022 年度助成事業を受けて活動を続けている。

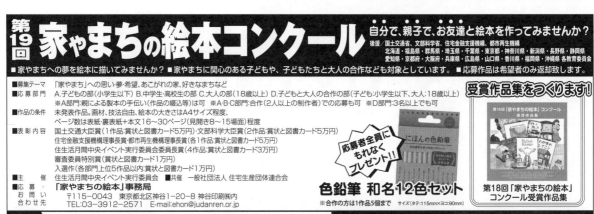

会員の現況等について

　こども環境学会は、2004 年 5 月に任意団体として発足し、2010 年 9 月 1 日に一般社団法人として設立され、2011 年 8 月 10 日に公益社団法人として内閣府より認可されました。2019 年 5 月に設立 15 年目を迎え、毎年、関東、地方交互で大会を行い、会員の方々と交流をはかってきました。2011 年度は東日本大震災の影響で中止されましたが、2012 年度大会は、被災地である仙台市で開催し、2013 年度大会は東京で、2014 年度大会は京都で開催されました。京都の大会では、多くの関西の会員の方々の参加を得ました。2015 年度大会は、震災復興に尽力されていた福島県と締結した包括連携協定に基づき、「こどもが元気に育つ復興まちづくり」をテーマに開催いたしました。その後は、2016 年度大会は富山、2017 年度大会は北海道、2018 年度大会は埼玉県、そして 2019 年度大会は九州で開催いたしましが、2020 年大会は長野県佐久市で開催予定でしたが、コロナ禍の影響により中止となり、2021 年の開催となりました。2022 年度大会は東京の日本女子大学で開催しました。

　2023 年 5 月 26 日現在の会員数は 1,046 人です。地域別では関東の方が 53％ ともっとも多くなっていますが、北海道から九州まで広く全国の方々にご参加いただいています。会員の所属別で見ますと大学・研究所が 48％、民間企業が 19％、学校（小中高等学校や幼稚園・保育園）が 8％、ＮＰＯ等活動団体が 9％、自治体が 2％ などです。専門分野別で見ると都市・建築関係が 29％、教育・保育関係が 32％、福祉・行政関係が 8％、地域活動関係が 7％、保健・医療関係が 5％ などです。

　このような本学会の会員構成をみますと、学術的な専門分野に限定されがちな一般的な学会とは異なり、本学会は、多様で多彩な方々の参加する学会であることがわかります。本学会は、学会活動の基本コンセプトとして「こども第一」を掲げ、多様化、複雑化、グローバル化する荒波ともいえる社会環境の中で、学術的・専門的分野の壁やハード・ソフトの区別に囚われることなく、「こどものためのよりよい環境づくり」のために、新たな学際的・業際的な学術・活動団体として発展していくことを目指しています。

　こども環境の活動は、その多くをホームページでもご紹介しています。会員はもちろん、会員以外でもこどもを取り巻く環境にご関心をお持ちの方々には、是非ともこども環境学会の活動にご参加いただきますようお願い申し上げます。

2023 年 5 月 31 日　公益社団法人こども環境学会　事務局長：太田誠

こども環境学会 会員の現況
（2023 年 5 月 31 日現在）

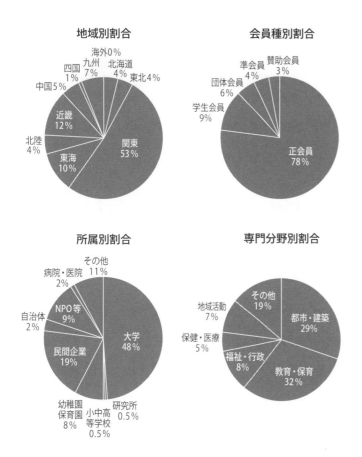

地域別割合　会員種別割合　所属別割合　専門分野別割合

地域別

地域	都道府県	人数	計
北海道	北海道	36	36
東北	青森県	4	
	岩手県	3	
	宮城県	18	40
	秋田県	1	
	山形県	6	
	福島県	8	
関東	茨城県	15	
	栃木県	6	
	群馬県	6	
	埼玉県	42	541
	千葉県	62	
	東京都	299	
	神奈川県	106	
	山梨県	5	
東海	静岡県	19	
	岐阜県	12	100
	愛知県	67	
	三重県	2	
北陸	新潟県	7	
	富山県	16	
	石川県	4	42
	福井県	6	
	長野県	9	
近畿	滋賀県	5	
	京都府	29	
	大阪府	49	127
	兵庫県	35	
	奈良県	9	
	和歌山県	0	
中国	鳥取県	6	
	島根県	5	
	岡山県	8	53
	広島県	22	
	山口県	12	
四国	徳島県	0	
	香川県	4	9
	愛媛県	2	
	高知県	3	
九州	福岡県	29	
	佐賀県	1	
	長崎県	6	
	熊本県	8	76
	大分県	9	
	宮崎県	2	
	鹿児島県	1	
	沖縄県	20	
海外	海外	5	5
合　計			1,029

※連絡先不明者 19 名

会員種別

正会員	818
学生会員	91
団体会員	65
準会員	47
賛助会員	27
合　計	1,048

所属機関

大学	504
研究所	6
小中高等学校	5
幼稚園 / 保育園	80
民間企業	205
自治体	22
NPO 等	99
病院 / 医院	16
その他	111
合　計	1,048

専門分野

都市 / 建築	303
教育 / 保育	335
福祉 / 行政	89
保健 / 医療	48
地域活動	74
その他	199
合　計	1,048

入会年度

2004 年	138
2005 年	48
2006 年	39
2007 年	40
2008 年	29
2009 年	39
2010 年	33
2011 年	46
2012 年	54
2013 年	37
2014 年	32
2015 年	49
2016 年	52
2017 年	39
2018 年	60
2019 年	57
2020 年	53
2021 年	60
2022 年	78
2022 年	65
合　計	1,048

こども環境学会2023年大会(沖縄) 実行委員会・大会実行委員会

●大会委員会

大 会 委 員 長	仙田　　満	こども環境学会代表理事　東京工業大学　名誉教授	
大 会 委 員	小澤紀美子	東京学芸大学　名誉教授	
	當本ふさ子	こども環境学会事務局	

●実行委員会

実 行 委 員 長	清水　　肇	琉球大学　教授	
副実行委員長	國吉　真哉	琉球大学　教授	
副実行委員長	天願　順優	コスモストーリー保育園　園長	
委　　　　員	岩崎　良亮	西原町立坂田保育所　主任保育士	
委　　　　員	大嶺　　亮	ファイブディメンジョン　共同代表	
委　　　　員	岡花祈一郎	琉球大学　准教授	
委　　　　員	垣花　道朗	NPO 法人沖縄県学童・保育支援センター　事務局長	
委　　　　員	亀島　敦子	読谷村立読谷幼稚園　副園長	
委　　　　員	城間　　俊	具志堅建築設計事務所　代表取締役	
委　　　　員	Titus Spree	琉球大学　准教授	
委　　　　員	照屋　建太	沖縄キリスト教短期大学　教授	
委　　　　員	根路銘安史	アトリエ・ネロ　代表	
委　　　　員	宮沢　優紀	株式会社遊道　代表取締役	
委　　　　員	本村佳奈子	沖縄県立芸術大学　助教	
委　　　　員	屋宜久美子	愛媛大学　講師	

こども環境学研究　第 19 巻・第 1 号（通巻第 53 号）

Child, Youth and Environmental Studies
Journal of Association for Children's Environment, Vol.19, No.1, June 2023

2023 年 5 月 31 日発行

編　集　　こども環境学会学会誌編集委員会
発　行　　**公益社団法人こども環境学会**
　　　　　The Association for Children's Environment（ACE）
　　　　　会長　五十嵐　隆　　　President　Takashi IGARASHI
　　　　　〒106-0044 東京都港区東麻布 3-4-7 麻布第 1 コーポ 601
　　　　　Higashi-azabu 3-4-7-601, Minato-ku, Tokyo.
　　　　　106-0044, Japan
　　　　　Ｔ Ｅ Ｌ　03-6441-0564
　　　　　Ｆ Ａ Ｘ　03-6441-0563
　　　　　E-mail　info@children-env.org
発売元　　**株式会社 本の泉社**
　　　　　〒112-0005 東京都文京区水道 2-10-9 板倉ビル 2 階
　　　　　Ｔ Ｅ Ｌ　03-5810-1581
　　　　　Ｆ Ａ Ｘ　03-5810-1582
　　　　　Ｕ Ｒ Ｌ　https://honnoizumi.co.jp/

公益社団法人
こども環境学会事務局

住 所　　〒106-0044
　　　　　東京都港区東麻布 3-4-7
　　　　　麻布第 1 コーポ 601

電 話　　03-6441-0564
ＦＡＸ　　03-6441-0563

Mail　　**info@children-env.org**

ＵＲＬ　　**https://www.children-env.org/**

ISBN 978-4-7807-2023-5